Adolf Attenberger, Gabriele-Viktoria Schultz-Paasch

Fachtheorie Friseure

Arbeitsblätter

7. Auflage, 1. korrigierter Nachdruck

Bestellnummer 0209S

Bildungsverlag EINS

Haben Sie Anregungen oder Kritikpunkte zu diesem Produkt?
Dann senden Sie eine E-Mail an 0209_007@bv-1.de
Autoren und Verlag freuen sich auf Ihre Rückmeldung.

www.bildungsverlag1.de

Bildungsverlag EINS GmbH
Sieglarer Straße 2, 53842 Troisdorf

ISBN 978-3-8242-**0209**-6

Der neue **bundeseinheitliche Rahmenlehrplan** ist nach Lernfeldern gegliedert.
Das Konzept der vorliegenden Neuauflage **Fachtheorie für Friseure – Arbeitsblätter** entspricht den Erfordernissen der Lernfelddidaktik und orientiert sich an beruflichen Aufgabenstellungen und Handlungsabläufen. Damit die zukünftigen Friseurinnen und Friseure in diesen Lernfeldern erfolgreich arbeiten können, fördern die Arbeitsblätter komplexes Lernen mit dem Ziel, professionelle Handlungskompetenz zu erlangen.

Die Themen der einzelnen Lernfelder lassen sich nach eigenem Ermessen zuordnen und individuell zur Erstellung von Lernsituationen für den **handlungsorientierten Unterricht** zusammenstellen.

Zusätzlich bietet die Neuauflage weitere Vorteile:

- Durch die zahlreichen Fotos und Illustrationen weisen die Arbeitsblätter einen hohen Praxisbezug auf.
- Die Arbeitsblätter zeichnen sich durch eine verständliche Sprache und durch klare Arbeitsaufträge aus.
- Beim Durcharbeiten sind Sie nicht an die im Buch gewählte Reihenfolge gebunden, die Lernfelder können auch individuell genutzt werden.
- Durch eine abwechslungsreiche Aufgabenstellung werden die verschiedenen Kompetenzen der Friseurinnen und Friseure gefördert.
- Die umfangreichen Projektaufgaben sowie die vielen Aufgaben aus „praxisnahen Salonsituationen“ können die Schülerinnen und Schüler in Gruppen erarbeiten.
- Die Beurteilungs- und Behandlungspläne sind themenübergreifend.
- Die Arbeitsblätter bieten eine praktische Ergänzung zur „Fachkunde Friseure nach Lernfeldern“ (Bestellnummer 2125S).

Wir, die Autoren, wünschen Ihnen viel Freude mit diesen Arbeitsblättern und viel Erfolg im Friseurberuf.

Lernfeld 1: Friseur – in Ausbildung und Beruf orientieren

Lernfeld 2: Kunden empfangen, betreuen und beraten

Lernfeld 3: Haare und Kopfhaut pflegen

Lernfeld 4: Frisuren empfehlen

Lernfeld 5: Haare schneiden

Lernfeld 6: Frisuren erstellen

Lernfeld 10: Hände und Nägel pflegen und gestalten

Lernfeld 11: Haut dekorativ gestalten

Lernfeld 12: Betriebliche Prozesse mitgestalten

Lernfeld 13: Komplexe Friseurdienstleistungen durchführen

Name ______________________ Klasse ______________ Datum ______________

1 Der Beruf des Friseurs

1.1 **Warum haben Sie sich für den Friseurberuf entschieden? Schreiben Sie Ihre Beweggründe auf und stellen Sie diese der Klasse vor.**

1.2 **Wie viele Mitarbeiter hat Ihr Ausbildungsbetrieb? Beschreiben Sie „Ihr Team“ im Salon.**

1.3 **Wie ist der Beruf des Friseurs entstanden?**

1.4 **Was umfasst das Ausbildungsberufsbild des Friseurs?**

1.5 **Stellen Sie in der Tabelle die wichtigsten Pflichten des Auszubildenden und die Pflichten des Ausbildenden nach dem Berufsbildungsgesetz (BBiG) gegenüber.**

Pflichten des Auszubildenden § 9 Verhalten während der Ausbildung	Pflichten des Ausbildenden § 6 Berufsausbildung
Der Auszubildende ist insbesondere verpflichtet …	Der Ausbildende hat …
sich mühe zugeben das Handwerk zu lernen	dem Auszubildenden die nötigen Fähigkeiten im vorgegebenen Zeit Rahmen beizubringen
Beruflich erteilte Aufgaben zu erfüllen,	Werkzeugen Stoffe kostenlos
Betriebliche Ordnungsvorschriften zu achten	zur Schule schicken und Berichtsheft führen
Einrichtung, Werkzeug pfleglich Behandeln	charakterlich Fördern
Betriebliche Interas wahren	vor Gefahren schützen
	Nur Berufsbedingte Aufgaben körperlich angemessen

2 Anforderungen im Friseurberuf

2.1 Worin zeigt sich die positive Grundeinstellung einer Friseurin bzw. eines Friseurs? Nennen Sie Beispiele.

2.2 Beurteilen Sie selbstkritisch Ihr Äußeres und Ihr Verhalten. (Sie können diese „Checkliste" auch kopieren und sich durch andere, z. B. Kollegen, testen lassen.)

	ja	nein
Bin ich bei der Arbeit immer top frisiert?		
Variiere ich meine Frisur gelegentlich?		
Könnte ich das Aussehen meiner Haare durch eine Farbbehandlung verbessern?		
Sieht mein Haar gesund und gepflegt aus?		
Könnte ich meine Frisur durch eine Dauerwelle verbessern?		
Ist mein Make-up modisch und passend?		
Sind meine Hände und Fingernägel gepflegt?		
Habe ich gegen Körpergeruch vorgebeugt?		
Putze ich meine Zähne nach jeder Mahlzeit?		
Sind Kleidung und Schuhe in Ordnung und angemessen?		
Macht mir meine Arbeit Freude?		
Komme ich bei den Kunden gut an?		
Arbeite ich mit den Kollegen gut zusammen?		
Arbeite ich gerne in „meinem" Salon?		
Bemühe ich mich, die anderen meine, auch einmal schlechte, Laune nicht spüren zu lassen?		
Bin ich immer freundlich und hilfsbereit?		
Kann ich gut zuhören?		
Tue ich etwas für meine Weiterbildung?		
Mache ich den Kunden Vorschläge für Farb-, Dauerwell- oder Pflegebehandlungen?		
Empfehle ich meinen Kunden Produkte zur Heimbehandlung?		

M *Der Eindruck, den der Kunde vom Friseur gewinnt, ist abhängig vom ______________ ______________, von seinem ______________ und seiner ______________ ______________ zu seinem Beruf und zu der Kundschaft.*

Name ______________________ Klasse ______________ Datum ______________

3 Bedeutung der Hygiene

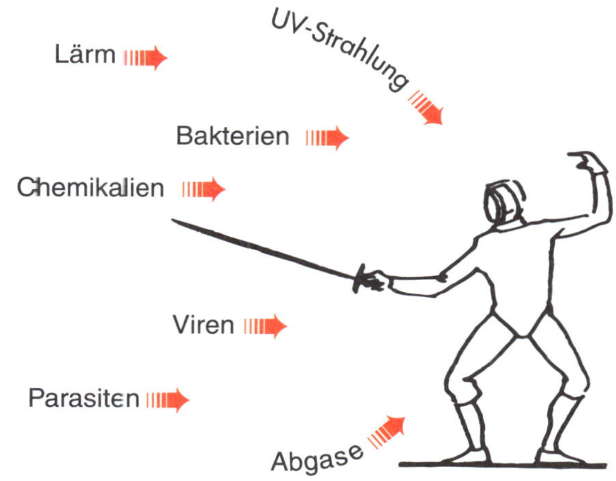

3.1 Was verstehen wir unter Hygiene?

____

____

____

____

____

____

3.2 Führen Sie Beispiele für Hygienemaßnahmen in diesen Bereichen an.

Öffentliche Hygiene

____

____

____

____

____

____

Persönliche Hygiene

____

____

____

____

____

____

Gewerbliche Hygiene

____

____

____

____

____

____

3.3 Wo sind die vom Friseur zu beachtenden Hygienevorschriften festgelegt?

____

M *Wie im öffentlichen und persönlichen Bereich, so ist ______________ auch am Arbeitsplatz zum ______________ der eigenen Gesundheit wie auch der Gesundheit der Kunden unerlässlich.*

4 Krankheitserreger

4.1 Tragen Sie bei a) die Hauptgruppen von Krankheitserregern und bei b) Beispiele für die von diesen Erregern verursachten Krankheiten ein.

a)	Viren (kleinste Eiweißkörper)	Bakterien (Kokken, Bazillen, die als Parasiten leben)	Pilze (pflanzliche Erreger, Spirillen)
b)	Masern, Mumps, Grippe	Entzündungen	Fußpilz

4.2 Auf welche Weise können Mikroorganismen die Gesundheit schädigen?

Blut, Organe befallen,

4.3 Welche Eigenschaft der Viren macht HIV bzw. AIDS zu einer lebensbedrohenden Krankheit?

Schädigung des Immunsystems

M *Krankheitserreger vermehren sich besonders, wenn die Haut* unsauber *oder* feuchte *ist oder wenn die* Immunstärke *allgemein geschwächt sind.*

5 Parasiten

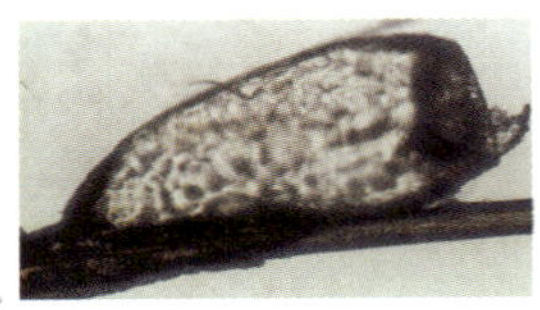

Nisse

5.1 Woran können Sie bei Kunden Läusebefall erkennen?

Nissen, wie nicht von entfernbare Schuppen, stecknadelkopf gr. am Haar, weiß. Laus graubraun, rot schnell

Kopflaus

5.2 Sie stellen bei einer Kundin/einem Kunden Läusebefall fest.
Wie verhalten Sie sich richtig? (2)

- [ ] Sie bedienen die Kundschaft weiter und tun so, als hätten Sie nichts bemerkt.
- [x] Sie berichten unauffällig Ihrem Chef von Ihrer Beobachtung und bitten ihn, mit der Kundschaft zu sprechen.
- [x] Sie desinfizieren alle bei der Behandlung benutzten Geräte und Wäschestücke.

5.3 In manchen Gegenden sind Zeckenbisse gefährlich.
a) Welche Krankheiten können übertragen werden? b) Wie kann man vorbeugen?

a) Meningitis

b) Borreliose

M *Läusebefall ist bei uns zwar selten geworden, da er aber sehr ______ ist, sich schnell ______ und ______ hervorrufen kann, muss er sofort wirksam mit ______ bekämpft werden.*

Name ______ Klasse ______ Datum ______

6 Infektion und Inkubation

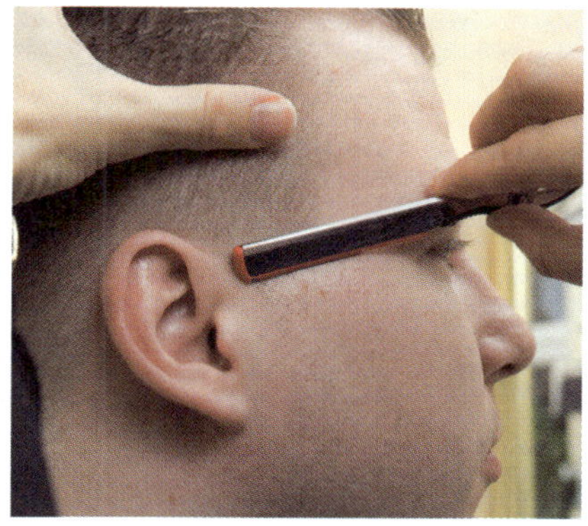

Bei dem engen Kundenkontakt im Friseurberuf gibt es eine erhöhte Gefahr der Ansteckung mit Krankheitserregern.

6.1 Was versteht man unter Infektion?

6.2 Nennen Sie die wichtigsten Arten der direkten Übertragung von Krankheitserregern und führen Sie zu jeder Art ein Beispiel an:

6.3 Wodurch kann eine indirekte Übertragung von Krankheitserregern erfolgen?

–

–

–

6.4 Bei welchen Arbeiten könnte im Friseur- und Kosmetiksalon die Gefahr einer Ansteckung mit HIV gegeben sein?

7 Desinfektion

7.1 Was bezweckt eine Desinfektion?

»Verordnung zur Verhütung übertragbarer Krankheiten«
Hygiene-Verordnung vom 24. 05. 2005 – Auszug –

§ 2 Pflichten

(2) Wer Eingriffe oder Handlungen vornimmt, bei denen eine Verletzung der Haut vorgesehen ist, muss vorher seine Hände reinigen und diese sowie die zu behandelnde Hautfläche desinfizieren. Bei der Ausübung der Tätigkeiten sind Einmalhandschuhe zu tragen. (3) Handlungen, die eine Verletzung der Haut vorsehen, sind mit sterilen Gegenständen und Materialien vorzunehmen. (4) Der Arbeitsbereich für Tätigkeiten nach § 1 muss geeignet und so beschaffen sein, dass alle Oberflächen leicht zu reinigen und zu desinfizieren sind.

7.2 Nennen Sie a) physikalische Methoden und b) chemische Mittel, die desinfizierend wirken.

a) ______

b) ______

7.3 In welcher Reihenfolge müssen die Reinigungs- und Desinfektionsmaßnahmen durchgeführt werden?

① ______

② ______

③ ______

7.4 Wie ist bei der Nassdesinfektion von Werkzeugen vorzugehen? (Lesen Sie die Gebrauchsanweisungen!)

a) ______

b) ______

______

______

c) ______

______

d) ______

______

7.5 Wie werden Flächen und Hände desinfiziert? (Lesen Sie die Gebrauchsanweisungen!)

______ ______

______ ______

______ ______

7.6 In welchen Fällen muss unbedingt desinfiziert werden?

______

7.7 Worauf ist bei der Anwendung von Desinfektionsmitteln ganz allgemein zu achten?

– ______

– ______

M *Nur eine ______ durchgeführte Desinfektion erfüllt ihren Zweck!*

Name ______________________ Klasse ____________ Datum ____________

8 Schutz vor beruflich bedingten Erkrankungen der Haut

8.1 Tragen Sie in die Abbildung die hautschädigenden Arbeitsmittel ein, mit denen Sie im Friseursalon zu tun haben.

8.2 Warum können sogar Shampoos der Haut der Friseure schaden?

8.3 Wie kommt es zu einer Allergie?

Bringen Sie die einzelnen Vorgänge in die richtige Reihenfolge.
– allergisches Ekzem – Kontakt/Aufnahme eines Allergens – Reaktion zwischen Allergen und Antikörper – Bildung von Gegenkörpern (Antikörpern)

① ______________________

② ______________________

③ ______________________

④ ______________________

8.4 Was sind typische Symptome (Merkmale) von allergischen Friseurekzemen?

8.5 Bei welchen Arbeiten sind nach dem Hautschutzplan der Technischen Regel für Gefahrstoffe (TRGS 530) folgende Schutzhandschuhe vorgeschrieben?

a) Einmalhandschuhe: ______________________

____

b) Waschhandschuhe: ______________________

____

a) Haushaltshandschuhe: ______________________

____

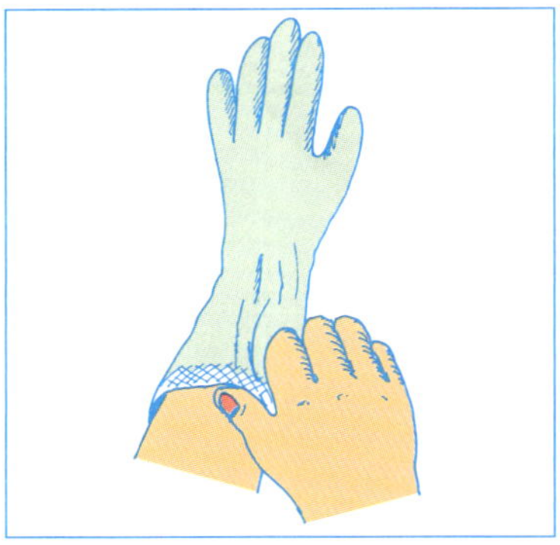

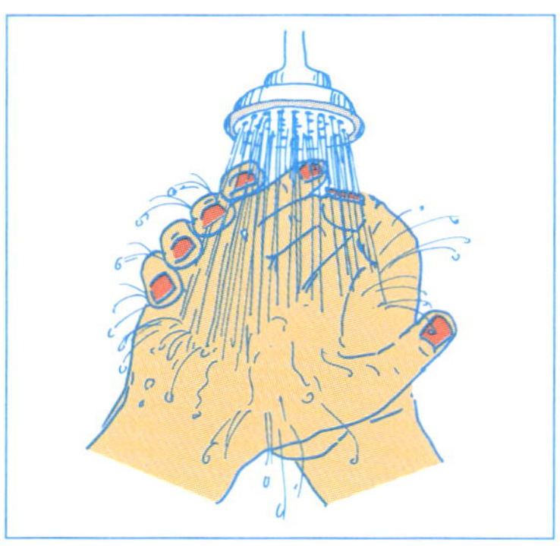

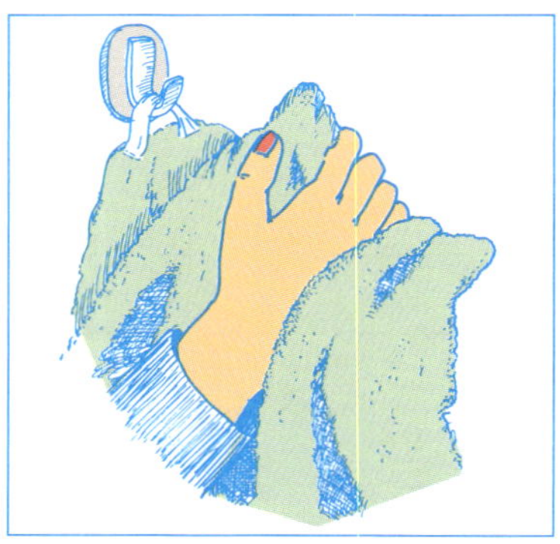

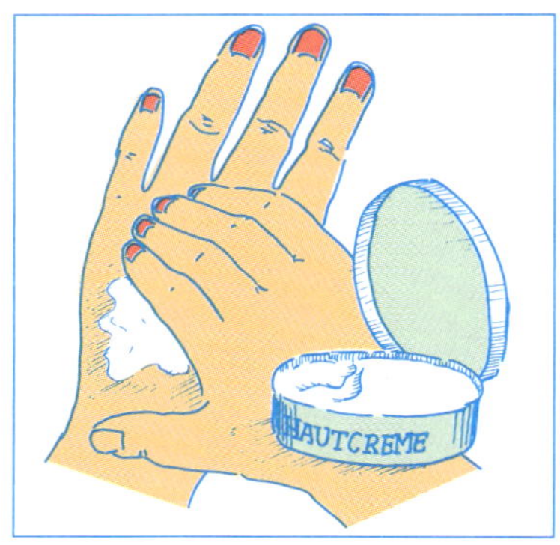

8.6 Warum darf bei der Arbeit kein Arm- und Handschmuck getragen werden? (Siehe TRGS 530 § 8 (2))

____

____

M ***Beruflicher Hautschutz bedeutet hauptsächlich*** ______________________

____

Name ______________________ Klasse ______________ Datum ______________

9 Vorbeugung gegen Fuß- und Rückenbeschwerden

9.1 Wodurch kommt es im Friseurberuf leicht zu krankhaften Fußveränderungen?

9.2 Was sind die häufigsten Fußveränderungen, zu denen es durch das viele Stehen kommen kann?

9.3 Wie sollen stark belastete Füße gepflegt werden?

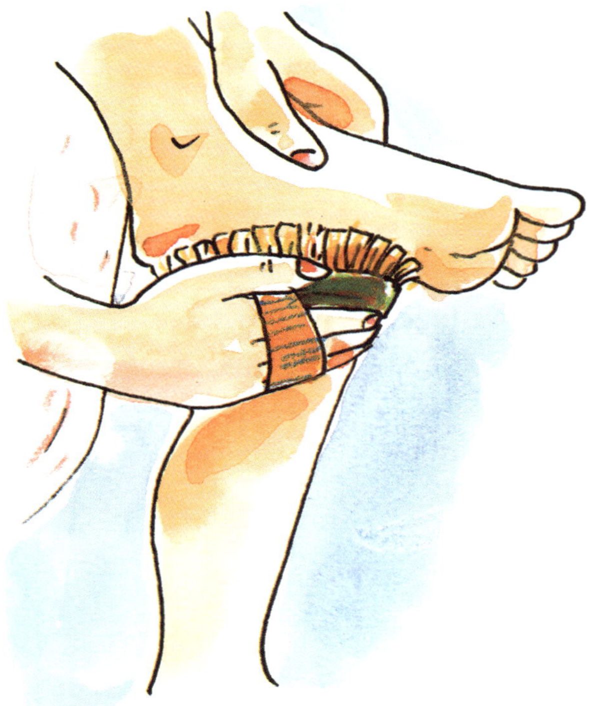

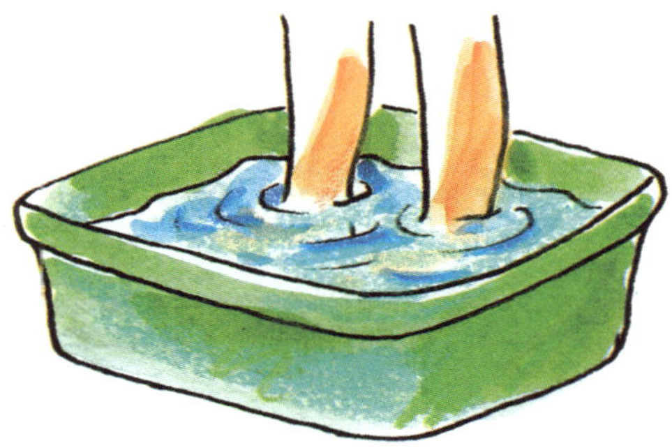

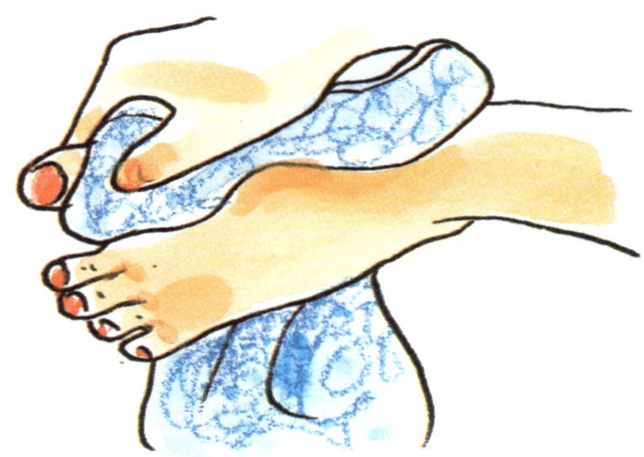

9.4 Nennen Sie fußgymnastische Übungen zur Vorbeugung gegen Fußveränderungen.

M *Weil die Füße durch das viele ______________ besonders ______________ werden, ist eine sorgfältige ______________ zur ______________ notwendig.*

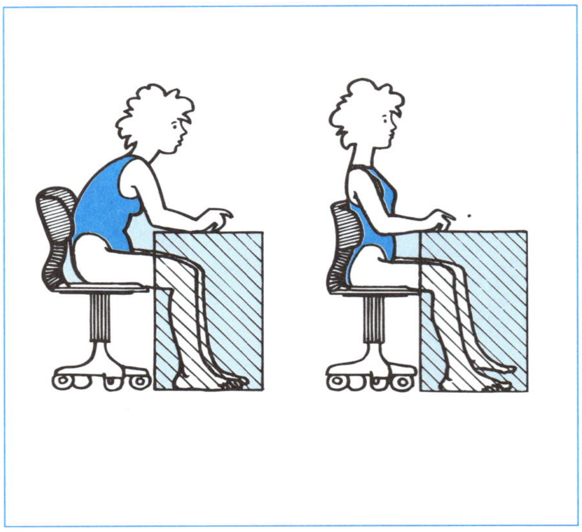

falsch richtig

falsch richtig

9.5 **a) Wie kommt es zu Rückenbeschwerden?** **b) Wie kann man vorbeugen?**

9.6 **In welchen Fällen wird der Rücken am wenigsten belastet?**

☐ a) ☐ b) ☐ c) ☐ d)

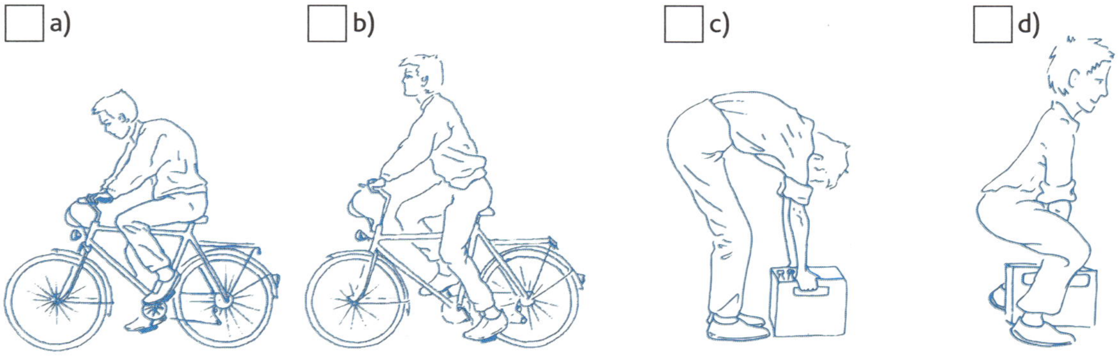

9.7 **Welche Wissenschaft befasst sich damit, den Arbeitsplatz, die Maschinen und Geräte sowie den Arbeitsablauf so menschenfreundlich wie möglich zu gestalten?**

☐ a) Die Anatomie ☐ b) Die Ergonomie ☐ c) Die Biologie

M *Gegen Fuß- und Rückenbeschwerden kann man vorbeugen durch* ______

Name ______________________ Klasse ______________ Datum ______________

10 Unfallgefahren im Friseursalon

10.1 Nennen Sie Unfallursachen im Friseurberuf.

10.2 Wer ist Träger der gesetzlichen Unfallversicherung im Friseurberuf?

10.3 Worauf ist beim Umgang mit chemischen Arbeitsmitteln besonders zu achten?

–

–

–

10.4 Was bedeuten diese Warnhinweise?

M

Unfallverhütungsvorschrift (VBG 1), § 7, Absatz 2:
Der Unternehmer hat die Versicherten über die bei ihren Tätigkeiten auftretenden Gefahren sowie über die Maßnahmen zu ihrer Abwendung vor der Beschäftigung und danach in angemessenen Zeitabständen, mindestens jedoch einmal jährlich, zu unterweisen.

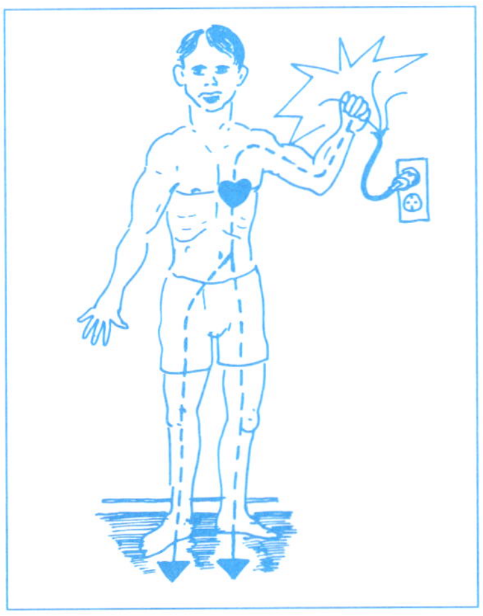

Ein Stromschlag (Stromgang durch den Körper) ist lebensbedrohend, besonders dann, wenn er durch die Herzgegend verläuft.

Herausgerissene Steckdose

10.5 Ergänzen Sie den Text.

Elektrische Anlagen dürfen nur von einem zugelassenen ____________________ errichtet, erweitert und instandgesetzt werden. Schadhafte Elektrogeräte sind sofort ____________________ und vor der Wiederinbetriebnahme von einem ____________________ zu reparieren. Beim Reinigen von Elektrogeräten, z. B. Trockenhauben, muss zuerst der ________________ aus der Steckdose ________________ werden.

10.6 Welche Verhaltensregeln für den Umgang mit elektrischen Geräten, Kabeln, Steckern usw. lassen sich aus diesen Zeichnungen ableiten?

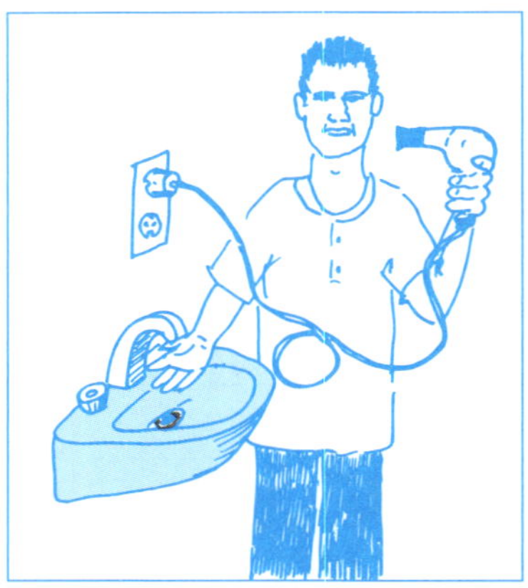

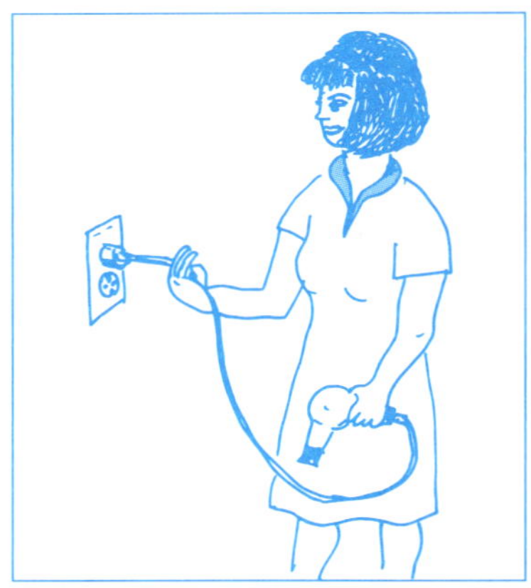

10.7 Was haben Sie zu tun, wenn Sie jemandem bei einem Stromunfall helfen sollen?

– ____

– ____

– ____

– ____

M *Bedenken Sie, dass ____________________ besser und billiger ist als ____________________ !*

Name ______________________ Klasse ______________ Datum ______________

11 Schutz der Atemwege

Beim Arzt:

„Sie sind also Friseurin. Und diesen Husten haben Sie schon seit mehreren Wochen?"

Neben den Hauterkrankungen werden auch viele Fälle von berufsbedingten Atemwegserkrankungen der zuständigen Berufsgenossenschaft gemeldet. Meist bleibt es nicht bei einem harmlosen Husten. Oft wird daraus eine chronische Bronchitis oder ein allergisches Asthma.

11.1 Die häufigsten Ursachen für beruflich bedingte Atemwegserkrankungen bei Friseuren:

Chemikalien-dämpfe

Sprays

Staubende Arbeitsmittel

Zigaretten-rauch

11.2 Welche Paragraphen der TRGS 530 sollen die vermeidbare Verunreinigung der Salonluft verhindern? Wie lauten diese Bestimmungen?

____

M ***Atemwegserkrankungen nehmen allgemein zu. Sie können sich und Ihre Kunden schützen, wenn Sie***
- ***jede Art von unnötiger*** ______________ ***vermeiden und***
- ***sich in Ihrer Freizeit viel*** ______________ ***bewegen.***

11.3 Betriebsanweisung für Friseurinnen und Friseure

	Haarwäsche und -pflege	Farbveränderungen	Dauerwellen	Styling	Nassreinigung oder Desinfektion
Tätigkeiten:	• Shampoonieren • Auftragen und Auswaschen von Pflegemitteln • Kopfmassage mit Pflegemitteln	• Mischen, Aufemulgieren, Auftragen, Auswaschen von Farbe, Tönung, Tönungsfestiger, Blondierungsmittel • Überprüfung der Ergebnisse	• Mischen, Auftragen, Auswaschen, Probewickeln mit Dauerwellflüssigkeit und Fixierung	• Auftragen von Stylingmitteln	• von Arbeitsmitteln, Geräten, Werkzeugen und Räumen
Bezeichnung der Gefahrstoffe:	a) Shampoos: enthalten unter anderem Tenside und Konservierungsstoffe b) Spülungen, Konditionierer, Kuren c) Haarwasser	a) Oxidationshaarfarben, oxidative Tönungen, Tönungsmittel, Tönungsfestiger, Tönungsschäume: enthalten unter anderem p-Phenylendiamin, p-Toluylendiamin, deren Derivate oder Salze, Aminophenole b) Oxidationsmittel (im allgemeinen Wasserstoffperoxid) c) Blondierungsmittel enthält Persulfate d) (Pflanzenhaarfarben)	a) Dauerwellflüssigkeit (alkalisch): enthält Ammoniumthioglykolate b) Fixiermittel: enthalten Wasserstoffperoxid	a) Haarsprays und -lacke b) Föhnschäume, Föhnlotionen, Haargel, Einlegemittel c) Wachs, Pomade, Frisiercreme	a) Reinigungsmittel flüssig oder pulverförmig b) Desinfektionsmittel
Verbrauch pro Monat*:	a) ________ ________ b) ________ ________ c) ________ ________	a) ________ ________ b) ________ ________ c) ________ ________	a) ________ ________ b) ________ ________	a) ________ ________ b) ________ ________ c) ________ ________	a) ________ ________ b) ________ ________
Spezielle Gesundheitsgefährdungen:	a – c) Durch häufigen Hautkontakt können irritative Hautschädigungen auftreten. Einzelne Inhaltsstoffe können bei Hautkontakt Sensibilisierungen (Allergien) hervorrufen.	a und d) Können Sensibilisierungen (Allergien) hervorrufen. b) Reizt Haut und Schleimhäute. c) Kann Irritationen und Sensibilisierungen (Allergien) der Haut, der Schleimhäute und der Atemwege hervorrufen.	a) Können Sensibilisierungen (Allergien) hervorrufen. Reizen Haut und Schleimhäute. b) Reizt Haut und Schleimhäute.	a) Kann Atemwegserkrankungen verursachen. b und c) Können Sensibilisierungen (Allergien) der Haut hervorrufen.	a – b) Bei häufigem Kontakt können irritative Hautschädigungen und Sensibilisierungen (Allergien) auftreten.
Spezielle Schutzmaßnahmen:	a – c) Misch- und Anwendungsapplikatoren verwenden. Bei Konzentraten Verdünnungsanweisungen unbedingt beachten.	a und c) Zum Mischen den dafür vorgesehenen Arbeitsplatz aufsuchen. Für ausreichende Lüftung sorgen und geeignete Misch- und Anwendungsapplikatoren benutzen. bei c) Staubentstehung vermeiden. Stäube nicht einatmen!	a – c) Zum Mischen den vorgesehenen Arbeitsplatz aufsuchen. Für ausreichende Lüftung sorgen und geeignete Misch- und Anwendungsapplikatoren benutzen. Dämpfe nicht einatmen!	a) Sprühnebel nicht einatmen. Nicht in offene Flammen sprühen. Nicht in die Augen sprühen. Raum gut lüften!	a) Zu reinigende Arbeitsmittel (z. B. Schälchen, Handtücher) nur mit Handschuhen anfassen. b) Hautkontakt mit Desinfektionsmittel durch Handschuhtragen vermeiden. Sprühdesinfektion ist zu unterlassen.
Persönliche Schutzmaßnahmen:	Waschhandschuhe oder langstulpige Einmalhandschuhe	Einmalhandschuhe	Einmalhandschuhe	Hautschutzcreme, eventuell Einmalhandschuhe	Haushaltshandschuhe

* Sofern der Abschnitt „Verbrauch pro Monat" sorgfältig ausgefüllt wurde, dient diese Betriebsanweisung auch als Gefahrstoffverzeichnis im Sinne des § 7 Abs. 8 GefStoffV.

bGw Berufsgenossenschaft für Gesundheitsdienst und Wohlfahrtspflege

Name ______________________ Klasse ____________ Datum ____________

12 Müllvermeidung

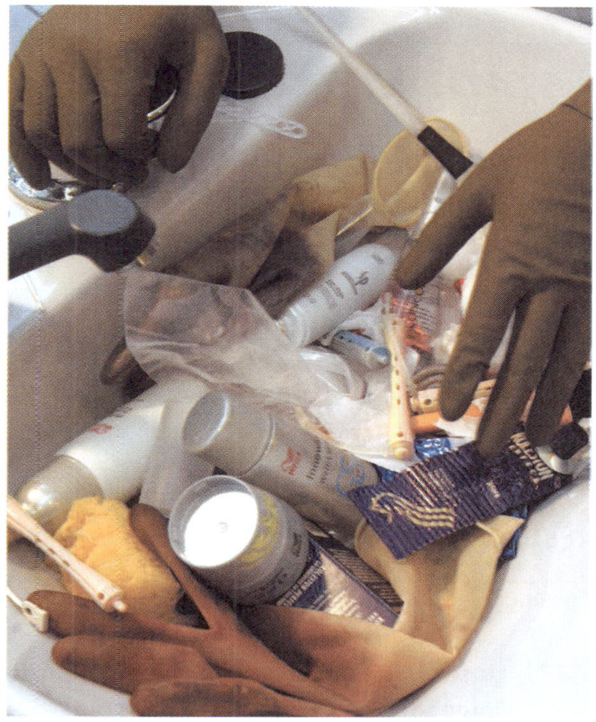

12.1 Mit welchen Maßnahmen können auch Sie zur Müllvermeidung beitragen?

– ______________________

– ______________________

– ______________________

– ______________________

– ______________________

12.2 Interpretieren Sie die nebenstehende Grafik. Wo kann Müll vermieden werden?

____

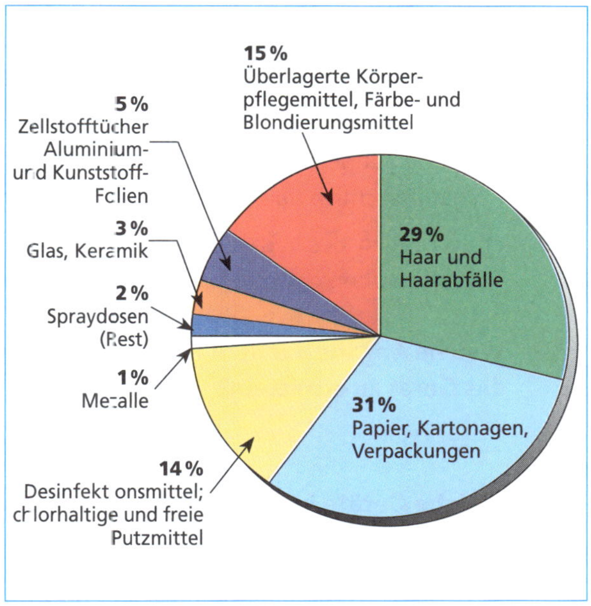

12.3 Was bedeuten diese Zeichen auf Verpackungen?

Blauer Engel

____

Grüner Punkt

____

13 Rationelle Energieverwendung

STADTWERKE MÜNCHEN **RECHNUNG**

Strom · Erdgas · Wärme · Wasser · Stadtverkehr · Parkhäuser · Hafen · Bäder

Abrechnungszeitraum: 01.01.09–31.12.09

	Zähler-Nr.	Tarif	K	Verbrauchszeitr. von	bis	Zählerstand neu	alt	Verbrauch kWh/m³	Einzelpr. Ct.	Nettobetr. EUR	Umsatzsteuer %	EUR	Bruttobetrag EUR
	1	2	3	4	5	6	7	10	11	19	20	21	22
Strom	823638	S29		01 01	31 12	22505	12763	9742	2950	3056 29	15 00	458 44	3514 73
Wasser	751772	W51		01 01	31 12	1531	1157	374	125 00	587 50	7 00	41 13	628 63
Abwasser		A51		01 01	31 12	1531	1157	374	380 00	1421 20	0 00	0 00	1421 20
							*Rechnungssummen		=>	5064 99		499 57	5564 56

Friseur Salon
Happy Style
Königsstr. 10
84322 München

Friseur

Kundennummer
15353

Rechnungsdatum
31. 12. 2009

Verbrauchsvergleich		
Strom	(kWh)	9742
Wasser	(cbm)	374
Kanal	(cbm)	374

Strom-, Wasser- und Abwasserrechnung eines Friseursalons

13.1 Unser hoher Energieverbrauch gefährdet die Umwelt. Welche Schlagworte stehen für die im Folgenden beschriebenen Gefahren?

a) Durch die Anreicherung der Atmosphäre mit Abgasen, besonders Kohlendioxid, wird von der Erde weniger Wärme abgestrahlt. Dadurch steigen die Durchschnittstemperaturen auf der Erde. ______________________

b) Durch die großen Mengen an Treibgasen (FCKW), die besonders in der Vergangenheit in die Atmosphäre gelangt sind, wurde die Ozonschicht (hauptsächlich über den Erdpolen) verdrängt. ______________________

c) Störungen des Erdklimas können die Gefahr von Dürreperioden und großen Überschwemmungen vergrößern. ______________________

13.2 Welche Angabe auf dem Typenschild eines Elektrogeräts ermöglicht es, den Stromverbrauch für das Gerät zu ermitteln?

☐ a) Typ ☐ b) Watt ☐ c) Volt ☐ d) Ampere ☐ e) Stromart

13.3 Welche Geräte im Friseursalon haben den größten Stromverbrauch?

____

13.4 Nennen Sie die wichtigsten Maßnahmen, mit denen auch Sie bei Ihrer Arbeit Energie sparen können.

____

____

____

____

M *Bei der Energieerzeugung fallen umweltbelastende ______________________ an. Hoher Energieverbrauch bedeutet daher ______________________.*

Name ____________________ Klasse ____________ Datum ____________

1 Kundenbetreuung – Verhalten am Telefon

„Ja?"
„Wer sind Sie?"
„Nee, die Jessica hat jetzt keine Zeit."
„Die Sabrina is' auch nich' da. Die is' nach Haus gegangen, weil ihr übel war."
„Warum wollen Sie den Chef sprechen?"

1.1 Sie würden sich am Telefon (beim Anruf einer Kundin) sicher anders verhalten. Verbessern Sie.

1.2 Verbessern Sie die folgenden Aussagen:

a) „Hier Salon Müller."

b) „Was wollen Sie denn?"

c) „Nein, der Chef ist nicht da."

d) „Da müssen Sie später noch mal anrufen."

e) „Können Sie nicht langsamer sprechen? Ich versteh' Sie nicht."

f) „Ich sag' dem Chef, dass Sie angerufen haben."

1.3 Wie könnte eine Kundin begrüßt werden? Formulieren Sie in wörtlicher Rede.

Salonalltag:

Eine Kundin betritt den Salon.
Sie zieht ihren Mantel aus und hängt ihn an die Garderobe.
Dann sucht sie sich einen Platz in der Warteecke.
Nach einer Weile bringt ihr Azubi Jessica einen Stapel Illustrierte und eine Tasse Kaffee.

Ob damit schon das Bestmögliche für die Kundin getan wurde?

1.4 Auch wartende Kunden wollen betreut werden. Auf welche Weise können Sie ihnen das lästige Warten angenehmer machen?

– ______________________________

– ______________________________

– ______________________________

– ______________________________

– ______________________________

1.5 Wie können Sie dazu beitragen, dass die Kunden sich auch während der Bedienung wohl fühlen?

– ______________________________

– ______________________________

– ______________________________

– ______________________________

– ______________________________

– ______________________________

1.6 Worauf sollten Sie bei der Verabschiedung einer Kundin/eines Kunden achten?

– ______________________________
____

– ______________________________
____

– ______________________________

– ______________________________

M *Für das Ansehen eines Salons bei seinen Kunden spielt die ______________________________ ______________________________ eine entscheidende Rolle.*

Name ______________________ Klasse ______________ Datum ______________

2 Kommunikation

2.1 Da Kommunikationsprozesse immer unterschiedlich ablaufen, ist das Gesagte nicht immer das Gemeinte. Wie entstehen Missverständnisse im Kommunikationsablauf?

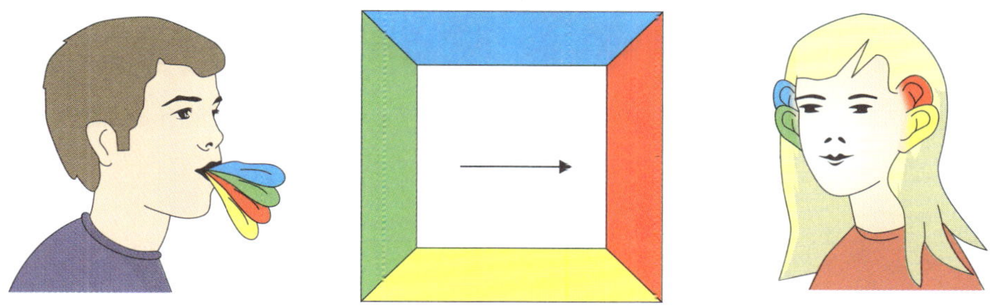

2.2 Frau Müller hat sich in einer Frisurenmappe eine neue Frisur ausgesucht.
Während des Beratungsgesprächs mit der Friseurin entwickelt sich folgender Dialog:

„Frau Müller, Sie haben aber extrem dünne Haare. Da kann ich Ihnen so eine Frisur überhaupt nicht machen. Da werde ich Ihnen am besten die ganzen Haare stufig schneiden und außerdem sind Ihre Haare auch noch sehr fettig. Da würde ich Ihnen unbedingt zu einer Dauerwelle raten und, damit die Frisur auch hält, müssen Sie unbedingt noch unsere Spezialprodukte kaufen."

Wie wird Frau Müller dieses Beratungsgespräch aufnehmen? Ordnen Sie die Rückmeldung von Frau Müller dem „Vier-Ohren-Modell" nach Friedrich von Thun zu.

Mitteilungsebene	Erklärung	Information
Sachebene		
Beziehungsebene		
Selbstoffenbarung		
Appell		

3 Kundentypen

3.1 Mit welchen Eigenschaften können Sie diese Kundentypen charakterisieren?

A ______________________

B ______________________

C ______________________

3.2 Für welche der in 3.1 beschriebenen Kundentypen gelten diese Empfehlungen für den Berater und Verkäufer? Markieren Sie mit A, B oder C.

- ☐ Mit Entscheidungsfragen den Kaufabschluss herbeiführen.
- ☐ Mit besonderer Geduld behandeln.
- ☐ Aussehen, Geschmack, Intelligenz usw. der Kundin/des Kunden loben.
- ☐ Nicht zum Kauf drängen, sondern mit sachlichen Argumenten überzeugen.
- ☐ Mit geschickten Komplimenten Hemmungen abbauen.
- ☐ Sparmöglichkeiten bei Großpackungen und Sonderangeboten herausstellen.

3.3 Frau Meier, eine Stammkundin, hat gerade den Salon betreten. Man widmet ihr keine besondere Aufmerksamkeit. Sie wünscht sicher nur „Waschen und Legen" wie immer. Was wird hier falsch gemacht?

____

3.4 An einem Kunden, der im Salon unbekannt ist und nicht von einer bestimmten Kollegin bedient werden will, kann endlich Jessica (2. Ausbildungsjahr) ihre Haarschneidekünste ausprobieren. Wie beurteilen Sie dieses Verhalten gegenüber Erstkunden bzw. Laufkunden?

____

3.5 Was können Sie dafür tun, damit auch Kinder gern zum Friseur gehen?

– ______________________

– ______________________

M *Die ______________________ ist eine wichtige Voraussetzung für eine erfolgreiche Beratungs- und Verkaufstätigkeit.*

Name ____________ Klasse ____________ Datum ____________

4 Situationsgerechte Ausdrucksweise

4.1 Was sind Gründe dafür, dass manche Mitarbeiter keine Beratungsgespräche führen?

-
-
-

4.2 Erweitern Sie Ihren Wortschatz, indem Sie für die folgenden Wörter Ausdrücke suchen, die etwa das Gleiche bedeuten.

Angenehm:

Anspruchsvoll:

Auffallend:

Günstig:

Modisch:

Ungewöhnlich:

Verändern:

Zweckmäßig:

Gefallen:

Meinen:

4.3 Warum sollte man Redewendungen wie die folgenden vermeiden?

a) „Vielleicht würden Ihnen Strähnen gut gefallen“, oder: „Ich könnte Ihnen auch eine Dauerwelle machen.“

b) Verbessern Sie die Aussagen.

4.4 Erkundungsfragen sollten als offene Fragen gestellt werden. Beispiel: „Wie pflegen Sie Ihr Haar?“ – Welchen Vorteil hat eine solche Fragestellung?

4.5 a) Warum sind die folgenden Suggestivfragen nicht gut?

b) Verbessern Sie die Fragen:

„Sonst brauchen Sie heute wohl nichts?“

„Dieses Parfüm wird Ihnen sicher zu teuer sein?“

a)

b)

5 Körpersprache

5.1 Was kann eine Kundin/ein Kunde aus der Körpersprache von Jessica auf diesen Bildern ablesen? Ordnen Sie den Bildern die Gedanken der Kundin/des Kunden zu.

A ______

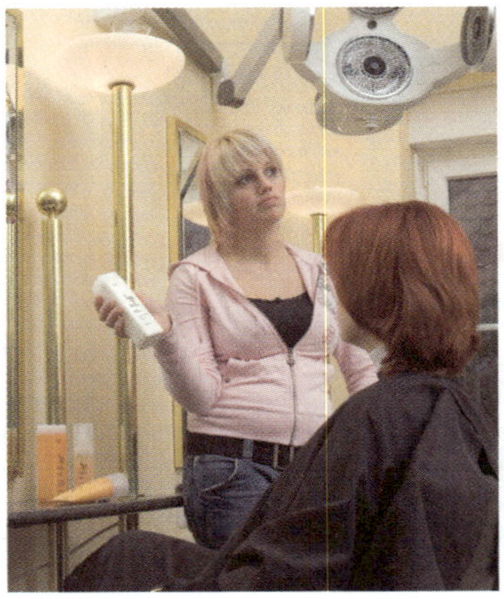

B ______

C ______

a) Hier bin ich als Kundin/Kunde nicht besonders geschätzt.
b) Die brauche ich gar nicht zu fragen, die weiß wahrscheinlich selber nicht Bescheid.
c) Da habe ich das Gefühl, dass ich als Kundin willkommen bin.
d) Die ist mit ihren Gedanken wahrscheinlich schon in der Disco.
e) Jessica versteht was und will mir wirklich helfen.
f) Die wird schon ungeduldig, weil ich mich nicht so schnell entscheiden kann.
g) Jessica ist nicht davon begeistert, dass noch ein Kunde kommt.
Sie wollte wahrscheinlich heute ganz pünktlich Feierabend machen.
h) Jessica liebt ihren Beruf und arbeitet gerne in diesem Salon.

5.2 Was sind bei den Bildern A bis C die wesentlichen Elemente der Körpersprache?

A: ______

B: ______

C: ______

5.3 Welche Einstellung signalisieren Sie dem Kunden mit der Körpersprache in den folgenden Beispielen?

a) Sie überprüfen Ihr eigenes Make-up im Spiegel, während die Kundin ihre Wünsche äußert. ______

b) Sie treten der Kundin mit in den Kitteltaschen steckenden Händen gegenüber. ______

c) Sie wenden sich freundlich lächelnd der Kundin zu und suchen Blickkontakt. ______

Name ______________________ Klasse ______________ Datum ______________

5.4 Dieser Kundin wurde eine neue Frisur vorgeschlagen. Wie diese Bilder zeigen, kann die Reaktion auf diesen Vorschlag sehr unterschiedlich sein.

Bei welchen Bildern kann man aus der Mimik und Gestik der Kundin die folgenden Reaktionen bzw. Äußerungen ablesen? (Schreiben Sie die Großbuchstaben der Bilder zu den entsprechenden Äußerungen.)

A

B

C

D

E

F

- ☐ „Und wie soll ich die Frisur zu Hause hinbekommen?"
- ☐ „Nein, diese Kurzhaarfrisur kommt für mich nicht infrage."
- ☐ „Bloß nicht zu kurz schneiden, sonst bekomme ich das nicht hin."
- ☐ „So kurz? Meinen Sie, dass mir das steht?"
- ☐ „So habe ich mir die neue Frisur auch vorgestellt."
- ☐ „Eigentlich möchte ich mich wirklich mal komplett verändern."

M ***Beim Beratungs- und Verkaufsgespräch sollten Sie bei sich selber und bei der Kundin/beim Kunden auf die ______________ und die ______________ achten. Diese ______________ ist oft aufschlussreicher als das gesprochene Wort.***

6 Konfliktsituationen

„Nun reicht's mir aber. Für 14.00 Uhr war ich zum Waschen und Föhnen angemeldet! Jetzt ist es bereits 14.15 Uhr!"

„Wie viel soll das Shampoo kosten?! Im Supermarkt bekomme ich sowas viel billiger!"

6.1 **Konflikte mit Kunden lassen sich nicht immer vermeiden. Schildern Sie ein solches Erlebnis und Ihr Verhalten in dieser Situation.**

6.2 **Nennen Sie mögliche Gründe, die zu einem Konflikt zwischen Friseur und Kunde führen können:**

-
-
-
-
-
-
-

6.3 **Führen Sie einige Verhaltensregeln auf, die Sie in Konfliktsituationen beachten sollten.**

-
-
-
-

Name ____________________ Klasse ____________ Datum ____________

6.4 Um auf einen Kundeneinwand eingehen zu können, sollte man seinen Hintergrund kennen. Eine Möglichkeit, den Grund für die Unzufriedenheit zu erfahren, besteht darin, dass man den Kern des Einwands als Frage wiederholt.

Beispiel:

Kundin: „Die Farbe ist aber viel dunkler, als ich sie haben wollte!"

Antwort: „Sie meinen, dass die Farbe zu dunkel ist?"

Die Kundin wird darauf in den meisten Fällen nicht einfach mit Ja oder Nein antworten, sondern ihre Reklamation begründen.

Beantworten Sie die folgenden Einwände mit einer Frage.

Kundin: „Von der Dauerwelle, die Sie mir vor fünf Wochen gemacht haben, ist fast nichts mehr zu sehen!"

Antwort: ____________________

Kunde: „Obwohl ich von Ihnen das teuere Schuppenshampoo gekauft habe, sind die Schuppen nicht weg!"

Antwort: ____________________

6.5 Was versteht man unter der „Ja-aber"-Methode?

____

____

____

6.6 Wie könnten Sie auf die folgende Beschwerde mit der „Ja-aber"-Methode reagieren?

Kunde: „Ich warte jetzt schon eine halbe Stunde!"

Antwort: ____________________

____

____

____

6.7 Es gibt mehrere Möglichkeiten, auf Kundenwünsche zu reagieren, die sich gegen den Preis richten („Preiseinwand"). Üben Sie das am folgenden Beispiel.

„Das Shampoo ist im Supermarkt aber viel billiger."

a) Bei der Kundin Zweifel an ihrer eigenen Aussage wecken, z. B.:

____

____

b) Günstigere Friseurprodukte vorlegen, aber Qualitätsunterschiede herausstellen, z. B.:

____

____

M

Kundeneinwände sind ernst zu nehmen! Der Verkäufer sollte nicht direkt ____________ ____________, sondern mit ____________ darauf eingehen.

7 Elemente des Beratungsgesprächs

Begrüßung und Betreuung der Kundin während der Wartephase

7.1 Formulieren Sie in wörtlicher Rede,
a) wie Sie eine Kundin begrüßen,
b) wie Sie sich einer Kundin vorstellen,
c) wie Sie eine Kundin während der Wartephase betreuen.

a) ______________________________

b) ______________________________

c) ______________________________

Ermittlung der Kundenwünsche

7.2 a) Stellen Sie offene Fragen zur Ermittlung des Kundenwunsches.
b) Wiederholen Sie wesentliche Aussagen der Kundin/des Kunden.

a) ______________________________

b) ______________________________

Prüfung von Haarqualität und Kopfhautzustand

7.3 a) Beschreiben Sie bei einer Kollegin Kopfhautzustand und Haarqualität.
b) Machen Sie Vorschläge zur Frisur.
c) Formulieren Sie Vorschläge zur Haarfarbe.

a) ______________________________

b) ______________________________

c) ______________________________

Name ______________________ Klasse ______________ Datum ______________

Anbieten von Zusatzbehandlungen, z. B. eine neue Tönung.

Empfehlen von Produkten für Haut- und Haarpflege zu Hause

Demonstration des Behandlungsergebnisses

7.4 Bieten Sie Zusatzbehandlungen (Dauerwelle, Tönung, Strähnen, Haarkur) unter Berücksichtigung der Haarqualität und der gewünschten Frisur an. Beispiel:

7.5 Mit welchen Argumenten können Sie Produkte für die Haarpflege zu Hause empfehlen?

7.6 Zeigen Sie an einem Beispiel, wie Sie auf einen Kundeneinwand mit der „Ja-aber-Methode" reagieren.

7.7 Wie bieten Sie ein Make-up als Zusatzbehandlung an?

7.8 Erklären Sie der Kundin/dem Kunden, wie Sie ihren/seinen Frisurenwunsch verwirklicht haben. Beglückwünschen Sie den Kunden zum Behandlungsergebnis.

M ***Beim Beratungs- und Verkaufsgespräch sind die folgenden Punkte zu beachten:***

– ______________ – ______________

– ______________ – ______________

– ______________ – ______________

– ______________ – ______________

8 Kundendaten dokumentieren

8.1 In Ihrem Salon war heute mal wieder Hochbetrieb. Am Abend möchte Ihre Chefin noch mit Ihnen gemeinsam die Karteikarten von den heute bedienten Kunden aktualisieren. Nun will Ihre Chefin von Ihnen wissen, warum ist es wichtig ist, eine Kundenkartei exakt und gewissenhaft zu führen.

8.2 Welche fachlichen und persönlichen Informationen sollten unbedingt in einer Kundenkartei festgehalten werden?

8.3 Die Erfassung von Kundendaten kann handschriftlich auf einer Karteikarte oder auch durch ein spezielles Softwareprogramm erfolgen. Diskutieren Sie in der Gruppe die Vor- und Nachteile dieser beiden Organisationssysteme. Stellen Sie anschließend Ihre Ergebnisse in der Tabelle gegenüber.

Organisationssystem	Vorteile	Nachteile
Karteikarte		
Spezielle Softwareprogramme		

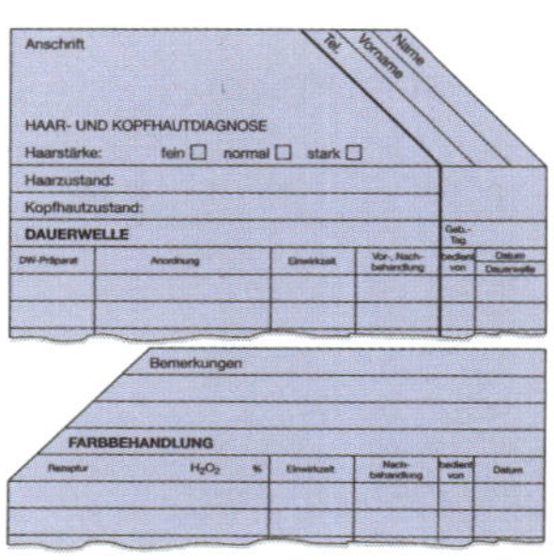

Handschriftliche Kundenkartei

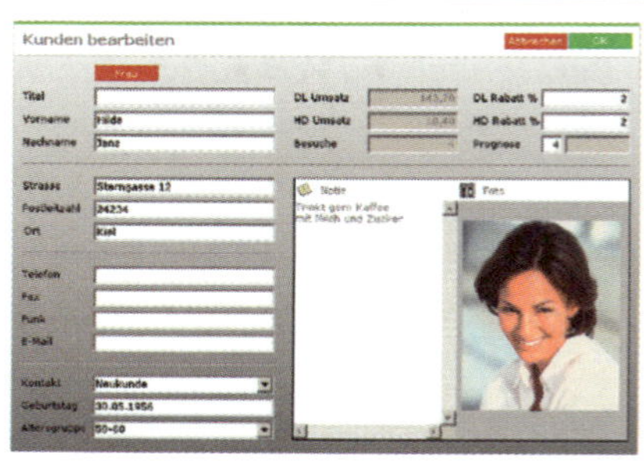

Elektronische Kundenkartei

Name ______________________ Klasse ______________ Datum ______________

1 Die Bedeutung der Haare und der Frisur

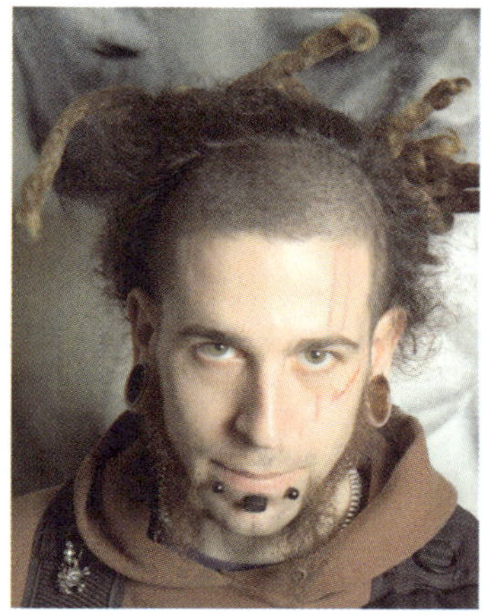

1.1 Versuchen Sie, sich in die Lage dieses jungen Mannes zu versetzen. Was könnte Sie veranlassen, sich so zu frisieren, zu kleiden und zu piercen?

1.2 Haare und Frisuren hatten – besonders in früheren Zeiten – auch symbolische Bedeutung.
Ordnen Sie zu: Hippie, christlicher Mönch, gefangener Feind.

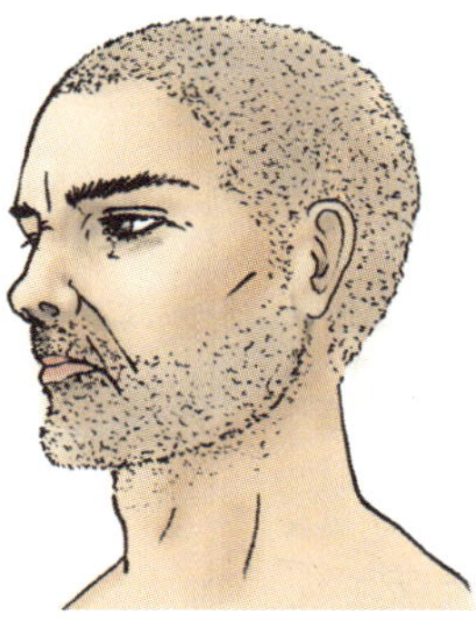

1.3 Welche Hauptaufgabe haben Haar und Frisur?

1.4 Wie wird die Behaarung genannt, …

a) bei einem Säugling? b) bei einem Kind? c) bei einem Erwachsenen?

1.5 Benennen Sie die verschiedenen Haararten beim Erwachsenen.

a) z. B. b) z. B. c) z. B.

1.6 Wie viele Haare wachsen etwa a) auf einem Quadratzentimeter Kopfhaut, b) auf dem ganzen Kopf?

a) ______________________ b) ______________________

2 Das Haar in der Haut

2.1 Benennen Sie links die Schichten der Haut und rechts die Bestandteile der Haaranlage.

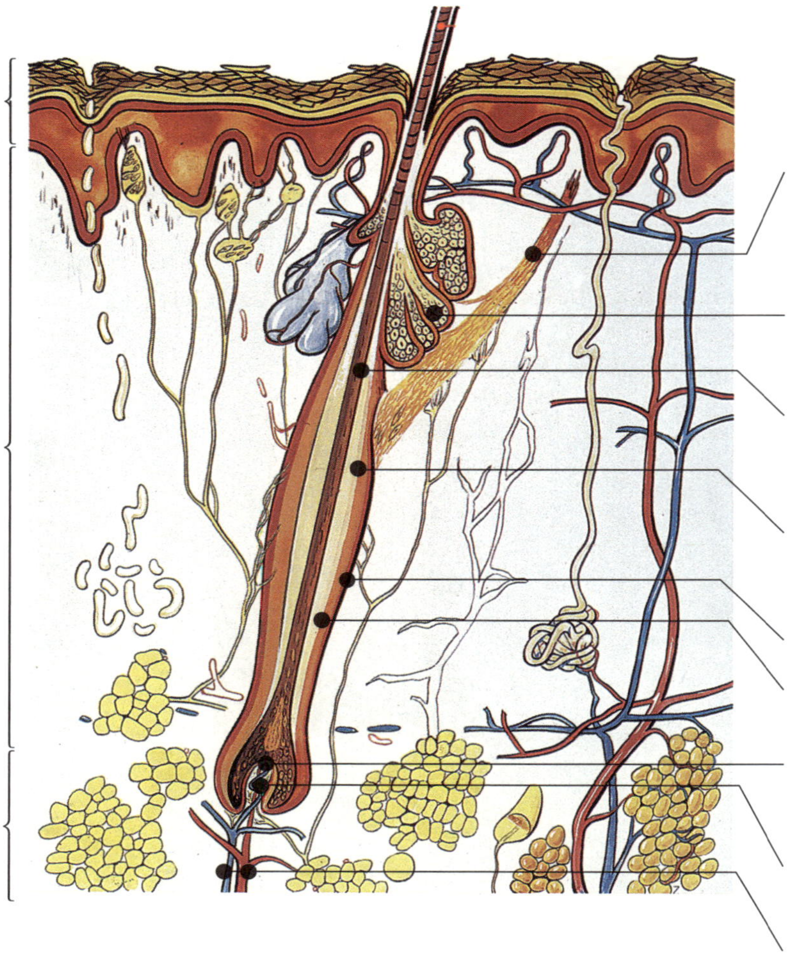

2.2 Wie wird a) der obere und b) der untere Bereich der Oberhaut genannt?

a) ______________________ b) ______________________

2.3 Welcher Begriff bezeichnet die Einstülpung der Oberhaut, aus der das Haar wächst?

☐ a) Haarbalg ☐ b) Haarwurzel ☒ c) Wurzelscheide ☐ d) Haarfollikel

2.4 Welche Schicht des Haarfollikels kann als Fortsetzung der Verhornungszone der Oberhaut betrachtet werden?

____

2.5 Welche Aufgaben hat der Hauttalg?

____

____

Name ______________________ Klasse ______________ Datum ______________

3 Wachstum des Haares

3.1 Tragen Sie die folgenden Begriffe richtig in die Zeichnung ein.

Blutgefäße,
Haarpapille,
Matrix,
Haarzwiebel

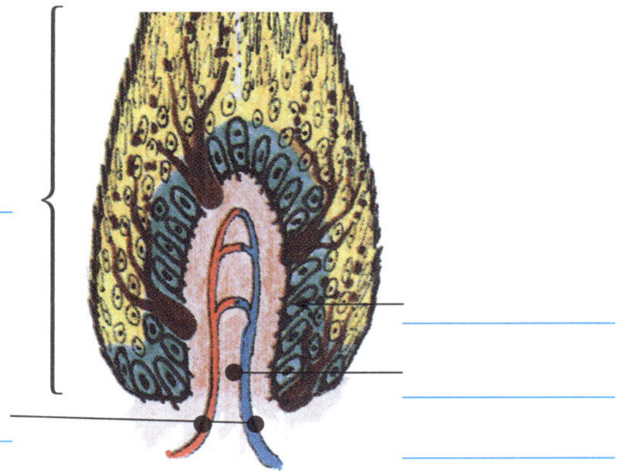

3.2 Wie heißen die Zellen, von denen das Haarwachstum ausgeht?

____

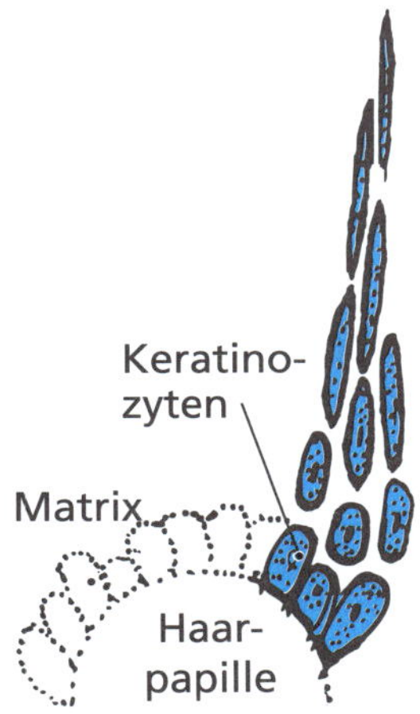

3.3 Beschreiben Sie die Wachstumsvorgänge beim Haar.

____

____

3.4 Wie verändern sich die Zellen in der Haarwurzel?

____

3.5 Wie wird die Entstehung der Naturkrause erklärt?

____

____

3.6 Wie viel beträgt das durchschnittliche Wachstum der Kopfhaare im Monat? ______________

4 Haarfarbe

4.1 Wie erhält das Haar seine Farbe? Ergänzen Sie die Beschreibung.

Besondere Zellen in der Matrix, die ______________,

erzeugen den Farbstoff des Haares, das ______________.

Teile dieses Farbstoffes, sogenannte ______________,

werden von den Keratinozyten ______________

und dadurch in das ______________

eingelagert.

In den Haaren kommen unterschiedliche ______________

und ______________ vor.

Das erklärt die ______________ der natürlichen Haarfarben.

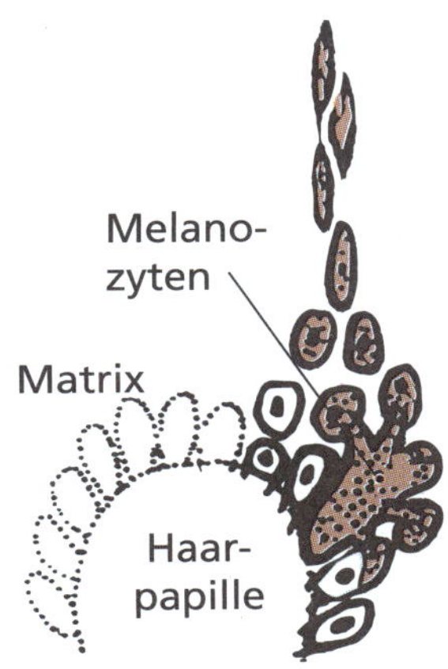

4.2 Wie nennt man ...

a) die farbstoffbildenden Zellen? ______

b) den von ihnen gebildeten Farbstoff? ______

c) die großen, dunklen Pigmente? ______

d) die kleineren hellen bzw. gelbroten Pigmente? ______

4.3 Wovon hängen Farbtiefe und Farbrichtung ab?

______

4.4 Welche Folgen hat es, wenn die Melanozyten sich zurückbilden oder ihre Funktion ganz einstellen?

______

5 Haarwechsel

5.1 Wie alt werden ...

a) Kopfhaare? ______ b) Brauen und Wimpern? ______

5.2 Bezeichnen Sie die einzelnen Entwicklungsphasen des Haares und geben Sie deren ungefähre Dauer an.

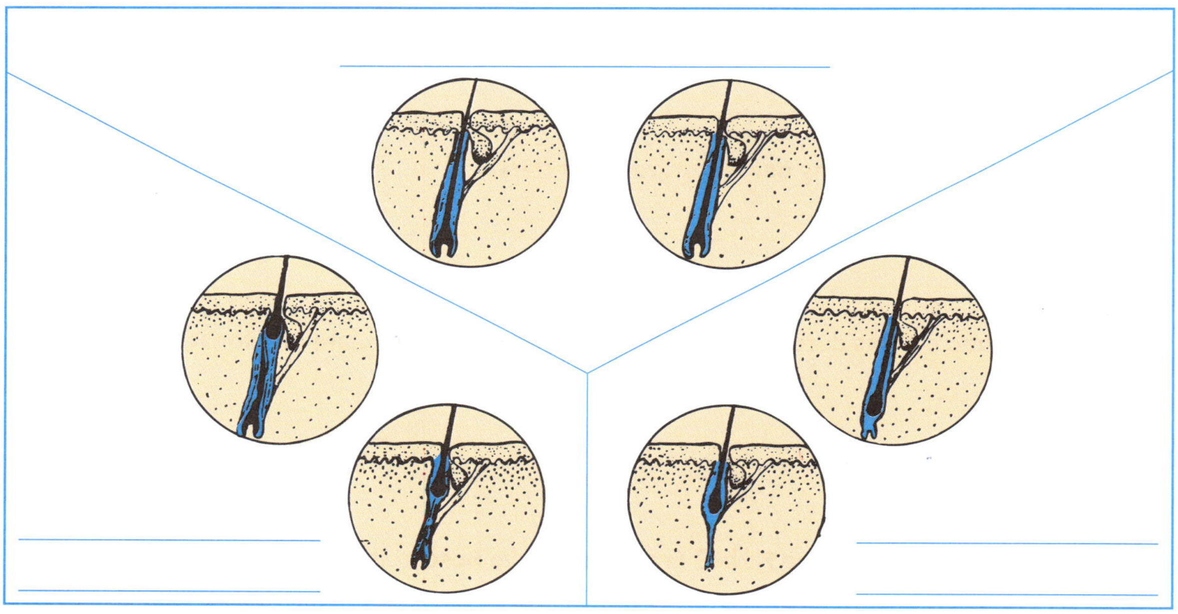

5.3 a) Ordnen Sie den Phasen des Haarzyklus die richtigen Haarbezeichnungen zu.
b) Geben Sie an, wie viel Prozent der Haare zu den einzelnen Phasen gehören.

	Wachstumsphase	Übergangsphase	Ruhephase
a)			
b)			

5.4 Warum treten beim Haarwechsel keine Kahlstellen auf?

______

______

Name ______________________ Klasse ______________ Datum ______________

6 Schuppenschicht

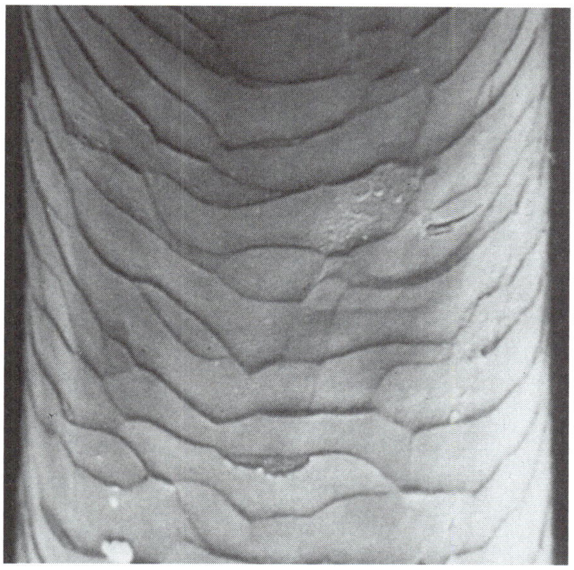

Gesundes Haar bei 1000-facher Vergrößerung

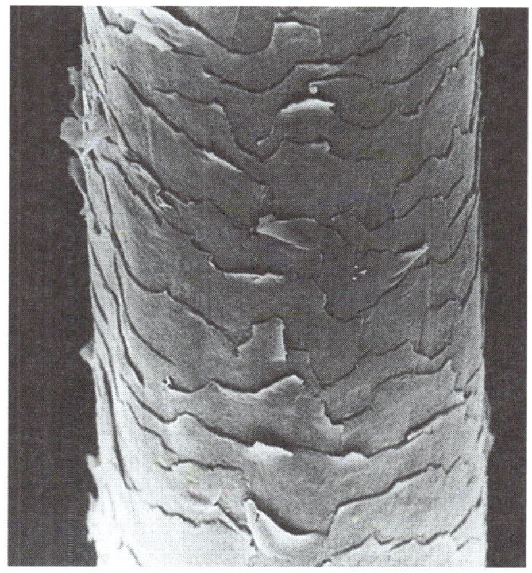

Haar mit leicht geschädigter Schuppenschicht

6.1 Bei starker Vergrößerung des Haares erkennt man eine schuppige Oberfläche.

Beschreiben Sie die Schuppenschicht.

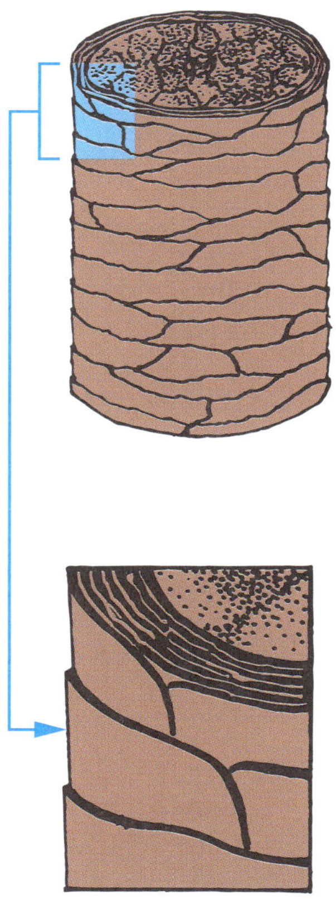

Die Schuppenschicht besteht aus 6 bis 10 Lagen übereinandergreifender flaches Zellen, die das Haar ~~Spitze~~ von Außen umgeben. Die Schuppenränder zeigen zur Spitze.

Beim gesunden Haar sind diese Zellen durch eine Substanz verbunden, die wie ein Kitt wirkt. Die Schuppen liegen eng/flach an und das Haar zeigt einen natürlichen glanz.

6.2 Welche Haarbehandlungsmittel bewirken eine Lockerung der Schuppenschicht?

Alkalische

6.3 Welche Folgen hat eine stärkere Lockerung oder gar eine Schädigung der Schuppenschicht für das Aussehen des Haares?

strohig, matt

7 Faserschicht und Mark

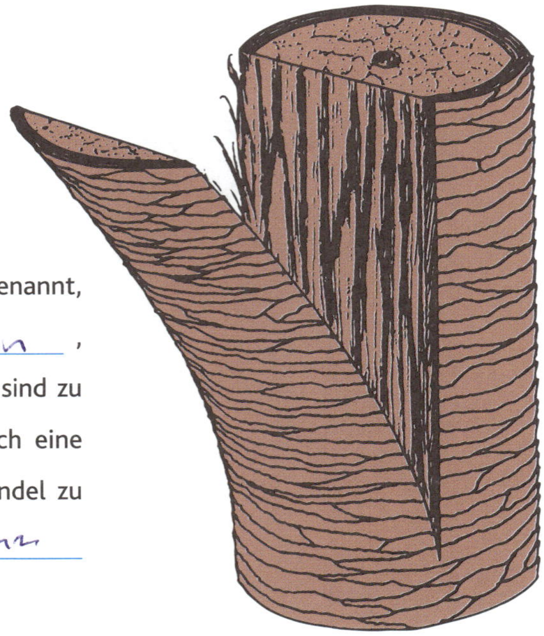

7.1 Ein in Längsrichtung aufgerissenes Haar lässt bei entsprechend starker Vergrößerung deutlich eine faserige Struktur erkennen.

Beschreiben Sie diese Faserschicht.

Die Faserschicht, auch Cortex genannt, besteht aus vielen feinsten Keratinfasern, sogenannten Fibrillen. Diese sind zu Bündeln geordnet. Durch eine Kitt Substanz werden diese Faserbündel zu Spindelzellen und Faserstämme zusammengefasst.

7.2 Warum kann man sagen, dass die Faserschicht die wichtigste Schicht des Haares ist?

80% des Haares,
alle chemischen Prozesse

7.3 Wodurch kann der Kitt auch in der Faserschicht ausgelaugt und dadurch die Faserschicht geschädigt werden?

Chemie, Thermo.

Mark

7.4 Im Innern des Haares befindet sich das sogenannte Mark. Wie ist dieses Mark beschaffen?

Schwammige Masse aus Abbauprodukten des Cortex

7.5 Im Mikroskop ist der Markkanal oft stellenweise als dunkler Strich erkennbar. Was bedeuten diese Abschnitte?

Das Mark kann fehlen

Schematische Darstellung des Haaraufbaus: Benennen Sie die Schichten des Haares mit ihren deutschen und lateinischen Namen.

Schuppenschicht Cuticula
Faserschicht Cortex
Markschicht Medulla

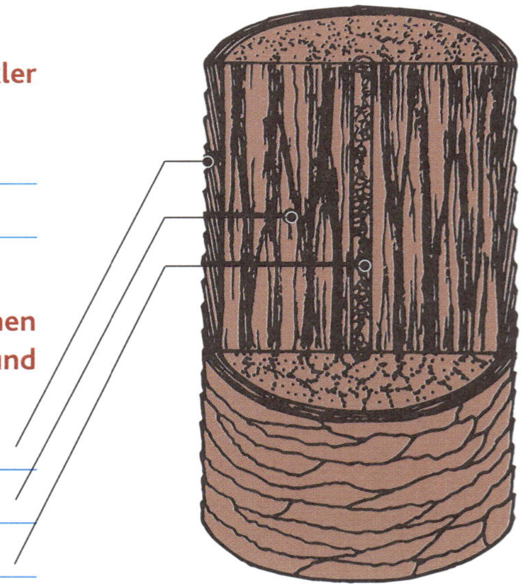

Name ______________ Klasse ______________ Datum ______________

8 Feinbau des Haares

8.1 Nennen Sie die im Haar gebundenen Elemente.

Kohlenstoff, Sauerstoff, Stickstoff, Wasserstoff, Schwefel = Keratin

Elemente

C O N H S

Aminosäuren

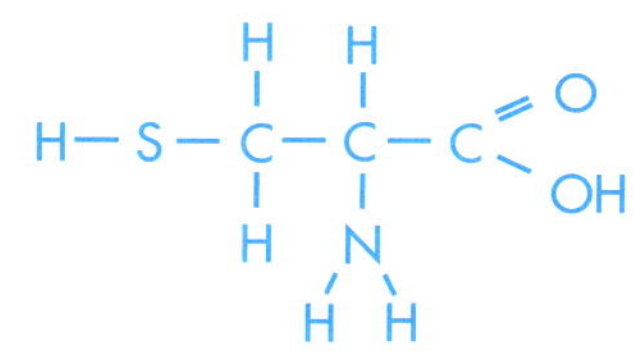

8.2 Woher können die im Haar oft enthaltenen Fettstoffe und Mineralien stammen?

Aus Nahrung oder Schweiß oder Haarbehandlungsmitteln

Eiweiß

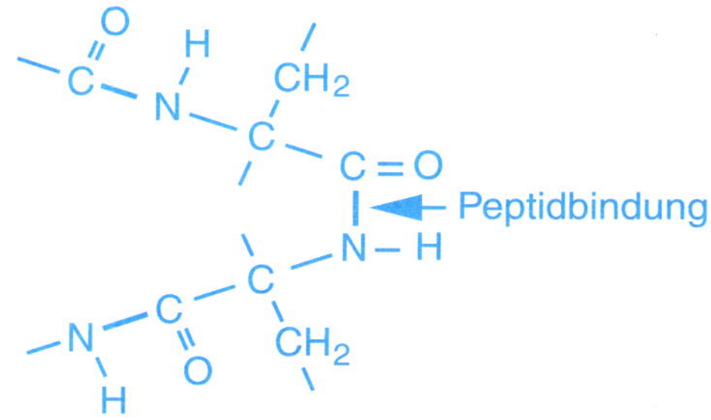

8.3 Warum werden die Keratinmoleküle als Peptidspiralen oder Helices (Einzahl Helix, gr. = Windung, Spirale) bezeichnet?

Weil sie schraubenförmig gedreht sind

8.4 Wie heißen die für die Eigenschaften des Haares wichtigen Bindekräfte („Brücken") im Haarkeratin?

a) Disulfidbrücke

b) Wasserstoffbrücke

c) Salzbrücke

8.5 Zeichnen Sie diese Bindekräfte („Brücken") in die nebenstehende Abbildung farbig ein.

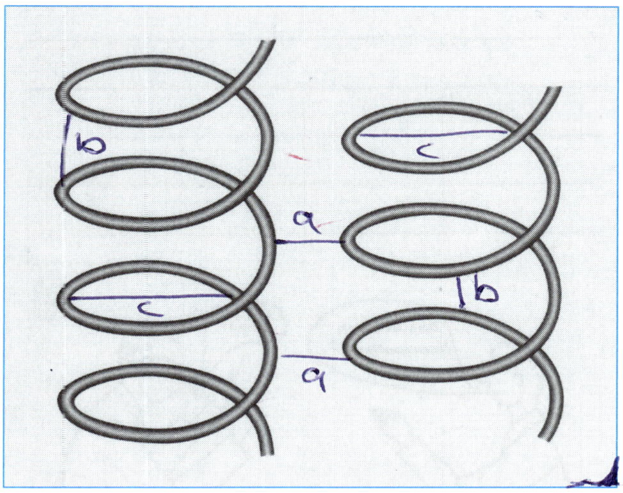

Das Keratin des Haares ist verhorntes Eiweiß *, dessen Moleküle* Helices *oder* Peptidspiralen *genannt werden.*

Im Molekülgitter des Haares gibt es Disulfid- *,* Wasserstoff- *und* Salzbrücken *.*

8.6 Benennen Sie die Bauelemente der Faserschicht.

① = Peptidspiralen ×3

② = Protofibrille

③ = Mikrofibrille

④ = Makrofibrille

⑤ = Faserstrangbündel

⑥ = Faserstamm

⑦ = Schuppenschicht

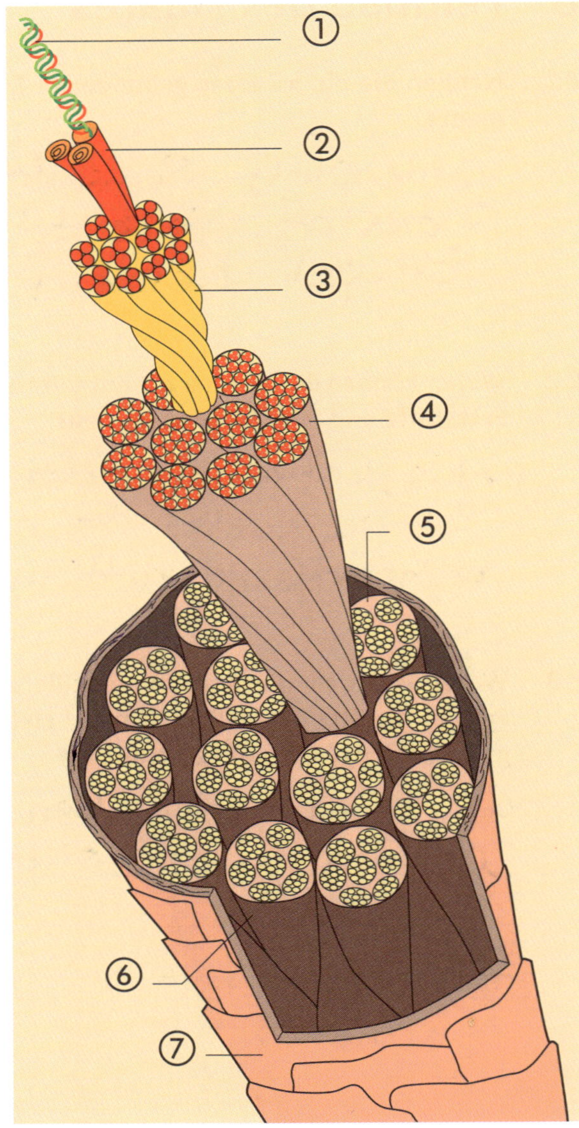

8.7 Was versteht man unter Fibrillen?

☐ Schraubenförmige Bakterien

☐ Feinste Keratinfasern

☐ Haarfeine Röhrchen

☐ Dünne Hornplättchen

8.8 Worin unterscheidet sich das Eiweiß der faserigen Gebilde in seiner Struktur von dem „Kitt"-Eiweiß, in das die faserigen Gebilde eingebettet sind?

Es ist geordnet / faserartig im Fasergebilde und ungeordnet im Kitt.

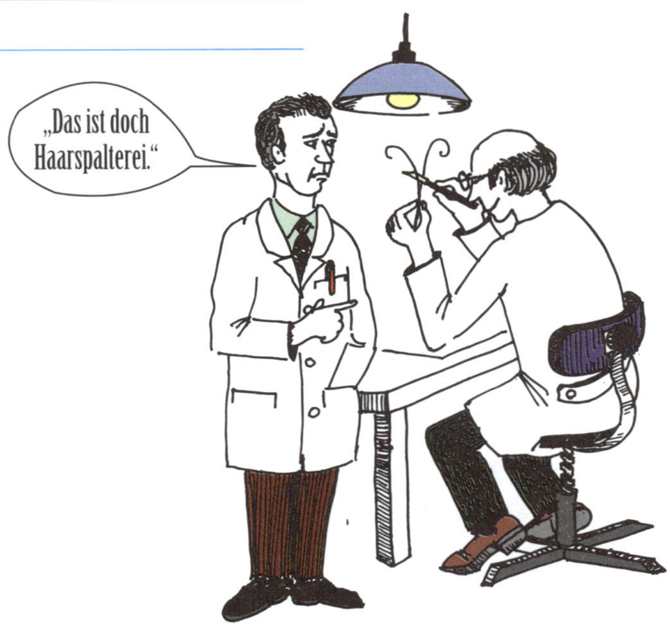

Name ______________________ Klasse ______________ Datum ______________

9 Häufige Anomalien und Erkrankungen der Kopfhaut

9.1 Erklären Sie die wichtigsten Ursachen von a) zu schnell nachfettendem Haar und b) übermäßiger (auffallender) Schuppenbildung.

a) ______________________

b) Starke Schuppenbildung durch ______________________

9.2 Wie nennt man a) die Überproduktion von zu öligem Talg, b) die Überproduktion von Talg in Verbindung mit einer beschleunigten Hautverhornung und c) die Unterfunktion der Talgdrüsen (trockene Haut)?

a) ______________________ b) ______________________

c) ______________________

9.3 Eine alte Streitfrage: „Wie oft darf oder soll fettiges Haar gewaschen werden?“ – Was ist richtig?

- ☐ Fettiges Haar darf man nicht mehr als einmal in der Woche waschen, weil es sonst noch schneller nachfettet.
- ☐ Fettiges Haar sollte man zweimal in der Woche waschen.
- ☐ Fettiges Haar kann man mit Spezialshampoos so oft waschen, wie es nötig erscheint, notfalls auch täglich.
- ☐ Fettiges Haar muss man jeden Tag gründlich mit einem stark entfettenden Shampoo waschen.

9.4 Warum ist es wichtig, bei Seborrhö Spezialwaschmittel zu verwenden und stärkere Reizungen der Kopfhaut zu vermeiden?

____

____

9.5 Auch bei einer Unterfunktion der Talgdrüsen kann die Kopfhaut schuppig sein. Wie sind diese Schuppen im Unterschied zu den großen seborrhöischen Schuppen beschaffen?

____

M *Die Seborrhö kann nicht einfach ______________ werden, aber ihre unangenehmen Auswirkungen wie ______________ und ______________ können mit ______________ Präparaten ______________ behandelt werden.*

9.6 Eine weitverbreitete Hautkrankheit ist die Schuppenflechte (Psoriasis).

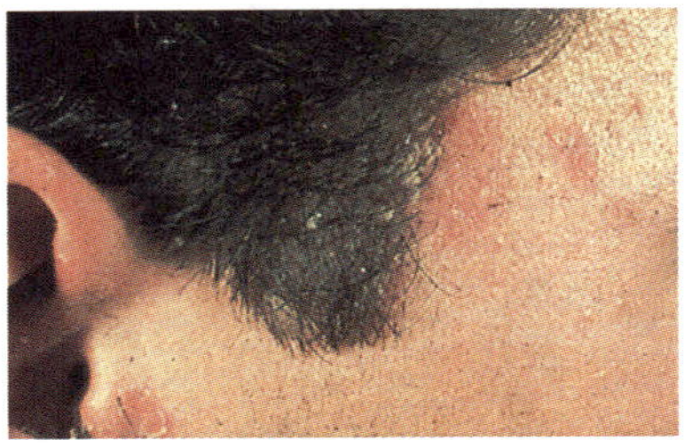

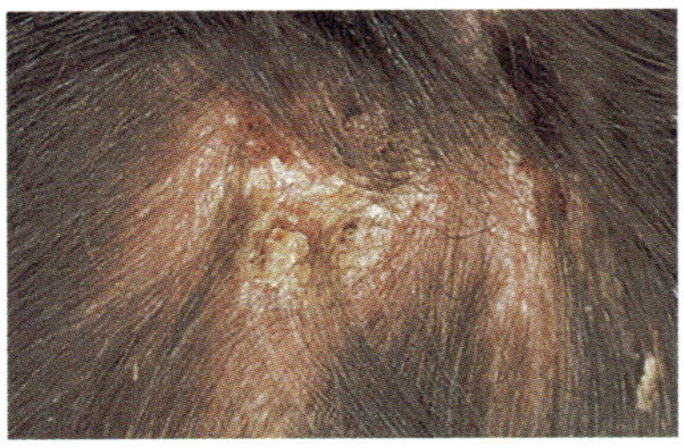

Beschreibung: ______

Ursache: ______

Behandlung: ______

Ansteckungsgefahr ______

9.7 Pilzerkrankungen der Kopfhaut, z. B. die Trichophytie, sind selten geworden. Weil sie aber sehr ansteckend sind, darf man sie nicht übersehen.

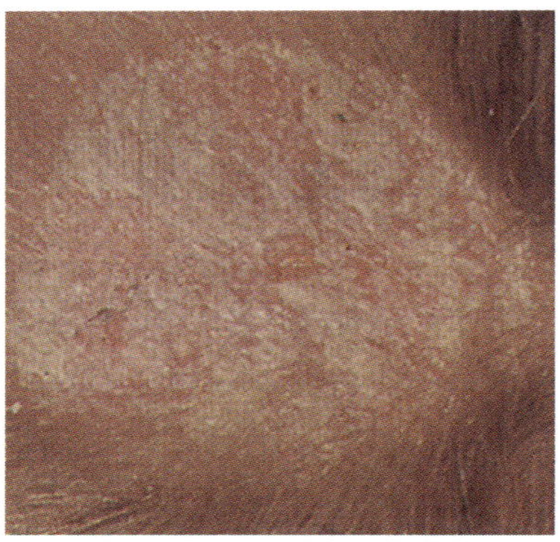

Beschreibung: ______

Ursache: ______

Maßnahmen bei Entdeckung einer Pilzerkrankung:

______

Ansteckungsgefahr ______

9.8 Grützbeutel (Atherom) treten häufig am Kopf auf.

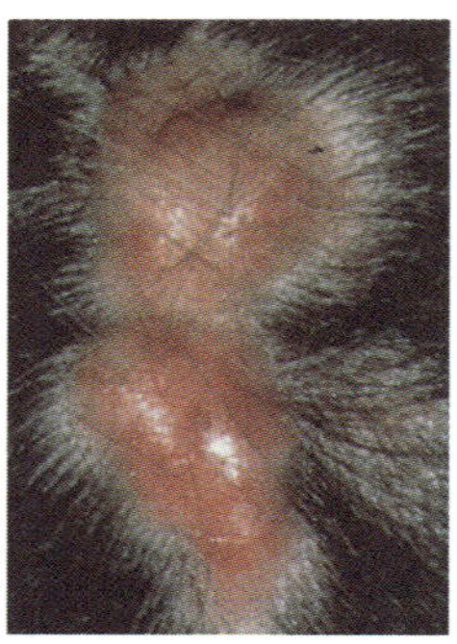

Beschreibung: ______

Ursache: ______

Behandlung: ______

Ansteckungsgefahr ______

Kopfhautschuppen können Begleiterscheinungen recht ______ Anomalien und Erkrankungen der Kopfhaut sein.

Name ______________________ Klasse ______________ Datum ______________

10 Schädigungen und Anomalien des Haares

10.1 Viele Frauen sind mit dem Zustand ihrer Haare nicht zufrieden.

Welche Haarschaftschädigungen stellen Sie am häufigsten fest?

– ______________________

– ______________________

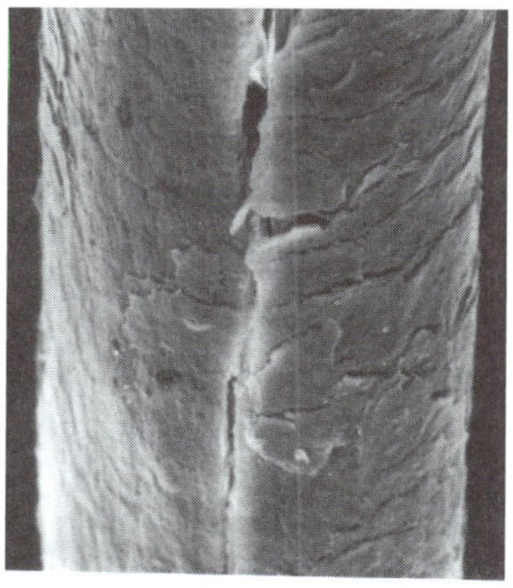

Aufgespaltenes Haar

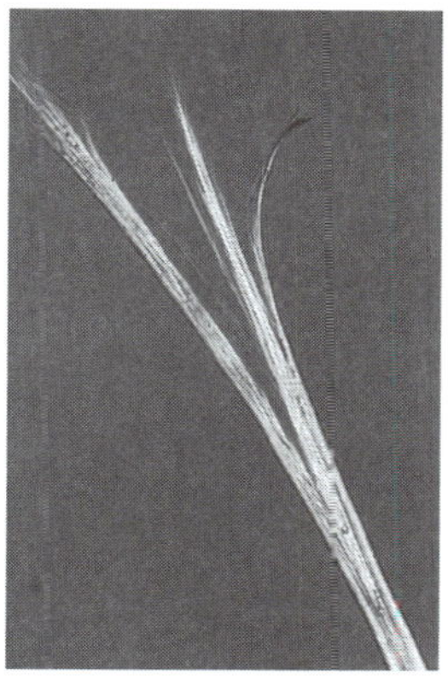

Gespaltene Haarspitze

Büschelartiger Haarspliss

10.2 Nennen Sie die häufigsten Ursachen gespaltener Haarspitzen.

____

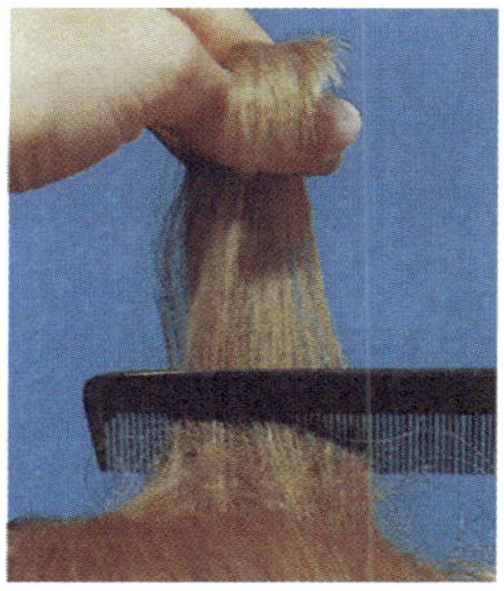

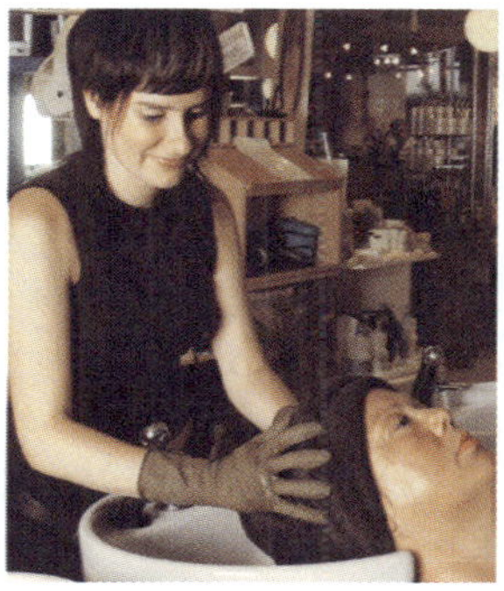

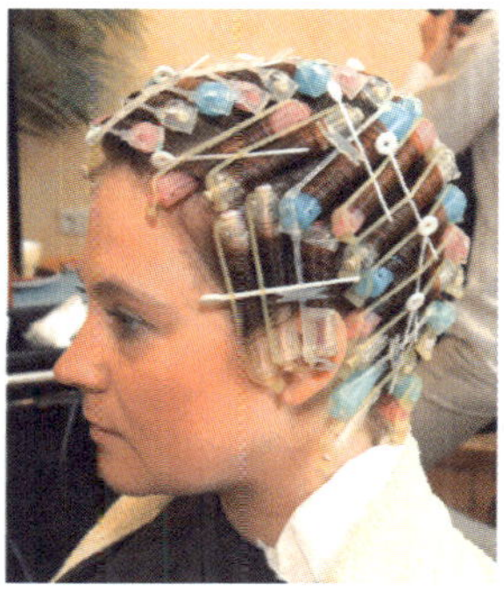

10.3 Welche Ursachen für poröses Haar zeigen diese Bilder?

____

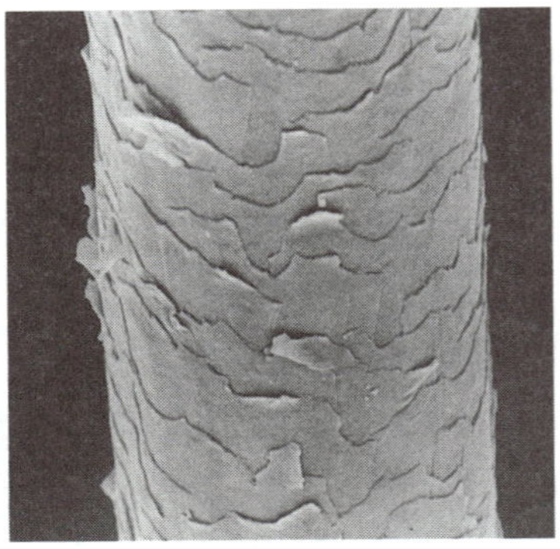
Geschädigte Schuppenschicht

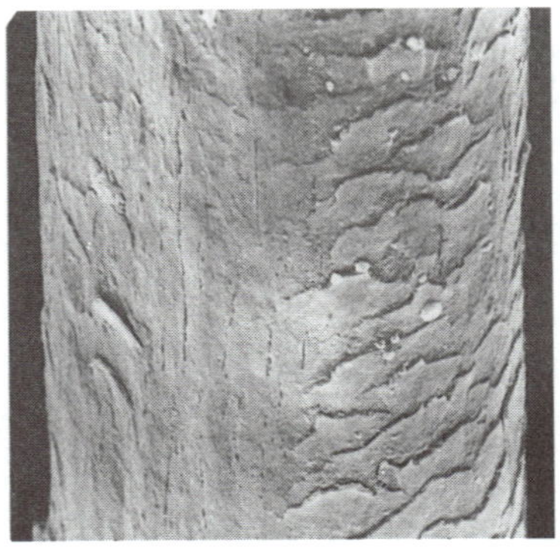
Schuppenschicht teilweise abgelöst

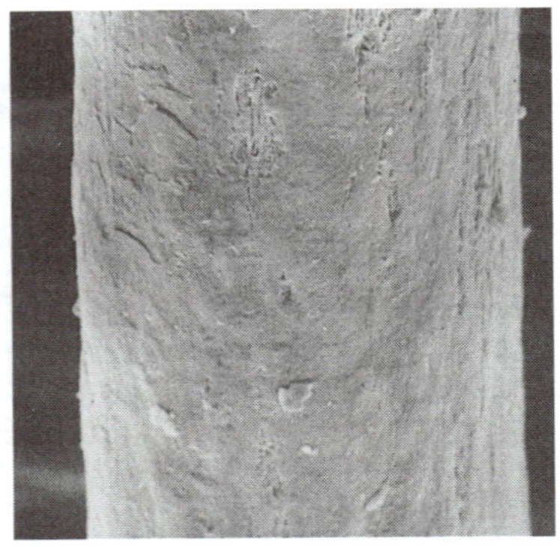
Schuppenschicht ganz abgelöst

10.4 Welcher Grundsatz sollte bei der Behandlung von porösem Haar beachtet werden?

____

____

____

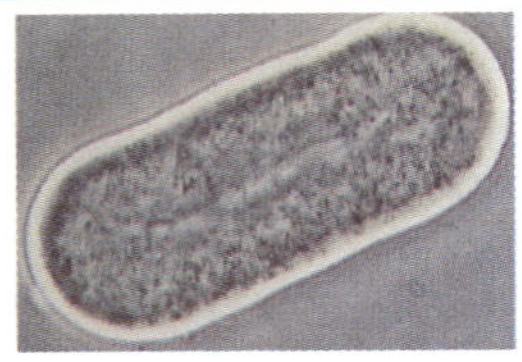

____

10.5 Um welche Haarschaftmängel handelt es sich bei den nebenstehenden Zeichnungen?

____

10.6 Bandförmiges Haar bereitet besonders beim Dauerwellen Schwierigkeiten. Was sollte man beachten, um trotzdem eine befriedigende Umformung zu erreichen?

____

____

____

____

____

____

10.7 Gedrehte Haare sind schwer frisierbar. Bei welchem Personenkreis trifft man diesen Haarschaftmangel gelegentlich an?

____

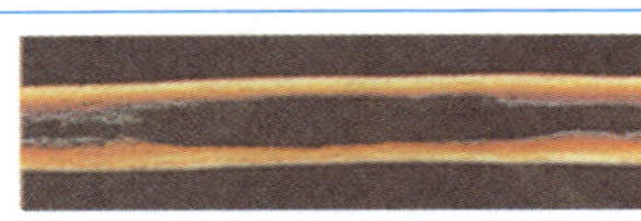

____

10.8 Welche dieser anlagebedingten Haarschaftmängel kommen auch als Ursachen für den Haarspliss infrage?

____

____

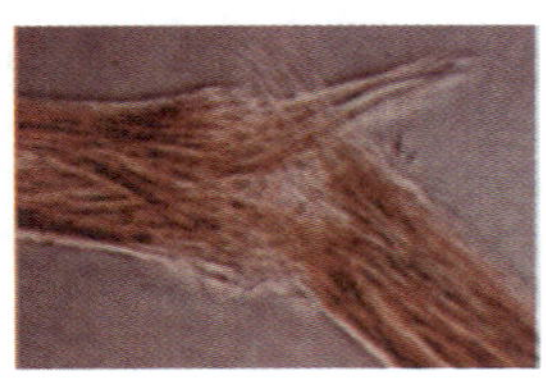

____

M *Während ______________ häufiger vorkommt, sind die anderen hier aufgeführten Haarschaftmängel ______________.*

Name ______________________ Klasse ____________ Datum ____________

11 Androgenetischer Haarausfall

11.1 Wie wird die normale Glatzenbildung beim Mann bezeichnet?

____

11.2 Nennen Sie die für diesen Haarausfall verantwortlichen Faktoren.

– ____

– ____

11.3 Bezeichnen Sie die in diesen Skizzen dargestellten Stadien der Glatzenbildung.

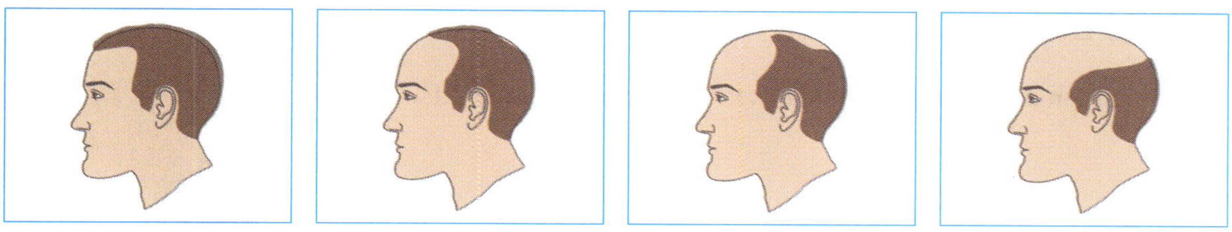

11.4 Wann kann es auch bei Frauen zum androgenetischen Haarausfall kommen, wenn auch nur in stark abgeschwächter Form?

____

11.5 Männliche Seborrhöiker bekommen leicht eine Glatze. Begründen Sie diese Aussage.

____

11.6 Warum gibt es (noch) kein Mittel, das den androgenetischen Haarausfall beim Mann dauerhaft verhindert?

____

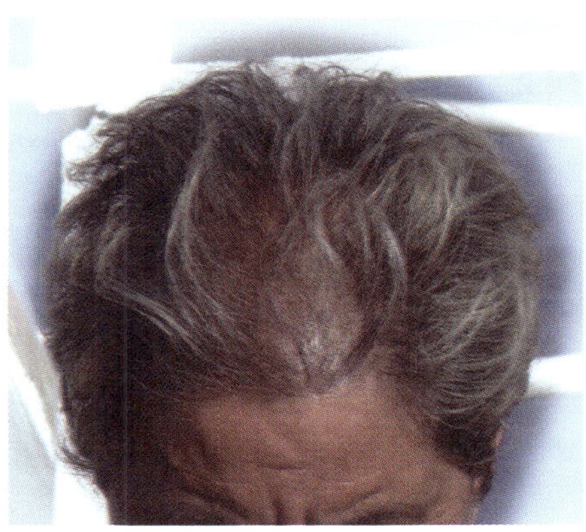

Schütteres Haar am Vorderkopf einer Frau, bedingt durch androgenetischen Haarausfall

12 Diffuser (gleichmäßig verteilter) Haarausfall

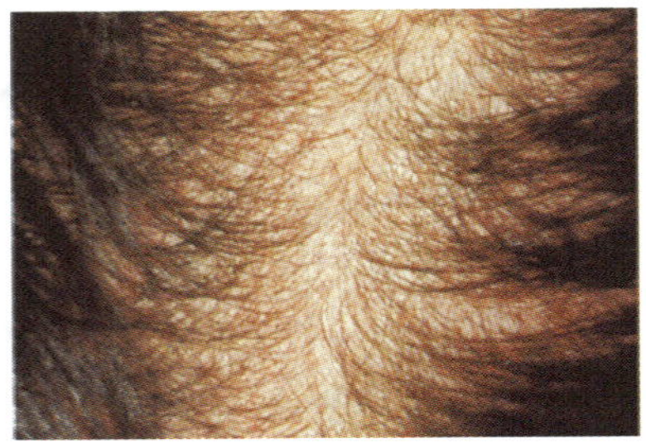

12.1 Warum spricht man hier von einem diffusen Haarausfall?

12.2 Dieser Haarausfall kann vielerlei Ursachen haben. Nennen Sie die häufigsten Gründe.

12.3 Warum ist beim diffusen Haarausfall im Allgemeinen kein dauerhafter Haarverlust zu befürchten?

13 Kreisrunder Haarausfall

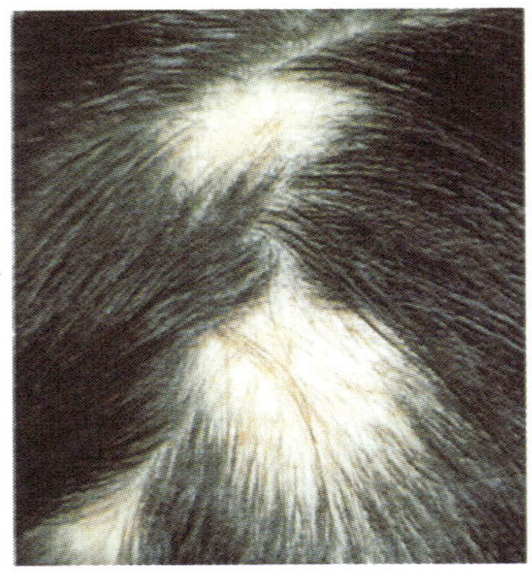

13.1 Nennen Sie zwei Merkmale des kreisrunden Haarausfalls.

–

–

13.2 Was können Sie einer Kundin mit kreisrundem Haarausfall zum Trost sagen?

14 Haartransplantation und -integration

14.1 Was versteht man a) unter Haartransplantation, b) unter Haarintegration?

a)

b)

14.2 Bei welcher Art von Haarausfall kommt eine Haartransplantation infrage?

M *Haarausfälle können recht ______ Ursachen haben. Ohne Aussicht auf Erfolg ist (noch?) die Behandlung des ______, dagegen können der ______ und ______ Haarausfall erfolgreich behandelt werden.*

Name ______________________ Klasse ____________ Datum ____________

15 Bedeutung und chemischer Bau des Wassers

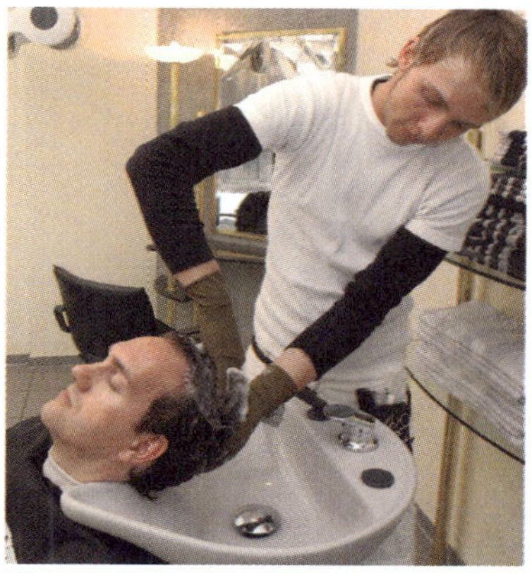

15.1 **Welche Bedeutung hat das Wasser als Arbeitsmittel? Es dient als**

- ______________________
- ______________________
- ______________________
- ______________________

15.2 **Erklären Sie die chemische Zusammensetzung des Wassers.**

15.3 **Welche Auswirkungen hat die Polarität des Wassers auf seine Mischbarkeit mit anderen Stoffen? Erklären Sie das anhand der Zeichnungen.**

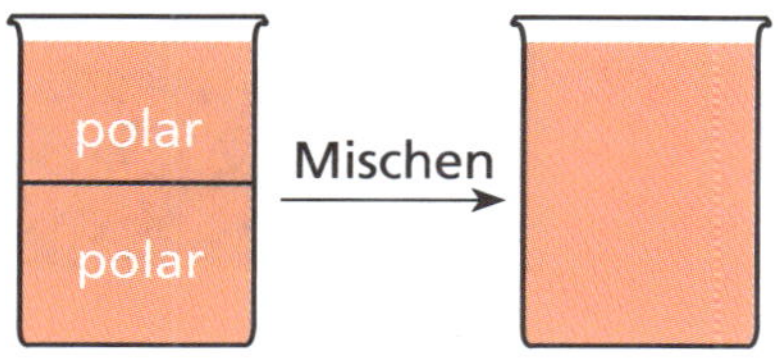

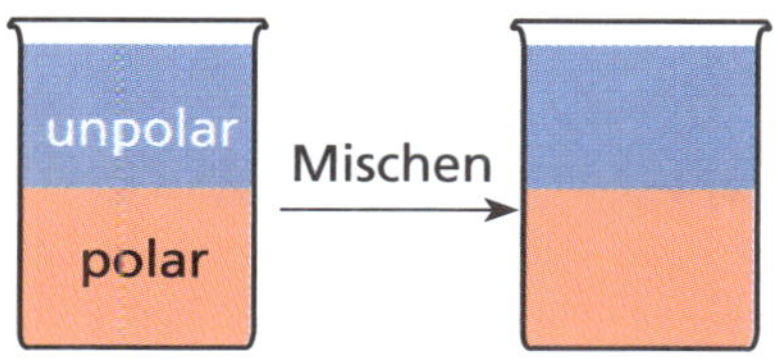

15.4 **In welchen Fällen ist die Grenzflächenspannung des Wassers hinderlich?**

15.5 **Nennen Sie Mittel, mit denen die Grenzflächenspannung herabgesetzt bzw. beseitigt werden kann.**

15.6 **Was sagen diese Zeichnungen über Eigenschaften und Wirkungen von Netzmitteln aus?**

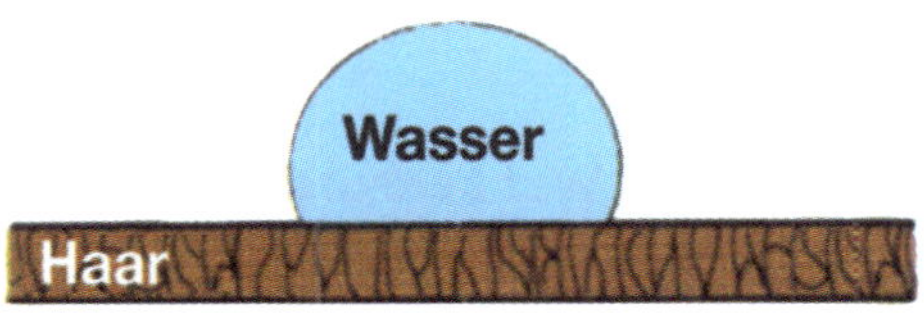

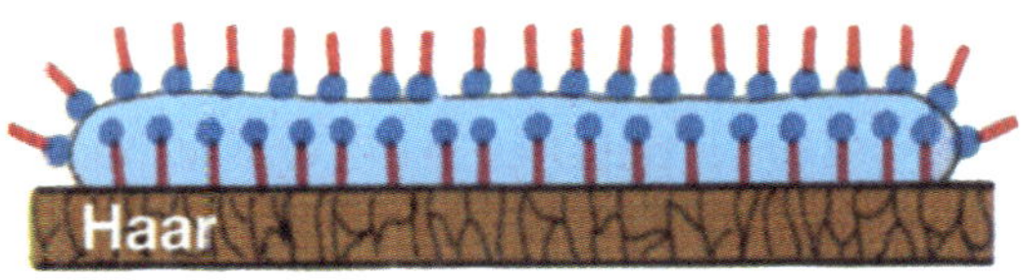

15.7 **Nennen Sie weitere Arbeitsmittel, in denen Netzmittel dafür sorgen, dass die Wirkstoffe an Haut und Haar gelangen können.**

16 Wasserhärte

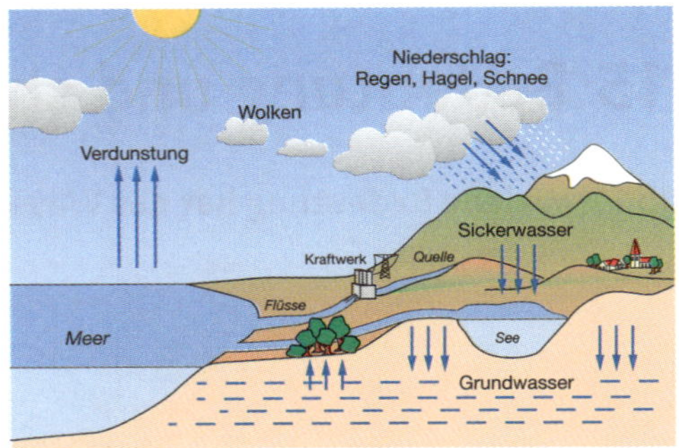

16.1 Begründen Sie, warum Quell- bzw. Leitungswasser kein reines Wasser ist.

16.2 Was verstehen Sie unter hartem Wasser?

16.3 Eine nachteilige Eigenschaft von hartem Wasser ist die Kesselsteinbildung. Erklären Sie diesen Vorgang.

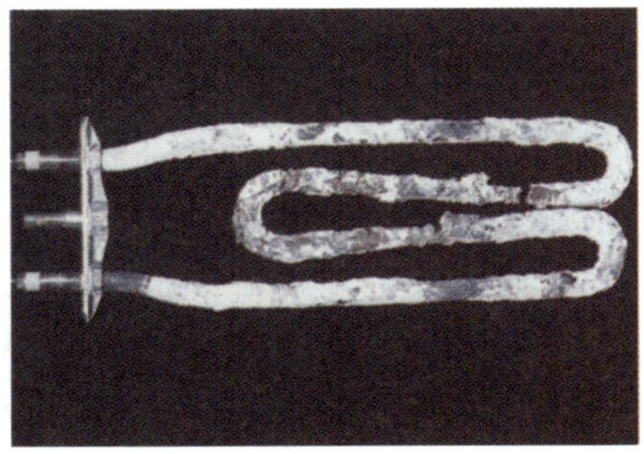

16.4 Beim Waschen mit Seife verbinden sich die Härtebildner mit den Seifenteilchen zu wasserunlöslicher Kalkseife. Welche Nachteile hat diese Kalkseifenbildung?

–

–

16.5 Nennen Sie die Möglichkeiten zur Prüfung der Wasserhärte.

16.6 Man unterteilt heute die Wasserhärte in die Bereiche 1 bis 4. Was bedeuten diese Ziffern?

1 =	2 =	3 =	4 =

16.7 Prüfen Sie die Wasserhärte Ihres Wohnortes oder erkundigen Sie sich bei den Stadtwerken oder der Gemeindeverwaltung danach.

Name ______________________ Klasse ______________ Datum ______________

17 Haarreinigungsmittel

Herr Müller wünscht „waschen – schneiden – föhnen".
Sabrina soll die Haarwäsche durchführen.
Welche Fragen muss sie vorher klären?

– ______________________________

– ______________________________

– ______________________________

– ______________________________

17.1 Welche Eigenschaften machen die Seife ungeeignet zur Haarwäsche?

– ______________ – ______________

17.2 Wie nennt man die waschwirksamen Bestandteile, die in Shampoos und anderen seifenfreien Waschmitteln anstelle von Seifen enthalten sind?

____

17.3 Ordnen Sie die folgenden Begriffe in die Übersicht ein: Seifen, Tenside, WAS, Syndets, Detergenzien.

Übersicht:

Oberbegriffe: ______________

Untergruppen: ______________ ______________

17.4 Die Syndets unterscheiden sich in wesentlichen Eigenschaften von den Seifen.
Vorteile der Syndets gegenüber den Seifen:

– Syndets können ______________ , ______________ oder ______________ eingestellt werden.
– Sie bilden in hartem Wasser keine ______________ .
– Sie reinigen und schäumen auch in ______________ - oder ______________ -haltigem Wasser.
– Ihre Reinigungskraft ist ______________ als die der Seifen.

Nachteile der Syndets gegenüber den Seifen:

– Sie ______________ die Haut stärker und können daher bei zu häufiger und konzentrierter Anwendung zu ______________ führen.

17.5 Syndets werden, außer in Shampoos, auch noch in viele andere kosmetische Reinigungs- und Pflegemittel eingearbeitet. Nennen Sie solche Präparate.

____

____

17.6 Je nach der Ladung der waschwirksamen Teilchen unterscheidet man bei den Syndets mehrere Arten. Ergänzen Sie die Übersicht der einzelnen Syndet-Arten.

Art/Symbol	Ladung	Eigenschaften	Verwendung
Anionische Syndets 			
Kationische Syndets 			
Nichtionische Syndets 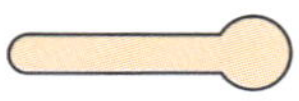			
Amphotere Syndets 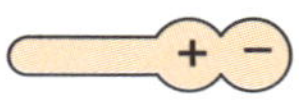			

17.7 Trotz der unterschiedlichen Formen und Anwendungszwecke weisen Shampoos gewisse Übereinstimmungen in ihrer Zusammensetzung auf. Nennen Sie die üblichen Inhaltsstoffe von Shampoos.

Hauptbestandteile: ___

Hilfsstoffe: ___

___

Wirkstoffzusätze: ___

17.8 Worin unterscheiden sich Spezialshampoos für verschiedene Anwendungszwecke (z. B. für fettiges Haar, für trockenes Haar oder bei Schuppen) hauptsächlich?

– ___

– ___

17.9 Für welche besonderen Fälle sind die folgenden Haarreinigungsmittel gedacht?

Nichtschäumende Präparate: ___

Tönungsshampoos: ___

Haarpuder: ___

M

Synthetische Tenside, sog. ___, sind Hauptbestandteile von ___ und anderen ___. Außerdem haben sie Bedeutung als ___ und ___.

Name ______________________ Klasse ____________ Datum ____________

18 Beurteilung des Haares und der Kopfhaut

18.1 Warum sollte die Gesunderhaltung des Haares das Grundanliegen jeder Haarbehandlung sein?

18.2 Auf welche Weise stellen Sie fest, welche Mittel Sie zur Haarreinigung und Haarpflege empfehlen sollten?

–

–

–

18.3 Worauf muss man bei der Haar- und Kopfhautbeurteilung achten?

–

–

–

–

–

–

–

–

–

–

18.4 Eine Friseurin fragt die Kundin: „Mit welchem Shampoo soll ich waschen?" Wie beurteilen Sie diese Fragestellung?

18.5 Formulieren Sie die Fragen, die bei der Haarbeurteilung vor einer Haarwäsche gestellt werden sollten:

19 Beurteilungs- und Behandlungsplan (Haarpflege)

Frau/Herr ________________ **Tel.** ________

Bedient von ________________ **Datum** ________

HAAR- UND KOPFHAUTZUSTAND

Haare
Wie sind Sie mit dem Zustand Ihrer Haare zufrieden?
- ☐ sehr ☐ einigermaßen ☐ gar nicht

Welche(s) Problem(e) haben Sie mit Ihrem Haar?

....

Haarfülle
- ☐ dicht ☐ mittel ☐ gering
- ☐ teilweise gelichtet ☐ Kahlstellen

ggf. Art des Ausfalls
- ☐ androgenetischer Haarausfall
- ☐ diffuser Haarausfall
- ☐ kreisrunder Haarausfall

Haaroberfläche
- ☐ glänzend ☐ matt, glanzlos

Vorbehandlung
- ☐ dauergewellt ☐ blondiert
- ☐ gefärbt ☐ gesträhnt

Haarstärke
- ☐ fein ☐ mittel ☐ stark

Haarstruktur
- ☐ weich ☐ mittel ☐ hart ☐ porös

Spitzen ☐ porös ☐ gespalten
- ☐ Längen und Spitzen porös

Sprungkraft ☐ gut ☐ gering

Sonstige Haarschaftschäden

....

Kopfhaut
Wie sind Sie mit dem Zustand Ihrer Kopfhaut zufrieden?
- ☐ sehr ☐ einigermaßen ☐ gar nicht

Welche(s) Problem(e) haben Sie mit Ihrer Kopfhaut?

....

Fettung
- ☐ gering (trocken)
- ☐ normal
- ☐ stark ☐ ölig ☐ wachsartig

Schuppen
- ☐ keine ☐ wenige ☐ viele
- ☐ trockene Schuppen
- ☐ fettige Schuppen

Sonstiges
- ☐ Schuppenherde (Schuppenflechte)
- ☐ Entzündungen
- ☐ Grützbeutel
- ☐ Wunden
- ☐ Warzen
- ☐ Pigmentflecken

....

....

....

....

....

HAARWÄSCHE

Häufigkeit
- ☐ täglich ☐ alle 2 bis 3 Tage
- ☐ einmal wöchentlich ☐ seltener

letzte Wäsche vor .... Tagen

Welche Präparate werden schlecht oder nicht vertragen?

....

Haarwaschmittel

....

Arbeitsweise
- ☐ Rückwärtswäsche ☐ Vorwärtswäsche
- ☐ mit Vorwäsche ☐ nur einmal waschen
- ☐ nur einmal waschen ohne Kopfhautmassage ☐ Haaransatzwäsche

Weiterbehandlung
- ☐ Einlegen ☐ Farbbehandlung
- ☐ Haarkur/Spülung
- ☐ Dauerwelle
- ☐ ....

Name ______________________ *Klasse* ______________ *Datum* ______________

20 Kundenberatung

20.1 Welche Fragen sollten bei der Kundenberatung geklärt werden?

–

–

–

–

20.2 Für die richtige Produktempfehlung ist es notwendig, die wesentlichen Unterschiede zwischen den Shampootypen zu kennen.
Beschreiben Sie die wichtigsten Eigenschaften dieser Spezialshampoos.

a) **Shampoo gegen Schuppen** (Antischuppenshampoo)

b) **Shampoo für fettiges Haar** (Antifettshampoo)

c) **Shampoo für trockenes, angegriffenes Haar** (Konditioniershampoo)

d) **Shampoo für empfindliche Haut** (auch zur täglichen Anwendung)

20.3 Welche zwei Gesichtspunkte sollten bei der Argumentation für ein Spezialshampoo betont werden?

–

–

20.4 Sie stellen bei einem Kunden fest, dass die Kopfhaut fettig ist und die Haare schnell nachfetten. Formulieren Sie in wörtlicher Rede Ihre Produktempfehlung.

20.5 Gegen die Verwendung eines (teureren) Spezialshampoos können Kunden Einwände haben.

a) Welchen Einwand haben Sie z. B. dazu schon gehört?
b) Was könnten Sie auf diesen Kundeneinwand antworten?

a) ______________________ b) ______________________

20.6 Eine Kundin stört es, dass in Ihrem Salon beim Haarewaschen Handschuhe getragen werden.

Erklären Sie ihr, warum die **Schutzhandschuhe** bei der Haarwäsche im Salon notwendig sind.

20.7 Der Kundin (Aufgabe 20.6) können Sie auch sagen, dass das Tragen von Schutzhandschuhen (und noch weitere Hautschutzmaßnahmen) vorgeschrieben ist.

Führen Sie die entsprechende **Bestimmung der TRGS 530** und deren wichtigsten Inhalt an.

20.8 Mit welchen Argumenten können Sie einer Kundin Haarwaschmittel für zu Hause empfehlen? Formulieren Sie in wörtlicher Rede.

M *Eine wichtige Grundlage der Kundenberatung ist die Kundenkartei. Vergessen Sie deshalb nicht, ______________________ in der Kartei zu notieren.*

Name ______________________ Klasse ______________ Datum ______________

21 Durchführung der Haarwäsche

21.1 a) Nennen Sie zwei auf den Bildern dargestellte Hautschutzmaßnahmen (die aber leider noch nicht überall selbstverständlich sind).
b) Was schätzen Kunden bei der Haarwäsche ganz besonders?

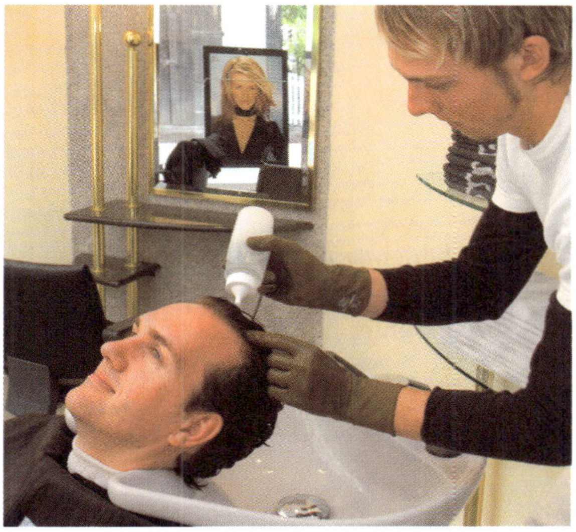

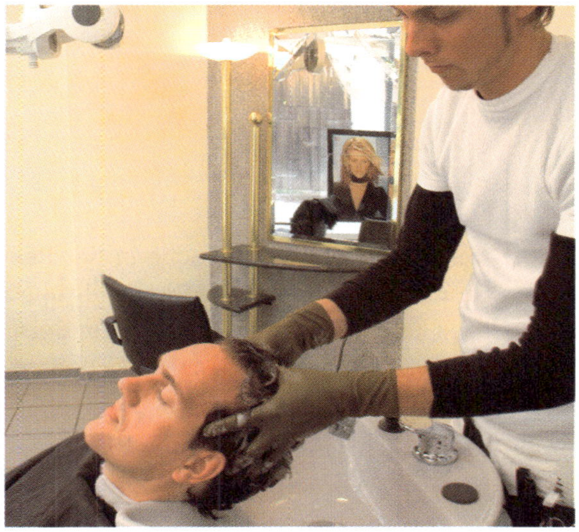

a) ______________________

b) ______________________

21.2 Was ist der Hauptzweck der Haar- bzw. Kopfwäsche?

____

21.3 Neben der Reinigung des Haares und der Kopfhaut soll die Haarwäsche auch noch anderen Zwecken dienen. Nennen Sie diese.

Die Wäsche soll das Haar ______________ und ______________ machen und ihm ______________ geben. Durch die Massage soll die ______________ der Kopfhaut ______________ und das ______________ gesteigert werden.

21.4 Erklären Sie an einem Beispiel, warum es wichtig ist, das dem jeweiligen Zweck entsprechende Shampoo zu wählen.

____

21.5 Warum lassen sich Kopfhautanomalien wie Schuppen und fettiges Haar auch mit Spezialshampoos nicht ohne Weiteres bzw. nur schwer beseitigen?

☐ a) Weil diese Shampoos überhaupt keine richtigen Wirkstoffe enthalten.
☐ b) Weil diese Anomalien anlagebedingt und daher sehr hartnäckig sind.
☐ c) Weil diese Anomalien nur mit Haarspülungen zu beseitigen sind.

21.6 Warum sollten Waschmittelkonzentrate nicht einfach mit der Hand verteilt werden?

21.7 Erklären Sie, warum schon bei der Haarwäsche die nachfolgende Behandlung berücksichtigt werden sollte.

21.8 Wenn auch die Haarwäsche in der Regel von Auszubildenden vorgenommen wird, wissen die Kunden die fachgerechte Durchführung zu schätzen, andererseits registrieren sie aber auch Nachlässigkeit sehr genau. Nennen Sie Beispiele für Arbeitsfehler und Nachlässigkeiten, die bei der Haarwäsche immer wieder zu beobachten sind.

21.9 Auch beim Haarewaschen sollten Sie auf die Umwelt Rücksicht nehmen. Nennen Sie Beispiele für umweltfreundliches Verhalten bei der Haarwäsche.

21.10 Beschreiben Sie die Haaransatzwäsche.

21.11 Welche Vorteile hat die Haaransatzwäsche?

–
–
–
–

M *Für die Kundin ist die ______________________ Ihrer Haarwäsche ein wichtiges Argument dafür, ob sie Ihre Kundin bleibt oder nicht.*

Name ______________________ Klasse ______________ Datum ______________

22 Emulsionstypen

22.1 Im Zusammenhang mit Haarpflege, kosmetischen Behandlungen und kosmetischen Mitteln ist oft von Emulgieren und Emulsionen die Rede.

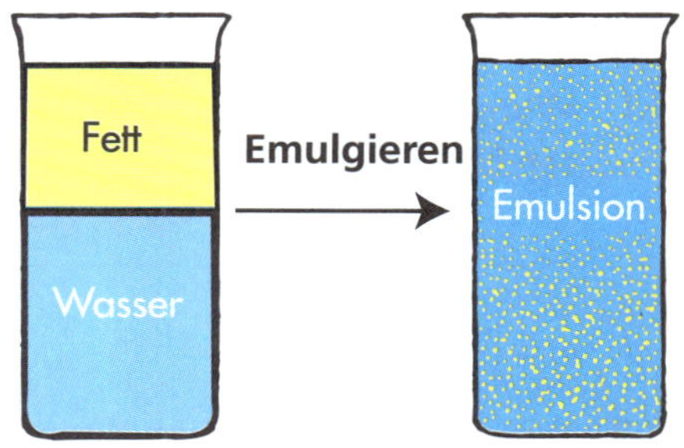

Welche Aussagen treffen auf Emulsionen zu? (2)

- [ ] a) Emulsionen entstehen, wenn man Fett in Wasser löst.
- [ ] b) Emulsionen entstehen, wenn sich Stoffe gegenseitig nicht lösen, sondern nur fein ineinander verteilen.
- [ ] c) Emulsionen sehen milchig trüb aus.
- [ ] d) Emulsionen sind immer klar und dünnflüssig.

22.2 Bei Emulsionen unterscheidet man zwischen äußerer und innerer Phase. Wie werden a) die äußere und b) die innere Phase noch genannt?

a) ______________________ b) ______________________

22.3 Je nachdem, ob Fett oder Wasser die äußere Phase bildet, unterscheidet man bei den Emulsionen zwei Grundtypen. Beschreiben Sie diese beiden Emulsionstypen und legen Sie das Fett rot und das Wasser blau an.

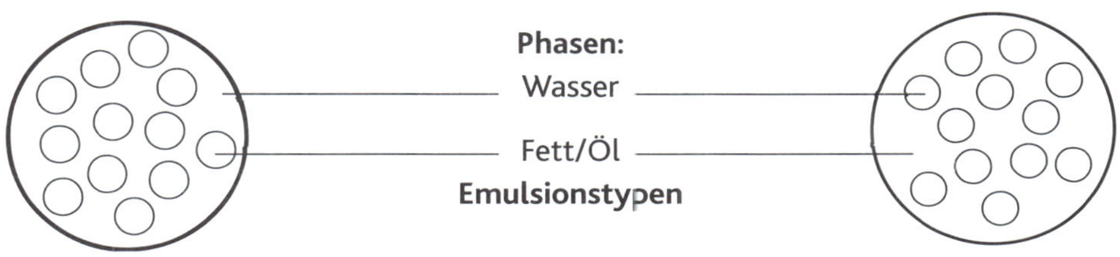

______________________ ______________________

______________________ ______________________

22.4 Beschreiben Sie, wie man auf einfache Weise feststellen kann, um welchen Emulsionstyp es sich z. B. bei einer Creme handelt.

______

______

______

22.5 Um welchen Emulsionstyp handelt es sich bei einer Creme, zu der sich leicht Wasser mischen lässt?

☐ a) Um einen W/Ö-Typ ☐ b) Um einen Ö/W-Typ

22.6 Welche Aufgabe haben Emulgatoren?

______

______

22.7 Wovon hängt es in der Hauptsache ab, welcher Emulsionstyp entsteht?

☐ Vom Mischungsverhältnis zwischen Fett und Wasser ☐ Von der Art des verwendeten Emulgators

23 Emulsionen in Kosmetika

23.1 Warum kann man das Reinigen von Haut und Haar mithilfe von Seife bzw. Shampoo als Emulgieren bezeichnen?

______

______

23.2 Welche Vorteile haben Kosmetika in Emulsionsform bei der Haar- und Hautpflege? (2)

☐ a) Emulsionen sind billiger als Fettgemische.

☐ b) Emulsionen werden von Haaren und Haut besser aufgenommen als reine Fette.

☐ c) Mit Emulsionen werden der Haut bzw. den Haaren Fett und Wasser zugeführt.

☐ d) Emulsionen ziehen vollständig in die Haut ein.

23.3 Haut- und haarkosmetische Wirkstoffe werden gerne in Emulsionen eingearbeitet. Begründen Sie das.

______

23.4 Aus welchen Präparatformen werden wasserlösliche Wirkstoffe am besten an die Haut bzw. die Haare abgegeben?

☐ a) Aus Ö/W-Emulsionen ☐ b) Aus W/Ö-Emulsionen ☐ c) Aus reinen Fetten

23.5 Emulsionsartige Kosmetika, besonders W/Ö-Emulsionen, können durch Entmischen unbrauchbar werden. Worauf ist bei der Lagerung von Emulsionen zu achten?

Präparate vor ______ und ______ schützen und ______ aufbrauchen.

M *Emulsionen sind* ______

______.

Name ______________________ Klasse ______________ Datum ______________

24 Haarkuren

„Meine Haare sind so strohig und ohne Glanz."

Viele Kundinnen und Kunden haben Probleme mit Haar und Kopfhaut. Welche Fachkenntnisse benötigen Sie, um gezielt helfen zu können?

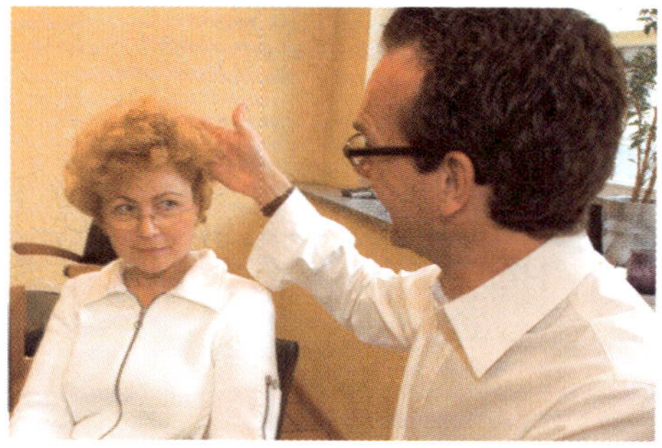

– ______________________________

____

– ______________________________

____

____

– ______________________________

____

24.1 Nennen Sie die Fälle, in denen Sie Haarpflegemittel empfehlen sollten.

____

____

____

____

24.2 In welchen Präparatformen werden Haarpflegemittel angeboten?

____

24.3 Nennen Sie bei a) die Wirkungsschwerpunkte dieser Präparatgruppen und bei b) Beispiele für entsprechende Produkte.

a) ______________________________

____

b) ______________________________

____

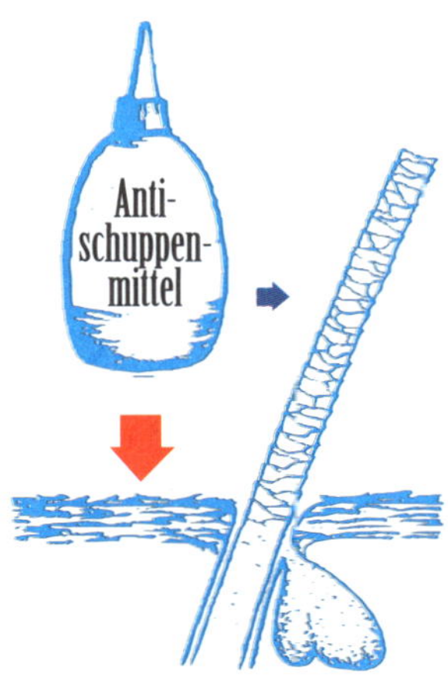

a) ______________________________

____

b) ______________________________

____

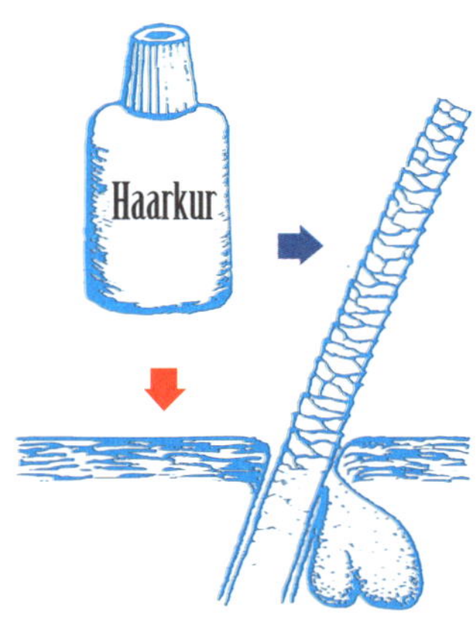

a) ______________________________

____

b) ______________________________

____

24.4 Um welche Präparatformen handelt es sich bei den Haarkuren meistens?

- [ ] a) Um Fettgemische
- [ ] b) Um Ö/W-Emulsionen
- [ ] c) Um wässrige Wirkstofflösungen
- [ ] d) Um W/Ö-Emulsionen

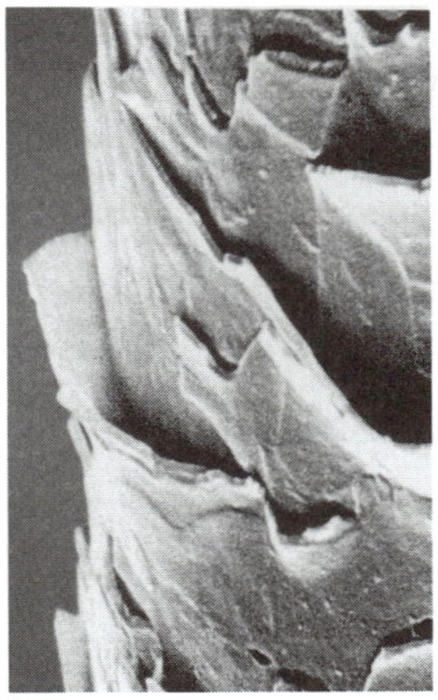

Poröses Haar …

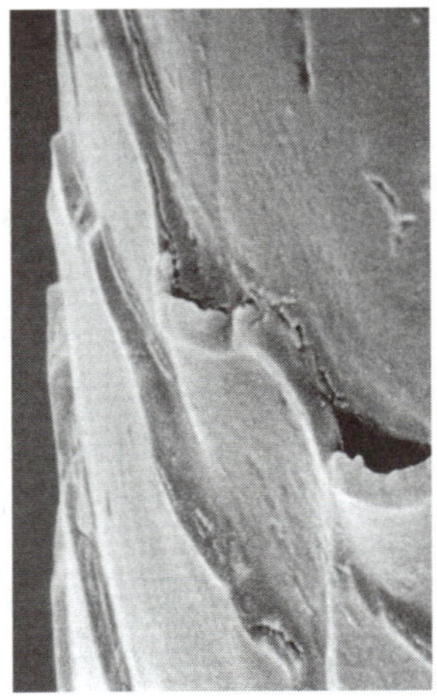

mit Haarkur behandelt

24.5 Welche Bezeichnungen werden von den Herstellerfirmen für Haarpflegemittel oft verwendet?

____

____

____

____

24.6 Welche Wirkstoffe von Haarkuren wirken …

a) adstringierend? ______________________________

b) neutralisierend? ______________________________

c) antistatisch? ______________________________

d) antiseborrhöisch? ______________________________

e) strukturverbessernd? ______________________________

f) feuchtigkeitsbindend? ______________________________

24.7 Wie werden a) Cremekuren (Packungen), b) Spülungen angewandt?

a) ______________________________

____

____

____

____

____

____

b) ______________________________

____

____

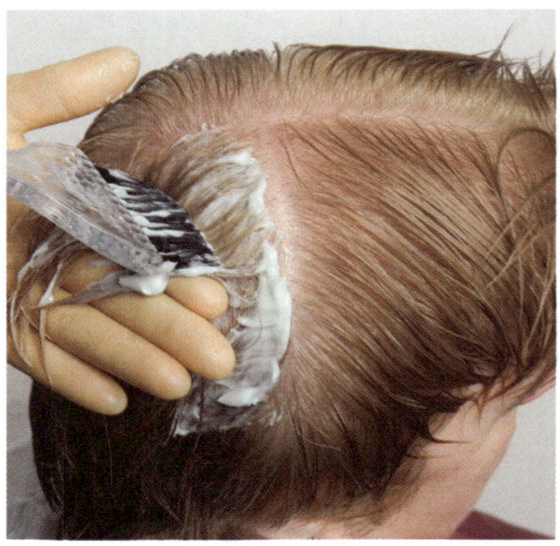

M *Sie können Ihren Kunden den Wunsch nach schönerem und gesünderem Haar erfüllen, wenn Sie von Ihren Haarpflegemitteln wissen,* ______________________________

____

______________________________.

Name ______________________ *Klasse* ____________ *Datum* ____________

25 Argumentationshilfen

Richtiges Argumentieren erfordert einen Überblick über das Angebot an Haarpflegemitteln.

Frischer und trockener Tannenzapfen

25.1 Wie kann Ihnen das Bild mit den Tannenzapfen oben rechts bei der Argumentation für Haarpflegemittel helfen?

25.2 Formulieren Sie Empfehlungen für die folgenden Fälle. Nennen Sie dabei auch die in Ihrem Salon gebräuchlichen Produkte.

a) Eine Kundin möchte gegen ihre Schuppen etwas tun, sie hat aber nur wenig Zeit.

b) Das heller gefärbte Haar einer Kundin ist strohig und stark porös.

c) Eine Kundin klagt über schnell fettendes Haar und Kopfjucken.

d) Das Haar einer Kundin sieht schlaff und glanzlos aus.

25.3 Welche Eigenschaften und Wirkungen von Haarkuren sollten beim Beratungsgespräch betont werden?

– ______
– ______
– ______
– ______

25.4 Die Vorzüge von Kurmitteln sollten der Kundin nicht nur vor der Anwendung erklärt, sondern ihr auch nach der Behandlung bewusst gemacht werden.
Nehmen Sie zu den folgenden Argumenten Stellung und kreuzen Sie die an, die Ihnen geeignet erscheinen.

- ☐ „Ihr Haar bräuchte eine Kurpackung, aber Sie haben heute sicher nicht mehr so viel Zeit." ______
- ☐ „Wie ich sehe, hat die Haarkur, die ich bei Ihrem letzten Besuch gemacht habe, Ihrem Haar recht gut getan. Wir sollten sie heute wiederholen." ______
- ☐ „Ihr Haar sieht ja fürchterlich aus! Da müssen Sie schon einmal das Geld für eine Kurpackung ausgeben." ______
- ☐ „Spüren Sie, wie angenehm sich Ihr Haar nach dieser Spülung anfühlt und wie leicht es sich durchkämmen lässt?" ______
- ☐ „Habe ich bei Ihnen schon einmal eine Spülung oder Haarkur gemacht? Wenn nicht, sollten wir das einmal tun." ______
- ☐ „Nach dieser Kur werden Sie nie mehr Ärger mit Schuppen haben." ______
- ☐ „Von der Kur merken Sie bei Ihrem Haar deshalb nicht viel, weil sie nicht lange genug drauf war. Aber Sie haben es ja immer so eilig." ______
- ☐ „Achten Sie bitte einmal darauf, ob die Schuppen in den nächsten Tagen weniger sind, und bei Ihrem nächsten Besuch sagen Sie mir, ob Sie mit der Kur zufrieden waren." ______
- ☐ „Verreiben Sie doch bitte einmal eine Probe dieses Haarbalsams auf der Haut. Achten Sie auch auf den Duft." ______

M

Bei der Haarbehandlung sollte beachtet werden, dass Schädigungen der Haarstruktur durch Pflegemittel zwar ______, aber nicht einfach ______ gemacht werden können. Es dürfen deshalb keine ______ Wirkungen versprochen werden.

Name ______________________ Klasse ______________ Datum ______________

26 Haarwässer

Verschiedene Haarwässer

26.1 Warum wird heute kaum noch zwischen Haar- und Kopfwässern unterschieden?

____

____

____

26.2 Bei den Haarwässern gibt es verschiedene Arten. Welche Eigenschaften haben diese Mittel?

Dufthaarwasser verleihen durch ______________ Duftstoffe einen angenehmen ______________ und ______________ .

Medizinische Haarwässer sollen gezielt gegen ______________ , ______________ oder ______________ wirken und die ______________ der Kopfhaut fördern.

26.3 Zu welcher Gruppe werden die meisten der derzeit auf dem Markt befindlichen Mittel gezählt?

☐ Zu den Duftwässern ☐ Zu den medizinischen Haarwässern

26.4 Wegen welcher Eigenschaften ist Isopropanol Hauptbestandteil der meisten Haarwässer?

____

____

26.5 Von einem Haarwasser erwarten die Kunden eine günstige Wirkung gegen Schuppen oder fettige Haare. Welche Wirkstoffe enthalten diese Mittel oft?

____

26.6 Manche Haarwässer sind blau oder blauviolett gefärbt. Für welche Fälle sind solche Präparate gedacht?

____

26.7 Bei welchen Arten von Haarausfällen kann ein geeignetes Haarwasser eine Besserung bewirken? (2)

☐ Beim diffusen Haarausfall ☐ Beim kreisrunden Haarausfall

☐ Beim androgenetischen Haarausfall

26.8 Welche vorteilhaften Eigenschaften guter Haarwässer können Sie beim Verkaufsgespräch herausstellen? Formulieren Sie geeignete Verkaufsargumente.

____

____

____

____

____

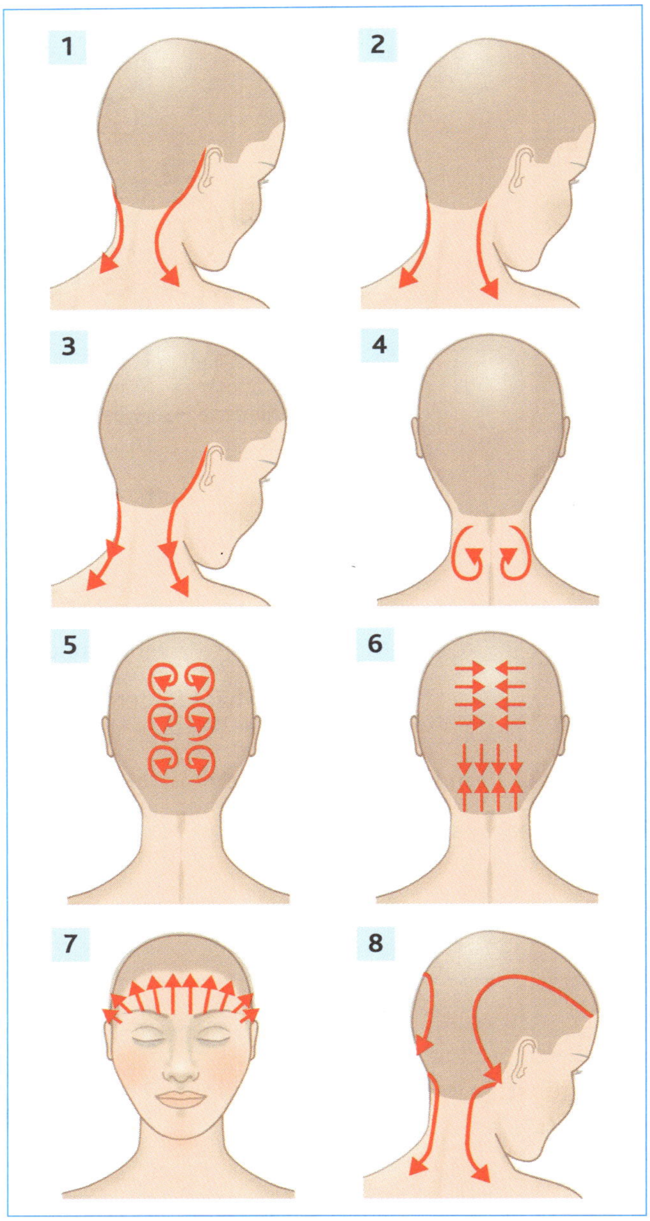

Griffe zur Kopfhautmassage

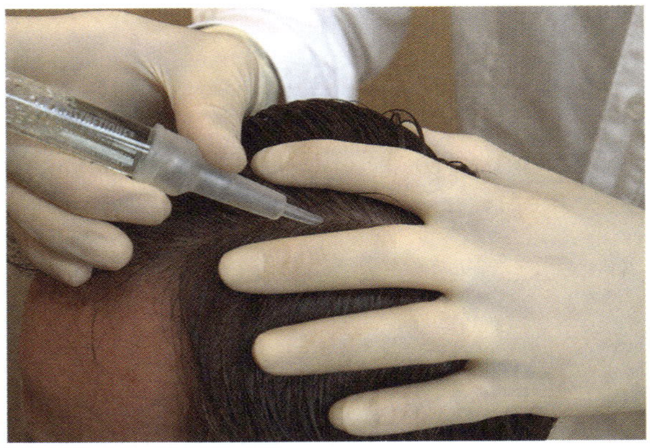

Auftragen eines Haarwassers

26.9 Wie werden Haarwässer richtig angewandt?

____

____

____

____

____

26.10 Welche dieser Massagegriffe bezwecken (Nummern) …

a) eine Lockerung der Kopfhaut:

____

b) eine Förderung der Durchblutung:

____

c) eine Beruhigung und Entspannung:

____

26.11 Worauf ist bei der Kopfmassage besonders zu achten?

– ______________________________

____

– ______________________________

____

– ______________________________

____

M *Haarwässer sind nicht nur für die Anwendung im ______________, sondern auch als ______________ gut geeignet. Sie haben viele ______________ Wirkungen. Eine ______________ des Haarwuchses jedoch sollte nicht versprochen werden.*

Name ______________________ Klasse ______________ Datum ______________

1 Gesichtspunkte für die Formgebung

1.1 Geometrische Grundformen und Proportionen

Betrachtet man die Umgebung unter geometrischen Gesichtspunkten, so lassen sich Punkte, Linien, Flächen und Körper erkennen. Dies wird besonders in der Architektur deutlich. Diese Betrachtungsweise lässt sich aber auch auf die Menschen und deren Frisuren anwenden, z. B. bei der Bestimmung von Kopf- und Gesichtsform sowie bei der Betrachtung des Körperbaus. Aus der Proportion der geometrischen Grundformen zueinander lassen sich Regeln für eine spätere Frisurengestaltung ableiten.

Beschriften Sie die nachfolgenden geometrischen Formen

Linien

Gerade / Horizontal — Konkav

Wellenform — Zickzack

Flächen

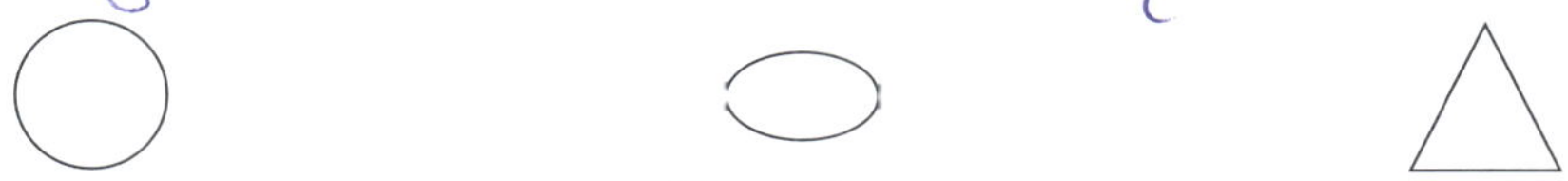

Kreis — Oval — Dreieck

Quadrat — Vier/Rechteck — Trapez

Körper

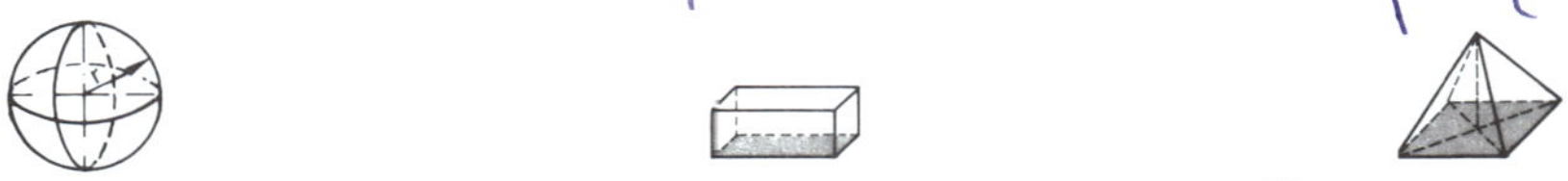

Kugel / Ball — Quader — Pyramide

Röhre / Zylinder — Kegel

1.2 Proportionen und Körperform

Der Kopf wirkt immer im Verhältnis zu Körpergröße und Körperform. Auf den Abbildungen ist die Kopfform immer gleich groß dargestellt, trotzdem wirkt er, sobald man die Gesamtfigur betrachtet, größer oder auch kleiner.

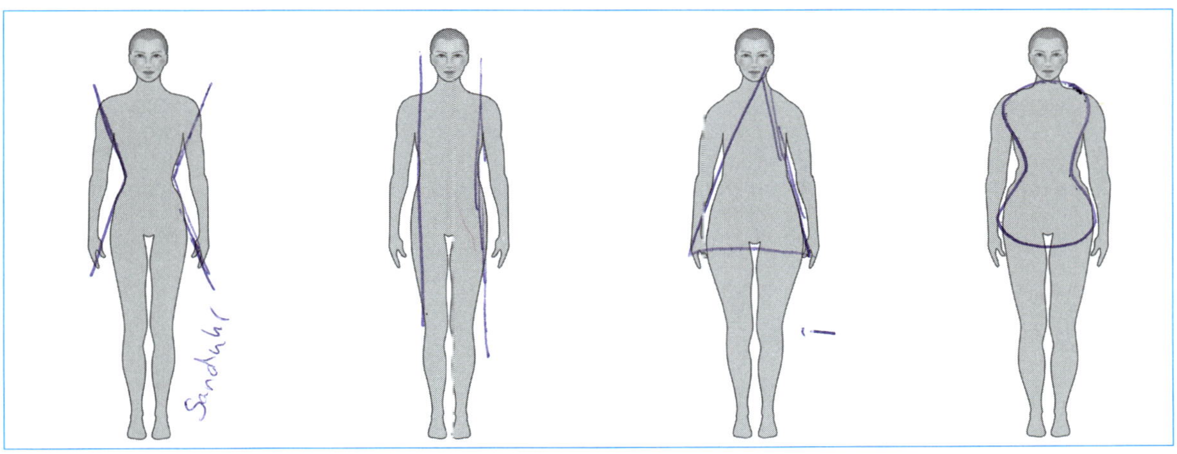

Zeichnen Sie die dazugehörige geometrische Form in die Abbildungen und schreiben Sie unter jede Körperform die Proportion. Erläutern Sie, warum der Kopf bei den unterschiedlichen Körperformen optisch kleiner oder größer wirkt.

1.3 In der Abbildung verhält sich die kleine Strecke (Scheitel–Bauchnabel) zur großen Strecke (Bauchnabel–Fußsohle) annähernd wie die große Strecke zur Gesamtstrecke (Scheitel–Fußsohle). In Zahlen ausgedrückt: 3 verhält sich zu 5 (3:5 = 0,6) wie 5 zu 8 (5:8 = 0,625). Dies wird in der Kunst und in der Architektur als Goldener Schnitt bezeichnet.

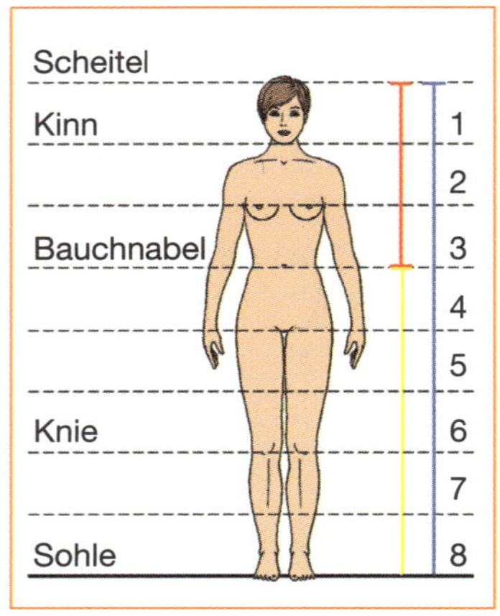

Was ist unter dem Begriff Goldener Schnitt zu verstehen?

Ein, vom Menschen als Ideal empfundenes Verhältnis von kleinen zu größeren Flächen.

1.4 Betrachten Sie die Abbildungen und erklären Sie, wodurch die unterschiedlichen Proportionen sinnvoll ausgeglichen werden können.

1. Gesicht verbreitern, Taille definieren, Gesicht/Hals optisch vergrößern
2. Taille tiefer setzen, Kleidung ohne Volumen,
3. Gesicht durch Frisur verbreitern, Taille tiefer setzen

M *Nur sehr wenige Menschen weisen optimale* Proportionen *auf. Bei der Planung von Frisuren sollte der Friseur die* Figur *der Kundin berücksichtigen. Nur so kann durch die richtige Frisurenform ein* Ausgleich oder ein Akzent *geschaffen werden. Die Wirkung der Körperformen lässt sich durch* Kleidung *stark beeinflussen, aber auch durch* den Haarschnitt.
Das bedeutet: Eine Frisur mit viel Volumen *kann ein kleines Gesicht erdrücken. Bei einem* großen *Gesicht wird dieselbe Frisur als* verkleinerndes *Ausgleich empfunden.*

Name ____________________ Klasse ____________ Datum ____________

2 Die innere Umrisslinie der Frisur

2.1 Was versteht man unter der inneren Umrisslinie der Frisur?

Genze zwischen Frisur und gesicht

2.2 Kennzeichnen Sie mit einem Buntstift die innere Umrisslinie in den einzelnen Frisuren und beschreiben Sie die Wirkung der einzelnen inneren Umrisslinien auf die Gesichtsform:

Die innere Umrisslinie ist eng gehalten.

Wirkung: Gesicht wirkt kleiner

Ausgleich für: rundes gesicht

Die innere Umrisslinie ist weit gehalten.

Wirkung: Das gesicht wirkt offenes und schmales/langes

Ausgleich für: kleine Menschen

Die innere Umrisslinie kann lang strecken.

Wirkung: enges gesicht, kantig

Ausgleich für: rundes gesicht

Die innere Umrisslinie ist quergedrückt.

Wirkung: bewegt, lockes

Ausgleich für: kantiges Gesicht

M *Der* innere *Umriss einer Frisur beeinflusst hauptsächlich die* gesichtsform.

3 Der äußere Umriss der Frisur

3.1 Was versteht man unter der äußeren Umrisslinie der Frisur?

Die Silhouette der Frisur

3.2 Kennzeichnen Sie mit einem Buntstift die äußere Umrisslinie in den einzelnen Frisuren und beschreiben Sie die Wirkung der einzelnen äußeren Umrisslinien auf die Gesichtsform:

Der äußere Umriss der Frisur ist hier sehr eng gehalten. Wie wurde das Haar für diese Umrissform gestylt?

Wasserwellen

Der äußere Umriss der Frisur wird stark vergrößert dargestellt. Welche Auswirkungen hat das Vergrößern der Frisur?

Der Kopf wirkt größer im Umriss

Der äußere Umriss der Frisur kann lang nach oben gestreckt werden. Welche Auswirkung hat dies auf die Kopfform?

Streckt den Körper + Kopf in die Länge

Die äußere Umrisslinie einer Frisur kann nach außen gedehnt werden. Beschreiben Sie die Auswirkung auf die Kopf- und Gesichtsform

M Der äußere *Umriss einer Frisur beeinflusst hauptsächlich die* Silhouette.

Name ______________________ Klasse ____________ Datum ____________

4 Die Haarkontur

4.1 Der natürliche Verlauf der Haarkontur wird in verschiedene Bereiche eingeteilt. Benennen Sie die einzelnen Bereiche der Haarkontur.

Stirntampel

Stirnansatz

Schläfentampel

~~Ohrentampel~~ Schläfenansatz

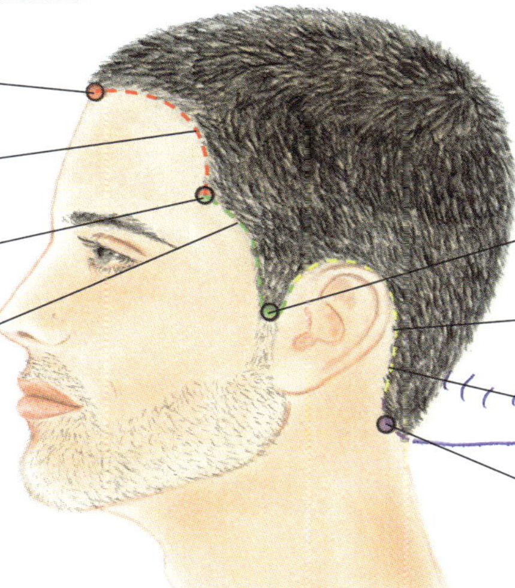

Ohrentampel

Ohrenansatz

Nackentampel

Nackenansatz

4.2 Wie werden die unterschiedlichen Bereiche der Haarkontur unterteilt?

____

____

____

____

4.3 Beschreiben Sie die unterschiedlichen Konturenverläufe in den abgebildeten Frisuren

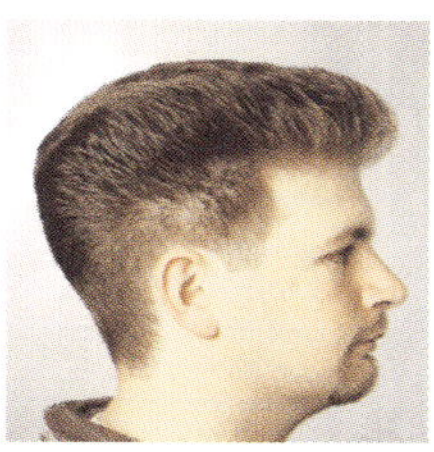

____

____

____

____

____

____

____

____

____

4.4 Welche Wirkung lässt sich mit einer Frisurenkontur, die länger ist als der natürliche Konturenverlauf, erzielen?

____

____

4.5 Besonderen Einfluss auf die Gesichtsform haben die Ponylinien (Stirnmotive). Beschreiben Sie die Wirkung der Ponylinien auf die Gesichtsform:

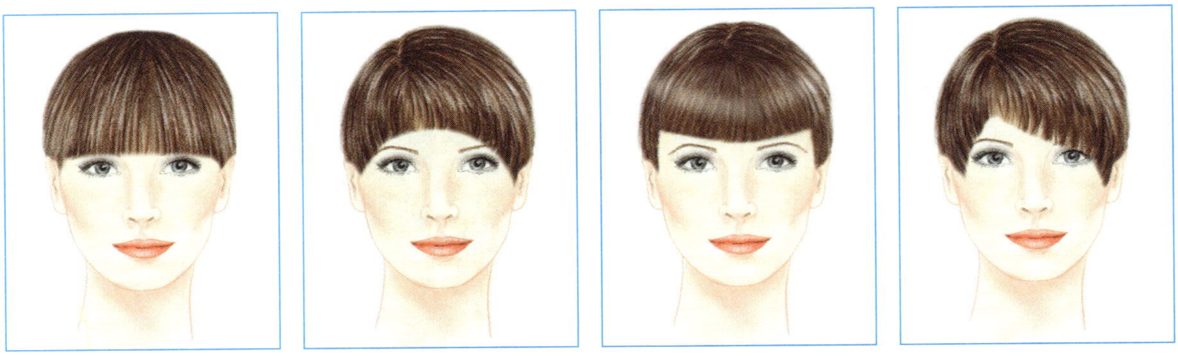

4.6 Betrachtet man den Pony als verlängerte Konturenlinie, so ergeben sich ebenfalls deutliche Unterschiede im Konturenverlauf mit Auswirkungen auf die Gesichtsform. Beschreiben Sie die Wirkung der Konturenlinien auf die Gesichtsform.

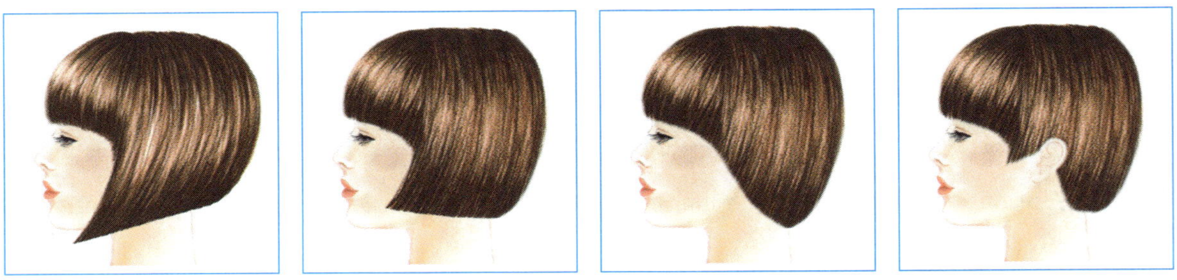

4.7 Ihre Kollegin meint, dass die Textur des Haares Auswirkungen auf die Frisur hat. Was meint Ihre Kollegin damit?

4.8 Wodurch lässt sich die Textur des Haares verändern?

Name ______________________ Klasse ______________ Datum ______________

5 Linien und Flächen als Gestaltungselement

5.1 Frisuren werden durch viele Linien gestaltet. Welche Linien werden bei der Frisurengestaltung unterschieden?

5.2 Beschreiben Sie allgemein die Wirkung der unterschiedlichen Linien auf die Frisur.

5.3 Beurteilen Sie die Wirkung der Linien auf die Frisuren und tragen Sie Ihre Ergebnisse in die Tabelle ein:

Skizzenhafte Darstellung	Wirkung der Linien auf die Frisur	Bildhafte Darstellung

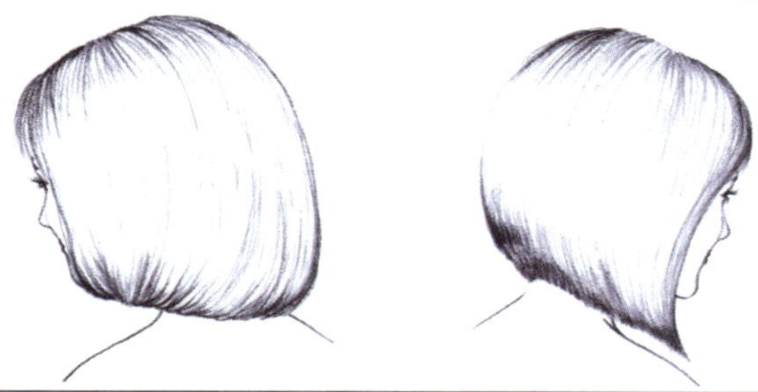		

Skizzenhafte Darstellung	Wirkung der Linien auf die Frisur	Bildhafte Darstellung
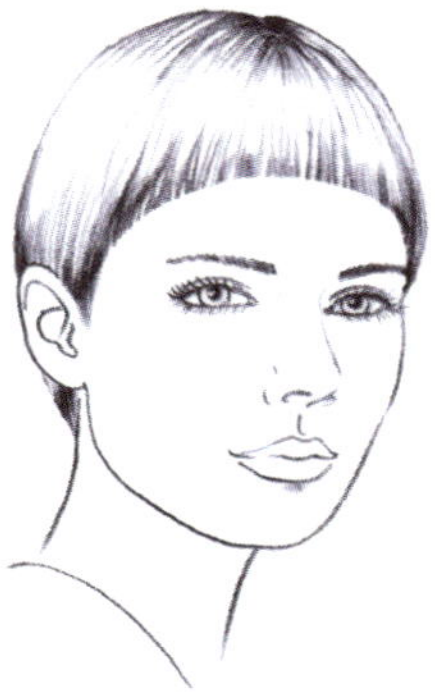		

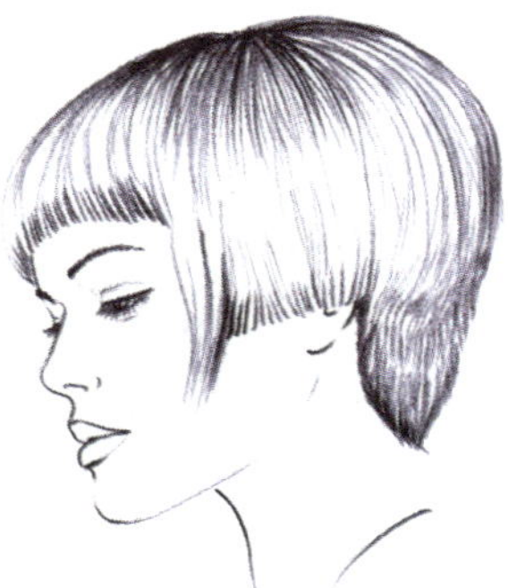		

Name ______________________ Klasse ______________ Datum ______________

6 Optische Veränderung der Gesichtsform durch die Frisur

6.1 Welche Möglichkeiten des optischen Ausgleichs können Sie für die unterschiedlichen Gesichtsformen anbieten?

Betonung	Vorschlag zum Ausgleich	Frisurenempfehlung

7 Ausgleich von Hals- und Nackenpartie durch die Frisur

7.1 Welche Möglichkeiten des optischen Ausgleichs können Sie einer Kundin mit einer kurzen und kräftigen Halspartie empfehlen?

Betonung	Vorschlag zum Ausgleich	Ausgleich

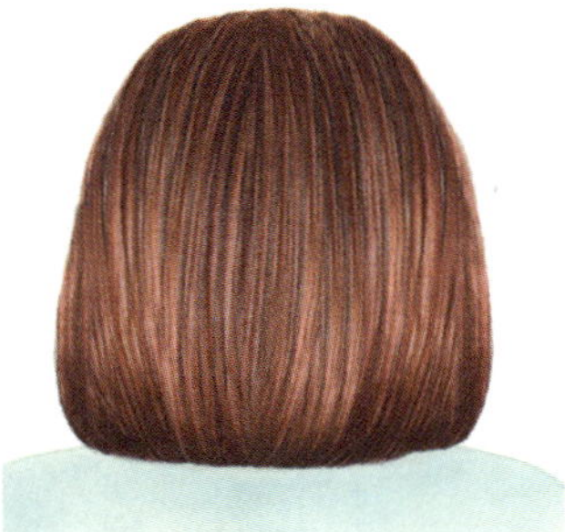		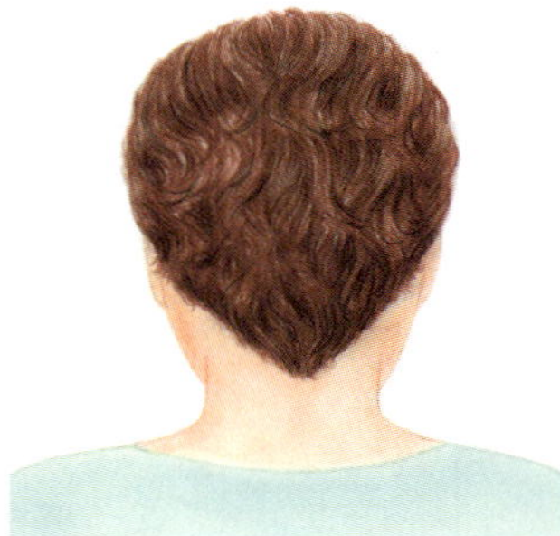

7.2 Wie wurde ein Ausgleich der langen und schmalen Hals- und Nackenpartie erzielt?

Betonung	Vorschlag zum Ausgleich	Ausgleich

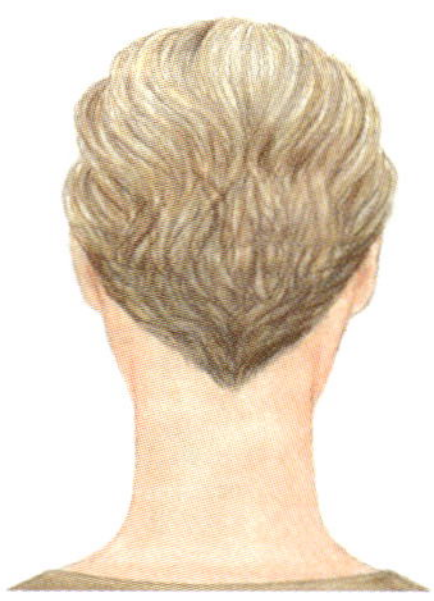		

Name ______________________ Klasse ______________ Datum ______________

8 Optische Veränderung des Profils durch die Frisur

8.1 Welche Ausgleichsmöglichkeiten können Sie in Bezug auf die unterschiedlichen Profile vorschlagen?

Betonung	Vorschlag von Ausgleichsmöglichkeiten	Ausgleich

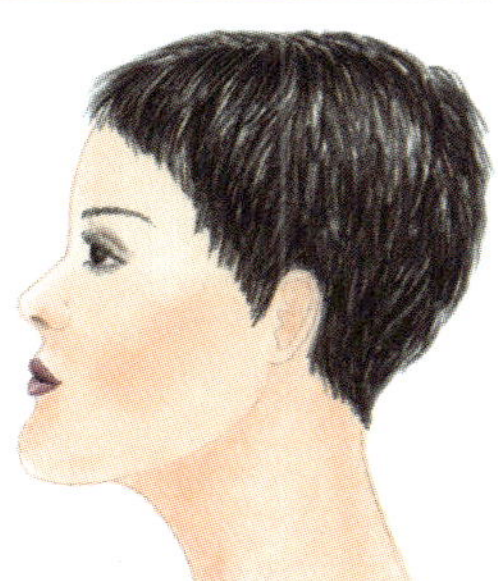		

9 Planung von Frisuren und Frisurenberatung

9.1 „Was es doch für viele unterschiedliche Kunden gibt, jeder sieht anders aus!“ Das erzählt Ihnen Ihre Kollegin im ersten Ausbildungsjahr.
Sie antworten: „Das stimmt, jeder Mensch hat sein persönliches Merkmal.“

Erstellen Sie eine Checkliste, in der Sie individuelle Merkmale von unterschiedlichen Personen herausstellen.

1. Gesichtsform	2. Profil	3. Körperform/Proportion
4. Haarwuchs/Bart	**5. Gewohnheiten/Stil**	**6. Besonderheiten**

9.2 Erwartungen von Kunden zu entschlüsseln, ist nicht immer einfach. Was erwarten heute die Kunden von ihrem Friseur?

–
–
–
–

9.3 Wie können Sie den Kundenwunsch ermitteln?

9.4 Welche Beratungsmedien stehen Ihnen bei einer Frisurenberatung zur Verfügung?

Name ______________________ Klasse ______________ Datum ______________

1 Haarschneidegeräte

1.1 Benennen Sie die Teile der Haarschneideschere.

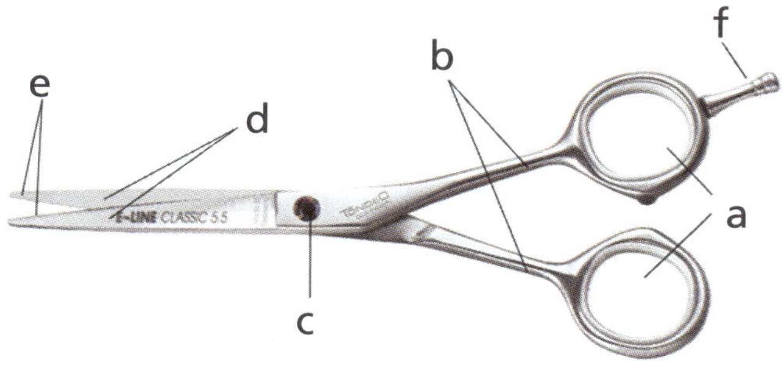

a) ______________ b) ______________

c) ______________ d) ______________

e) ______________ f) ______________

Moderne Formhaarschnitte verlangen hochwertige Haarschneidegeräte

1.2 Benennen Sie die Scheren und ihren Anwendungszweck.

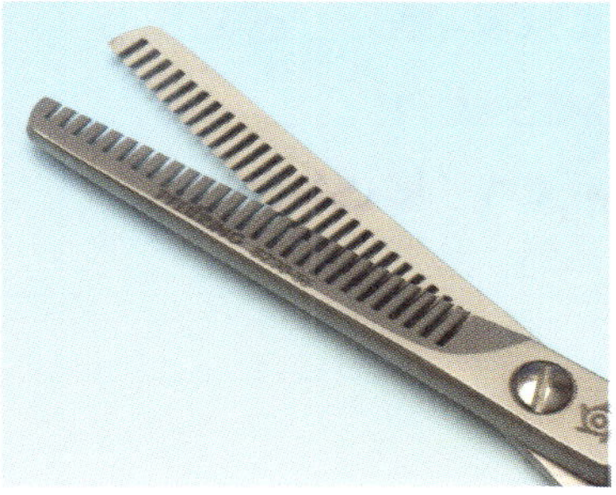

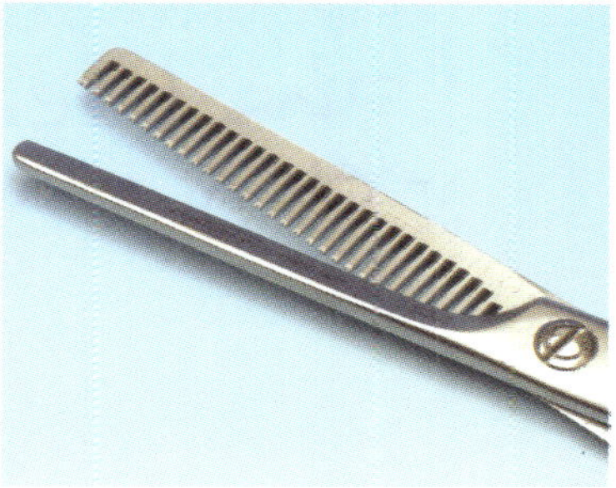

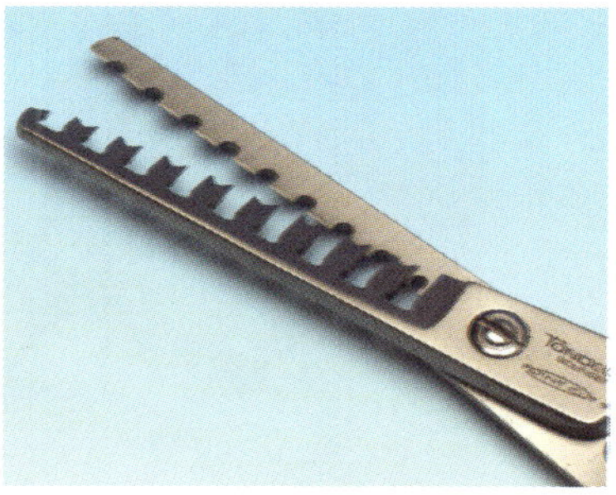

1.3 Worin unterscheidet sich ein Modellierer von einem Rasiermesser?

1.4 Wozu werden Rasiermesser beim Haarschneiden verwendet?

2 Reinigung und Pflege der Werkzeuge

2.1 Begründen Sie, warum Haarschneidegeräte sorgfältig gereinigt und gepflegt werden sollten.

- erhöht Lebensdauer
- Arbeit wird angenehmer
- Hygiene

2.2 Beschreiben Sie die Reinigung dieser Geräte.

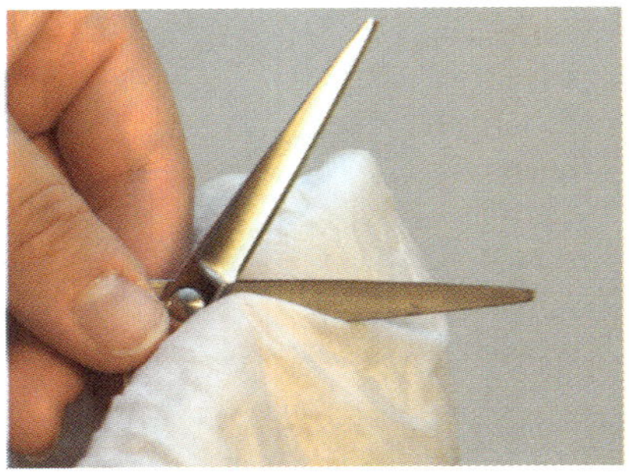

Haarschneideschere: Scherenblätter durch Stofftuch ziehen
- Öl auf Schraube
- Schere mehrfach öffnen + schließen

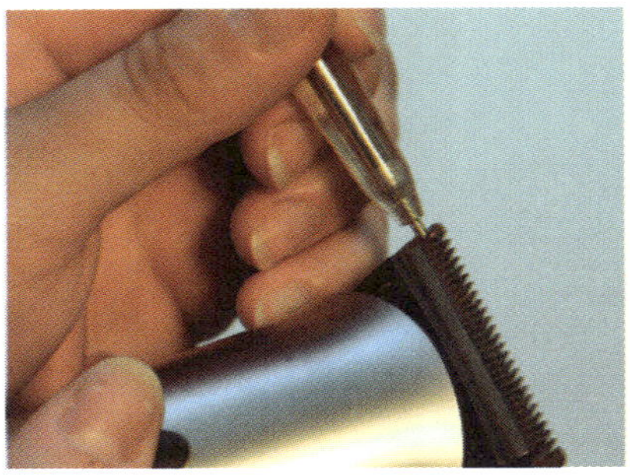

Haarschneidemaschine: Haare mit Pinsel entfernen
- ölen + laufen lassen

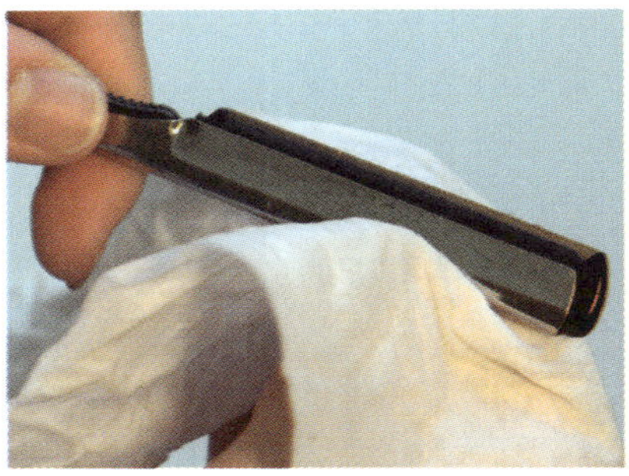

Rasiermesser: Messer mit gefaltetem Tuch reinigen.

2.3 Wie sollten a) Haarschneidescheren, b) Haarschneidemaschinen gepflegt werden?

a)

s.o.

b)

2.4 In welchen Fällen müssen diese Werkzeuge nach der Hygieneverordnung desinfiziert werden?

- Kontakt mit Haut od. Schleimhaut

Name ______________________ Klasse ____________ Datum ____________

3 Stumpfschneiden

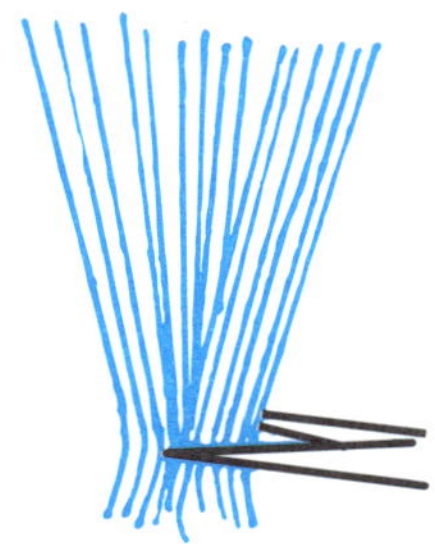

3.1 Erklären Sie den Begriff Stumpfschneiden.

____

____

3.2 Mit welchen Geräten kann ein Stumpfschnitt ausgeführt werden?

____

____

3.3 In diesen beiden Fällen werden Stumpfschnitte vorgenommen. Wie heißen die auf den Bildern gezeigten Schneidetechniken?

a) 

b) 

a) ______________________________

b) ______________________________

3.4 Welche Schnittformen finden hier Anwendung? Bezeichnen Sie die Bilder mit L (Längsschnitt) und Q (Querschnitt)

☐

☐

☐

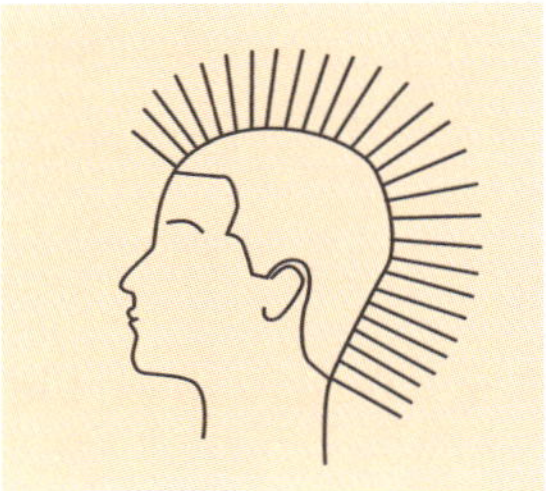
☐

3.5 Worauf achten Sie beim Stumpfschneiden über dem Kamm?

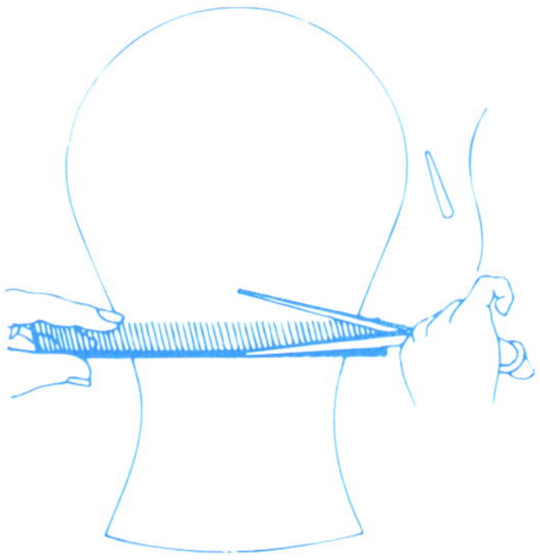

____

____

____

____

4 Effilieren

4.1 Frau Krüger braucht für ihre Frisur mehr Stand.

a) Welche Effiliertechnik wenden Sie an?
b) Welche Länge müssen die kürzesten Haare haben?
c) Was versteht man unter „Effilieren"?

a) ______________________

b) ______________________

c) ______________________

____

____

4.2 Beschreiben Sie die Stützeffilation mit der Effilierschere.

____

____

____

4.3 Mit welcher Effiliertechnik wurde hier (nebenstehendes Bild) gearbeitet?

- [ ] Rasiermesser ab etwa 5 bis 2 cm zum Kopf
- [ ] Spitze zickzackkantig ausschneiden
- [ ] Mit Effilierschere schräg in 2 bis 3 cm Abständen einschneiden
- [ ] Ausdünnen der Strähne mit halbgeöffneter Schere

4.4 Mit welcher Arbeitsweise erreicht man eine Verringerung des Haarvolumens?

- [ ] Durch eine Stützeffilation
- [ ] Durch eine Längeneffilation
- [ ] Durch eine Spitzeneffilation

4.5 Beschreiben Sie die Wirkung der Längeneffilation auf das Frisurenergebnis.

____

____

4.6 Nennen Sie Möglichkeiten der Spitzeneffilation

– ______________________

____

– ______________________

____

– ______________________

____

Name ______________________ Klasse ______________ Datum ______________

5 Führungslinie

Schienen führen zum Ziel.
Wenn aber der Zug entgleist, dann wird's schlimm.

5.1 Welche Aufgaben haben Führungslinien beim Haarschneiden?

____

____

5.2 Führungslinien können auf unterschiedliche Weise erstellt werden. Wie geht man vor im Bereich (nebenstehendes Bild) …

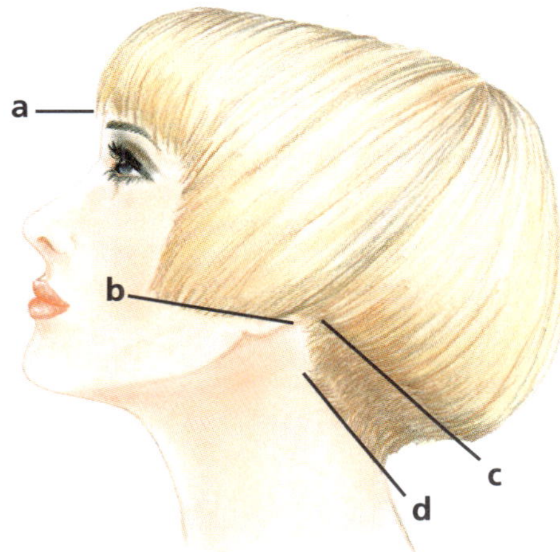

a) ____

____

b) ____

c) ____

d) ____

5.3 Wie berücksichtigen Sie die Wuchsrichtung beim Schneiden der Führungslinie im Nacken?

____

____

____

5.4 Was beachten Sie beim Schneiden von Passees nebeneinander?

____

____

____

5.5 Die Meisterin begutachtet den von Susanne erstellten Haarschnitt und beanstandet unschöne Lücken. Welche Fehler könnten Susanne unterlaufen sein?

– ____

– ____

– ____

6 Strähnenhaltung

6.1 Sabrina und Melanie gestalten am Übungskopf eine Vorderkopfpartie.
Melanie jammert: „Die Haare an der Stirn sind bei meinem Übungskopf viel zu dünn und ungleichmäßig. Ich wollte doch nur eine ganz leichte Stufung im Stirnmotiv..."
Was hat sie anders gemacht als Sabrina?

6.2 Welche Bedeutung hat der Abhebewinkel für das Schneideergebnis?

6.3 Welcher Abhebewinkel ist hier richtig?

a) Gleiche Haarlänge um die Kopfrundung:

b) Leicht gestufte Kontur:

a) Kurze Oberkopfhaare, zum Nacken länger werdend:

6.4 Beim Schneiden im Bereich des Ohres sollte das Haar entspannt werden.

a) Beschreiben Sie die Strähnenhaltung.

b) Welche Folge würde ein Nichtbeachten der besonderen Strähnenhaltung haben?

a)

b)

6.5 Zum Schnitt muss die Strähne vorbereitet werden. Worauf achten Sie?

–

–

–

6.6 In welchen Fällen wird die Schnittlinie oft von der Kammhaltung bestimmt?

Name ____________________ Klasse ____________ Datum ____________

7 Einteilung der Kopfhaarfläche

7.1 Beschreiben Sie die Merkmale der nebenstehenden Frisur.

____
____
____
____
____
____

7.2 Welche Grobabteilung führen Sie für diesen Haarschnitt durch?

– ______________________________________
– ______________________________________
– ______________________________________

7.3 In der Fachsprache ist oft die Rede von horizontaler, vertikaler oder diagonaler Abteilung.

a) Zeichnen Sie diese Abteilungen in die Kopfskizzen ein.
b) Schreiben Sie das entsprechende deutsche Wort darunter.

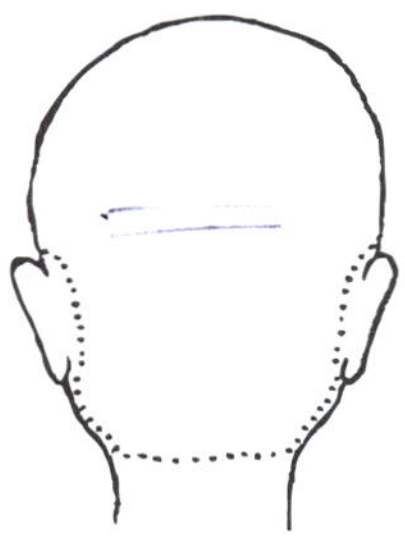

horizontal

waagerecht

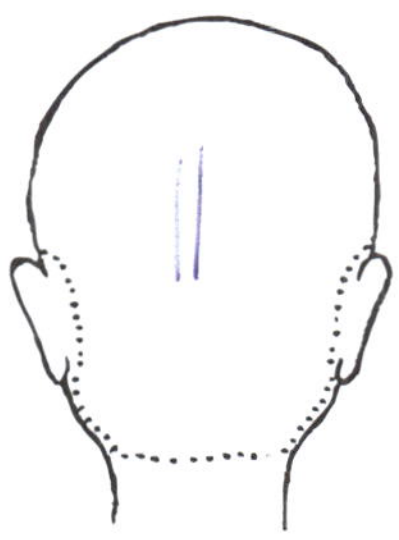

vertikal

senkrecht

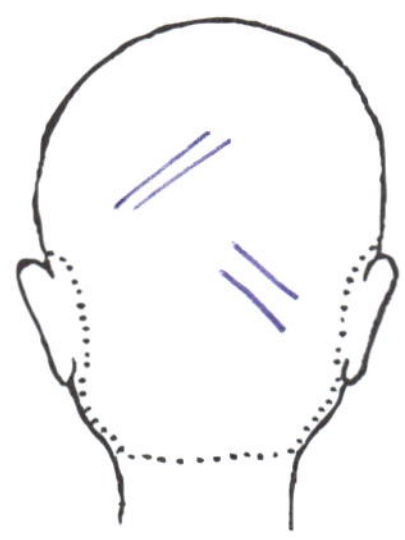

diagonal

quer

7.4 Für welche Haarschnitte sind folgende Abteilungen richtig?

a) Sternförmige Abteilung am Oberkopf: ______________________

b) Senkrechte Abteilungen: ______________________

c) Waagerechte Abteilungen: ______________________

7.5 Stellen Sie Regeln auf, die bei Abteilungen beim Haarschnitt einzuhalten sind. Benutzen Sie dazu die folgenden Stichwörter: Abteilungsstärke, gleichmäßig, sauber, parallel zur Schnittlinie.

– ______________________________________
____
– ______________________________________
– ______________________________________

8 Volumenschwerpunkte

8.1 Wo befinden sich die Volumenschwerpunkte dieser Frisuren?

a)

b)

8.2 Durch die Haarlängenverteilung in der Frisur entstehen Volumenschwerpunkte. Beschreiben Sie

a) die <u>Haarlängenverteilung</u> und b) die <u>Strähnenhaltung</u> (Abhebewinkel).

Kompakte Form	Graduierte Form	Erweiternd verlaufende Form	Uniforme Abstufung (einheitlich gestufte Form)
		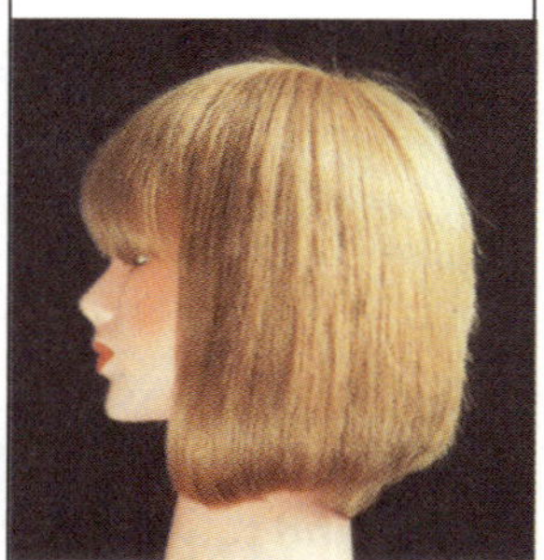	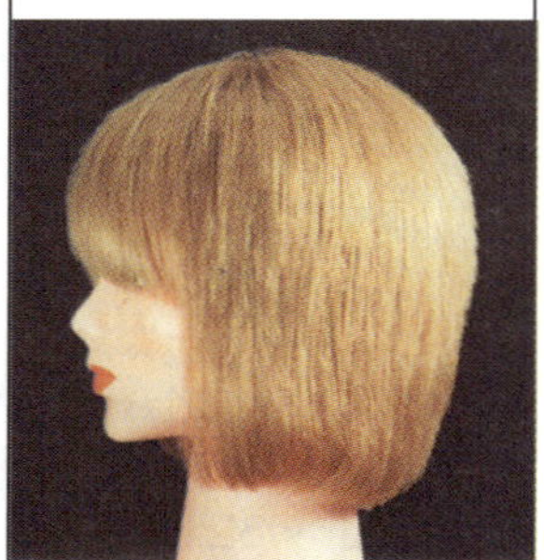
a)	a)	a)	a)
b)	b)	b)	b)

Name ______________ Klasse ______________ Datum ______________

9 Gesichtspunkte für die Formgebung beim Haarschnitt

9.1 Welches Schnittergebnis erscheint voller? Begründen Sie dies!

9.2 Ein Kunde mit etwas gelichtetem („dünnem") Haar möchte, dass seine Frisur voller wirkt. Welche Haarschneidetechnik wenden Sie an?

9.3 Herr Müller kommt mit seiner Frisur nicht zurecht. Welche Fehler wurden beim Haarschneiden gemacht?

9.4 Manche Kundenwünsche sind schwer zu erfüllen. Welche Probleme können außer den gestalterischen auftreten?

9.5 Worauf achten Sie beim Haarschneiden bei ausgeprägten Wirbeln im Nackenbereich?

10 Haarschnitt und Konturenform

10.1 Mit moderner Frisursoftware werden die Gestaltungsmerkmale einer Frisur – Farbe, Form, Struktur – in Fotoqualität sichtbar gemacht. Durch die Gegenüberstellung verschiedener Frisurenentwürfe wird die Beratung des Friseurs und die Entscheidung der Kundin vereinfacht.

Welche Veränderung können Sie feststellen?

10.2 In welchen Fällen wirkt der Haarschnitt auf Gesichts-, Kopf-, Profil- oder Halsform a) ausgleichend, b) betonend?

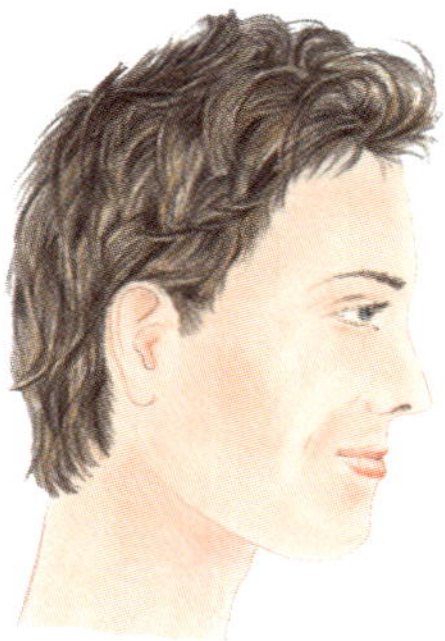

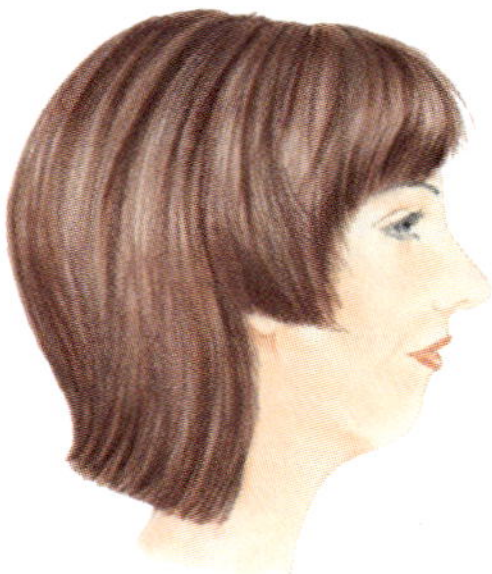

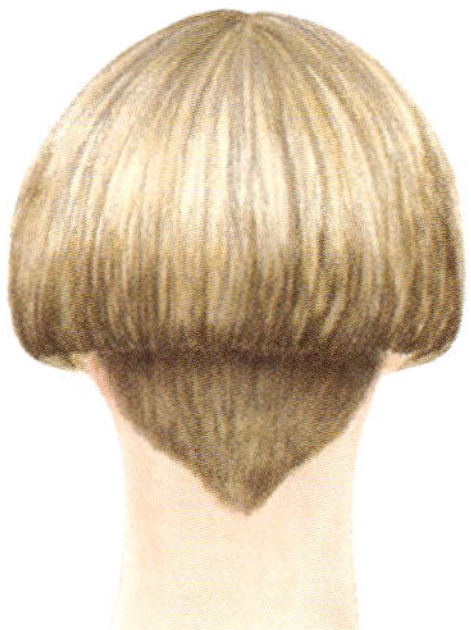

10.3 Nicht nur durch den Haarschnitt können die Gesichts- und die Kopfform optisch beeinflusst bzw. verändert werden, sondern auch durch das anschließende Frisurenstyling.
Wie wird bei diesen Beispielen die Gesichtsform durch das Frisurenstyling beeinflusst?

Name ______________________ Klasse ____________ Datum ____________

10.4 Beispiel: Damenhaarschnitt – Der klassische Bob

Vom klassischen Bob lassen sich alle Bobvarianten ableiten

1

Vorüberlegungen:

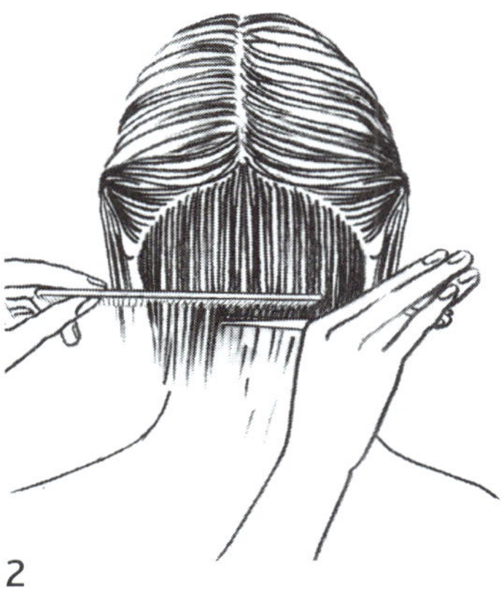

2

Schneiden der Führungslinie:

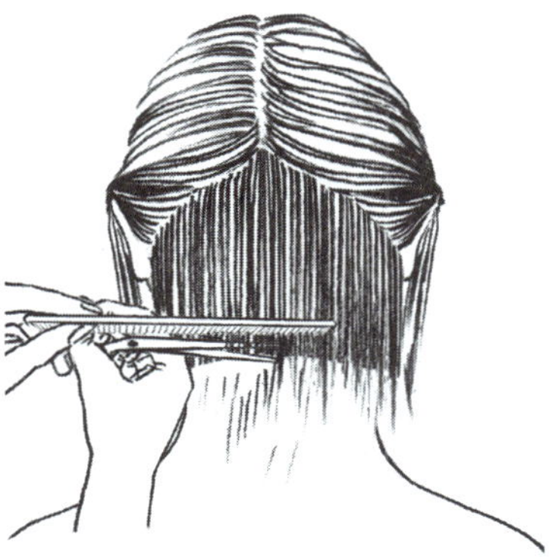

3

Anpassen der folgenden Partien:

4

Verbinden der Seiten zum Nacken:

5

Anpassen der folgenden Partien:

6

Schneiden des Stirnmotivs:

7

Kontrolle der Haarlängen:

8

Abschluss:

Name ______________________ Klasse ______________ Datum ______________

11 Rasieren

11.1 Beschreiben Sie die Aufgaben der Vorbehandlungsmittel (Rasierseife bzw. -schaum).

„Nach drei Wochen Urlaub kommt man immer ein bisschen aus der Übung!"

11.2 Warum muss die Haut beim Rasieren gespannt werden?

–

–

–

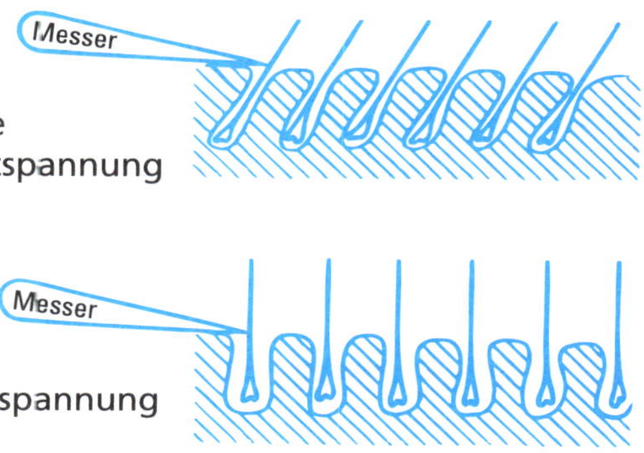

11.3 Wie beugen Sie Verletzungen beim Rasieren vor?

–

–

–

11.4 Wie nennt man die Messerhaltung bei a) und bei b)?

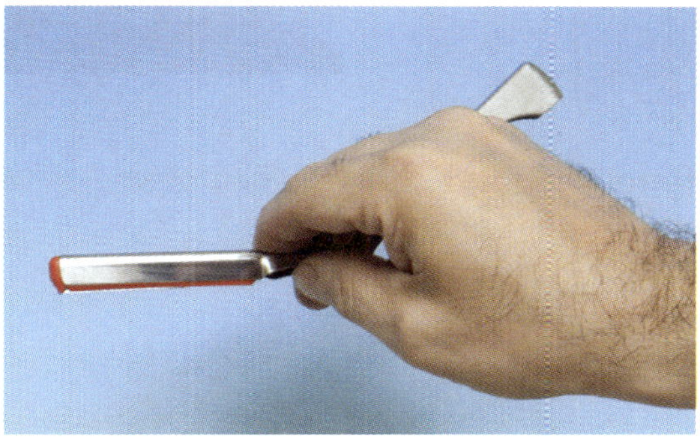

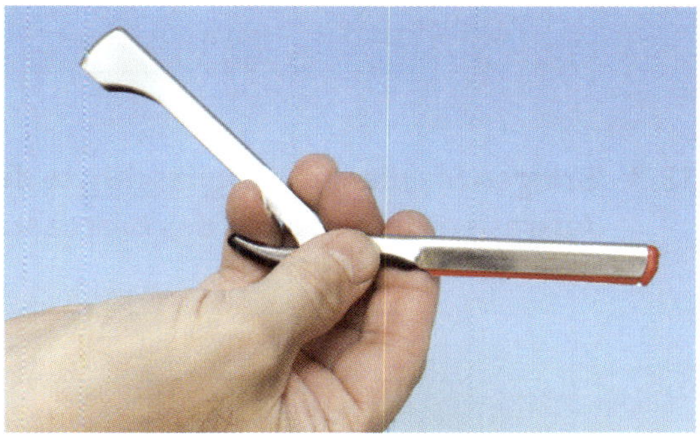

a) ______________________

b) ______________________

11.5 a) Womit kann bei der Rasur nachbehandelt werden?
b) Was soll durch die Nachbehandlung erreicht werden?
c) Welches Nachbehandlungsmittel empfehlen Sie einem Herrn mit trockener Haut?

a) ______

b) ______

c) ______

11.6 Nennen Sie die Hauptbestandteile von a) Pre-shave- und b) After-shave-Wasser.

a) ______ b) ______

11.7 Welche Hygienevorschriften sind beim Rasieren zu beachten?

______

12 Bartformen

12.1 Nennen Sie Faktoren, die die Bartform beeinflussen.

______

12.2 Mit welcher Bartform wirkt a) ein rundliches, b) ein schmales Gesicht harmonischer?

a) ______

b) ______

12.3 Bringen Sie die drei Arbeitsschritte der Bartformung in die richtige Reihenfolge: Ausrasieren, Schneiden des Barthaares, Schneiden der Lippenkontur.

a) ______

b) ______

c) ______

12.4 Sammeln Sie Bilder von ausgefallenen oder modischen Bärten und kleben Sie diese auf ein eigenes Blatt.

Name ______________________ *Klasse* ______________ *Datum* ______________

1 Dicke und Querschnittsformen

1.1 Tragen Sie in die Tabelle die Werte zu den Haarstärken ein.

Haarstärke	fein	normal	dick
Durchschnittliche Dicke in mm	0,03 – 0,04	0,05 - 0,07	0,08 – 0,12
Zahl der Haare, nebeneinandergelegt, je mm	ca. 25 - 33	ca 20 - 16	ca 10

1.2 Welche dieser Querschnittsformen von Haaren ist am häufigsten?

☐ a)  ☐ b)  ☐ c)  ☐ d) 

1.3 Wie werden Haare mit der bei Aufgabe 1.2 c) dargestellten Querschnittsform genannt?

____

2 Dehnbarkeit und Reißfestigkeit

2.1 Mit der Reißfestigkeit des Haares meint man das Gewicht, das ein Haar tragen kann, bevor es reißt. Welches Gewicht kann ein unbehandeltes Haar durchschnittlicher Stärke etwa tragen?

☐ a) 60 g ☐ b) 90 g ☐ c) 120 g ☐ d) 150 g ☐ e) 180 g

2.2 Wodurch wird die Reißfestigkeit des Haares verringert?

____

2.3 Die Dehnbarkeit der Haare kann stark schwanken, je nachdem, ob sie trocken oder nass, chemisch behandelt oder unbehandelt sind.

Zeichnen Sie in die „Messlatte" die Strecke ein, um die sich die Haare in folgenden Fällen dehnen lassen, bevor sie reißen. Geben Sie diese Dehnungslänge (DL) in Prozent an.

a) Unbehandelte Haare, trocken

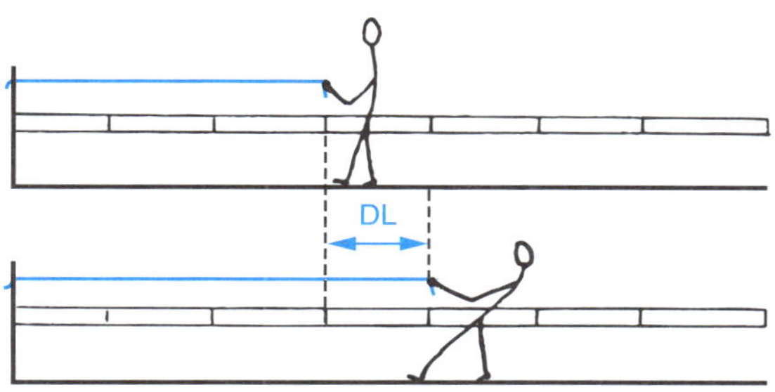

Dehnung: ______________________

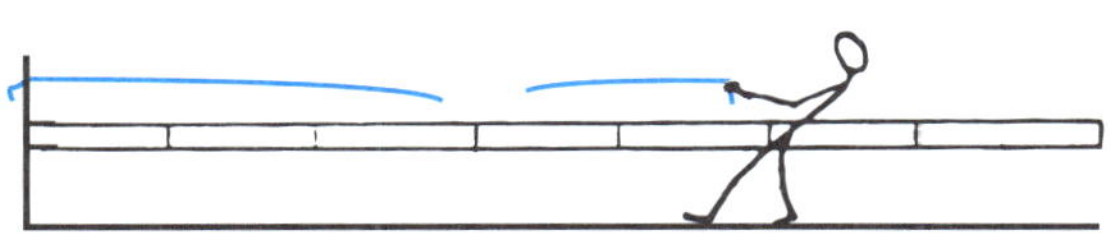

b) Unbehandelte Haare, nass

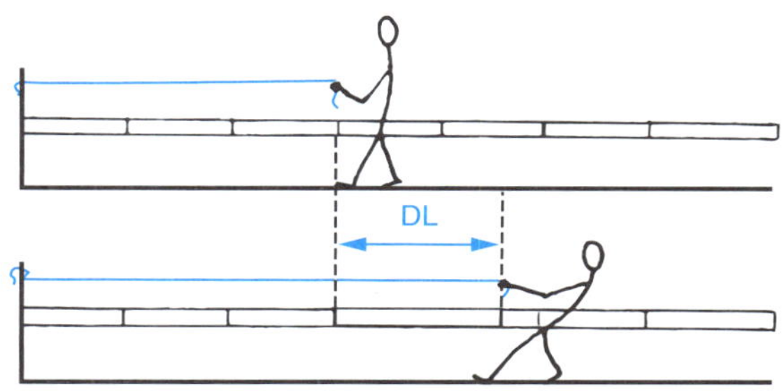

Dehnung: ______________________

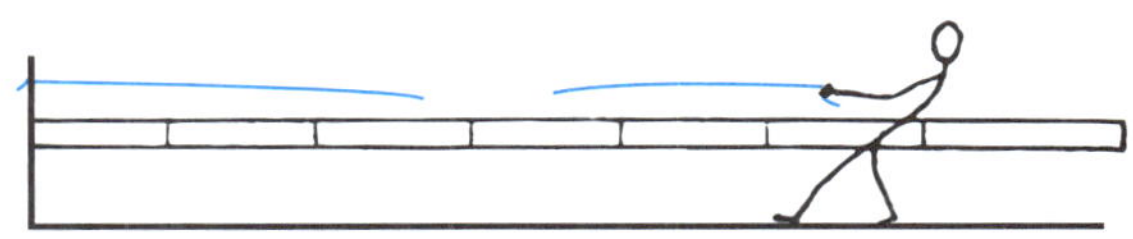

c) Blondierte Haare, trocken

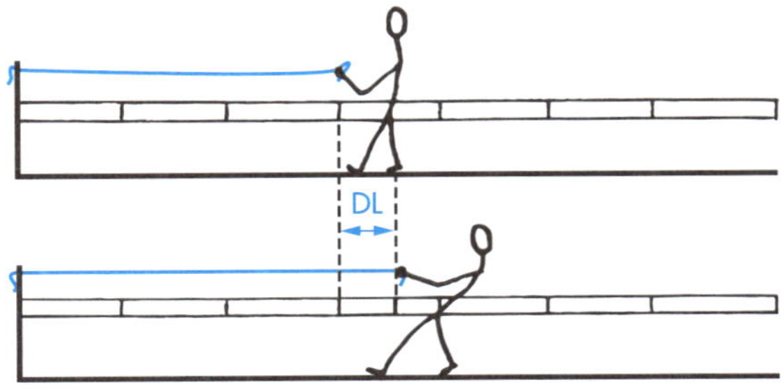

Dehnung: ______________________________

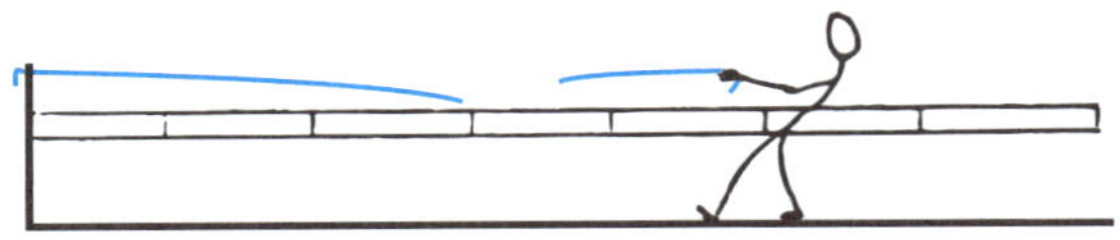

d) Blondierte Haare, nass

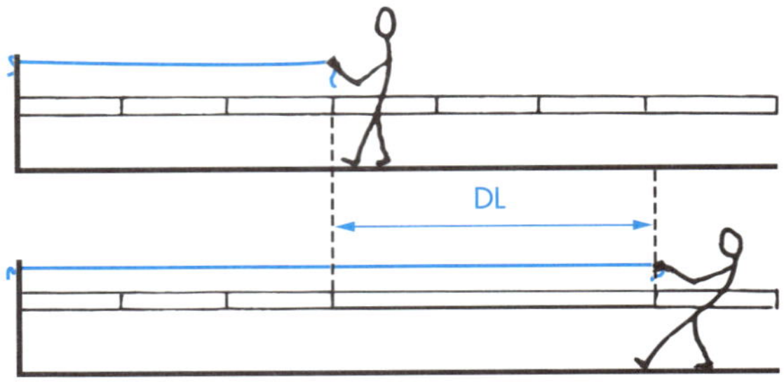

Dehnung: ______________________________

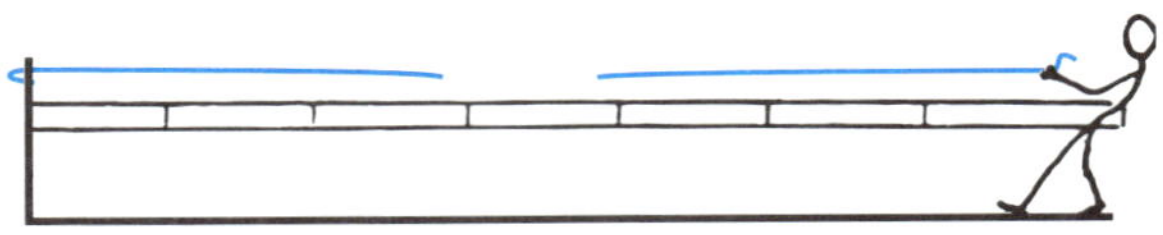

2.4 Haare ziehen sich nach einer Dehnung wieder zusammen, wenn auch nicht mehr bis auf die ursprüngliche Länge, das heißt, es bleibt ein sogenannter Dehnungsrückstand.
Was sagen diese Skizzen über den Zusammenhang zwischen Dehnung (D) und Dehnungsrückstand (DR) aus?

Zeichnen Sie Dehnung und Dehnungsrückstand ein.

a) Dehnungsrückstand bei leichter Dehnung

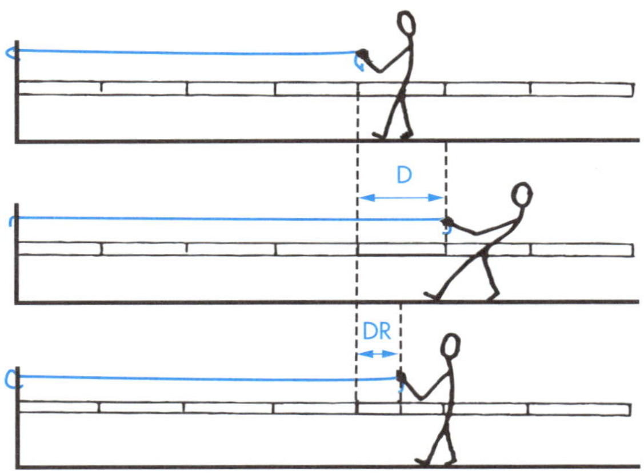

____
____
____
____
____
____

b) Dehnungsrückstand bei starker Dehnung

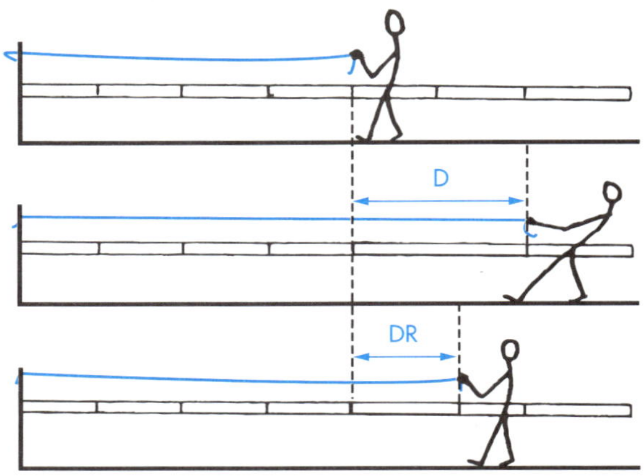

____
____
____
____
____
____

Stärkere Dehnungen beim Durchkämmen von nassem oder chemisch behandeltem Haar sind zu vermeiden, weil ______________________________
____
____

Name ____________________ Klasse ____________ Datum ____________

3 Saugfähigkeit, Quellung und Kapillarität

3.1 Die Zeichnungen sollen die Saugfähigkeit und Quellung von Haaren verdeutlichen. Welchen Einfluss hat die Oberflächenstruktur auf die Saugfähigkeit?

a) Unbehandeltes Haar mit normaler Struktur b) Chemisch behandeltes, poröses Haar

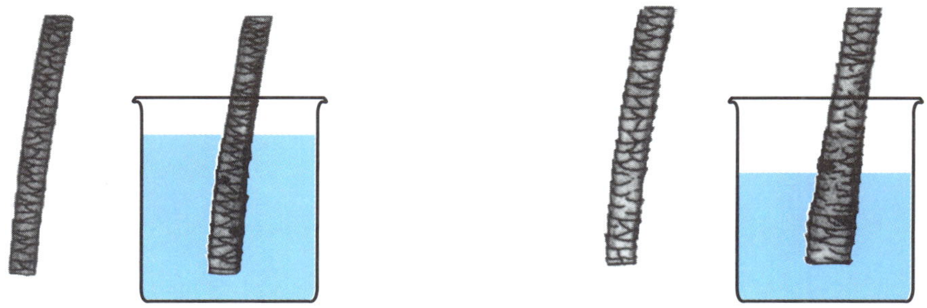

3.2 Welche Rolle spielt die Saugfähigkeit bei der Behandlung des Haares?

3.3 Von welchen Arbeitsmitteln werden die Haare besonders stark gequollen?

3.4 Warum müssen für stärker saugfähige (strukturgeschädigte) Haare schwächer konzentrierte Mittel, z. B. bei Wellmitteln, genommen werden?

3.5 a) Wie nennt man die Eigenschaft des Haares, aus feuchter Luft (Dampf, Nebel) Wasser aufzunehmen?

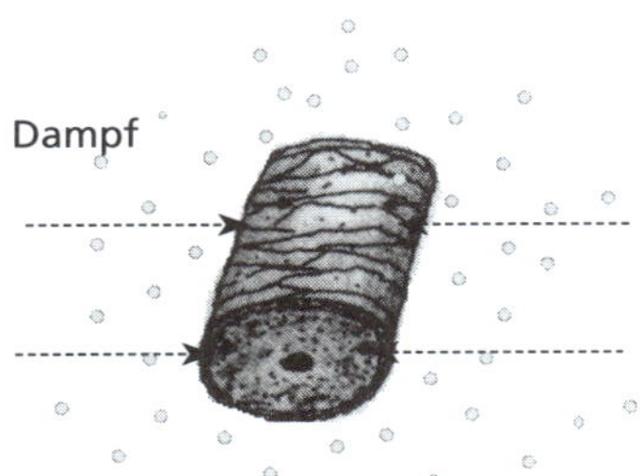

b) Nennen Sie Mittel, die die Feuchtigkeitsaufnahme des Haares verringern.

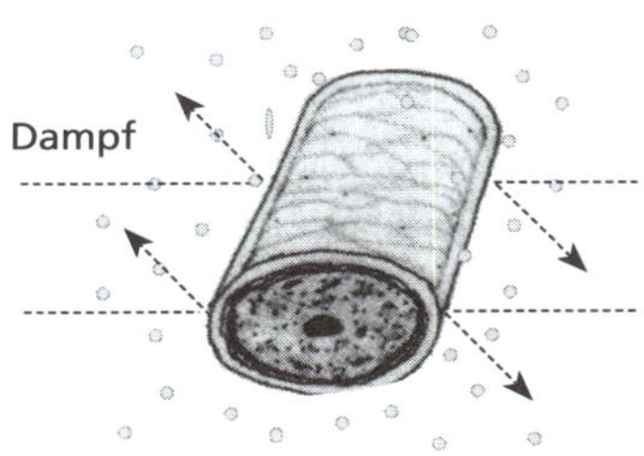

3.6 Wodurch verhindern Festiger, Sprays usw. die Feuchtigkeitsaufnahme des Haares?

3.7 Was ist aus der nebenstehenden Zeichnung über die Wirkung von dünnen, in eine benetzende Flüssigkeit eintauchenden Röhren zu ersehen?

___

___

3.8 Wie wird der Haarröhrcheneffekt noch genannt?

___

___

3.9 Diese Zeichnung soll zeigen, dass auch zwischen den Haaren einer Haarsträhne Flüssigkeiten hochgesaugt werden. Begründen Sie das.

___

___

___

3.10 Was bewirkt die Kapillarität einer Haarsträhne beim Auftragen flüssiger Präparate?

___

___

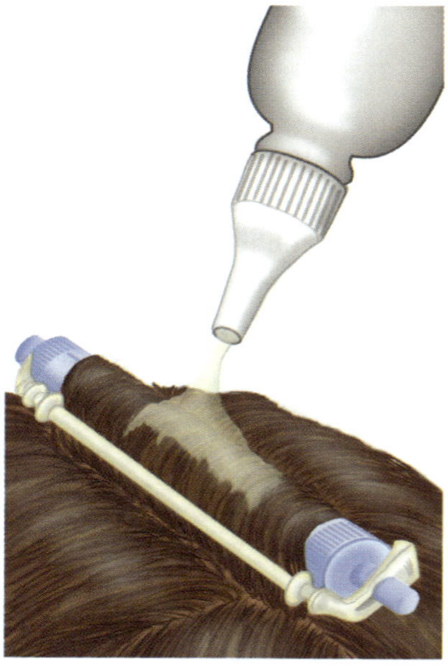

3.11 Welche Bedeutung hat die Kapillarwirkung für die Anwendung von Haarbehandlungsmitteln wie Wellmittel und Fixiermittel?

___

___

___

___

___

___

M *Für die Behandlung des „Werkstoffes" Haar sind besonders die* ___ ___ *von Bedeutung.*

Name ______________________ Klasse ____________ Datum ____________

4 Elemente der Frisurengestaltung

4.1 Linien in einer Frisur

Wodurch lassen sich Linien in einer Frisur erzeugen und welchen Eindruck erzeugen sie?

Suchen Sie aus Fachzeitschriften und Prospekten Bildbeispiele zu Linien in einer Frisur. Kleben Sie diese hier ein:

4.2 Reihung in einer Frisur

Wann spricht man von einer Reihung in einer Frisur und welchen Eindruck vermittelt dieses Gestaltungselement?

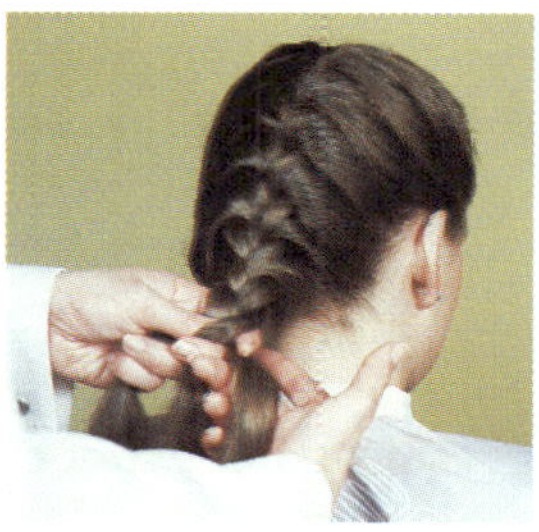

Suchen Sie aus Fachzeitschriften und Prospekten Bildbeispiele, auf denen man eine Reihung als Formelement in einer Frisur erkennt und kleben Sie diese hier ein:

4.3 Rhythmus in einer Frisur

Wodurch lässt sich ein Rhythmus in einer Frisur erzeugen und wie wirkt er auf den Betrachter?

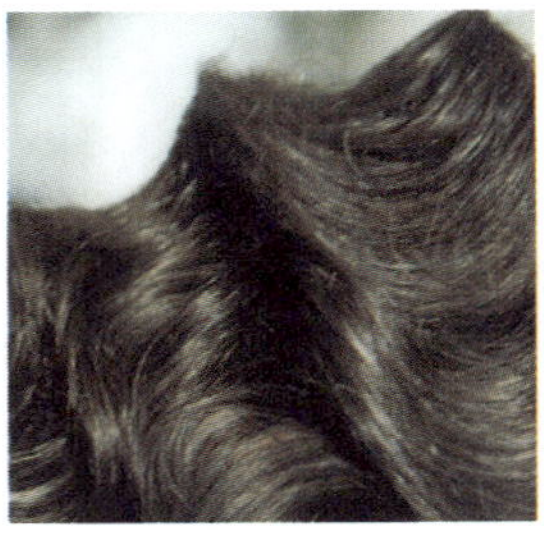

Suchen Sie aus Fachzeitschriften und Prospekten Bildbeispiele, auf denen man einen Rhythmus als Formelement in einer Frisur erkennt, und kleben Sie diese hier ein:

4.4 Kontraste in einer Frisur

Durch unterschiedlich gestaltete Elemente in einer Frisur können interessante Kontraste gestaltet werden. Welche Kontrastelemente sind auf den Abbildungen zu erkennen?

1. Kontrast in der Form

2. Kontrast in der Farbe

Als Kontrast wird das Nebeneinander von Gegensätzen bezeichnet. Solche Gegensätze können sein:

Kleben Sie hier selbst gefundene Bildbeispiele aus Fachzeitschriften oder Prospekten ein.

Name ____________________ Klasse ____________ Datum ____________

4.5 Symmetrie als Formgestaltungsmittel

Bei symmetrischen Formen gleichen sich beide Seiten einer Form spiegelbildlich. Die Linie, die beide Seiten trennt, wird „Symmetrieachse" genannt.

Auf der Abbildung erkennt man eine symmetrische Formgestaltung. Beschreiben Sie die Wirkung der Frisur und ziehen Sie mit einem farbigen Stift die Symmetrieachse ein.

4.6 Asymmetrie in der Formgestaltung

Unter Asymmetrie ist das Gegenteil von Symmetrie zu verstehen. Trotz der Ungleichheit von z. B. unterschiedlichen Seitenlängen in einer Frisur entsteht eine harmonische Gesamtform.

Bei dieser Frisur ist die Seitenpartie ungleich geschnitten und unterschiedlich geformt. Beschreiben Sie die Wirkung der Frisur und kennzeichnen Sie mit einem bunten Stift die asymmetrische Seite.

4.7 Frisurenschwerpunke

Durch den Einsatz der verschiedenen Gestaltungselemente lassen sich bei einer Frisur Schwerpunkte setzen.

Solche Schwerpunkte können die Gesichtsform und die Gesamterscheinung einer Person optisch verändern.

Kennzeichnen Sie mit einem farbigen Stift die Schwerpunkte. Beschreiben Sie, an welcher Stelle Sie ihn finden und welche Wirkung der Schwerpunkt auf die Frisur und die Gesichtsform hat.

Frisur	Schwerpunkt	Wirkung
	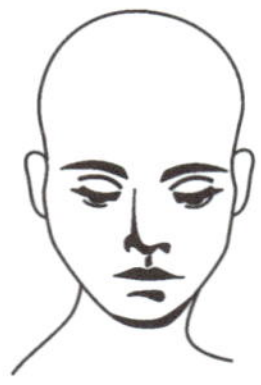	

	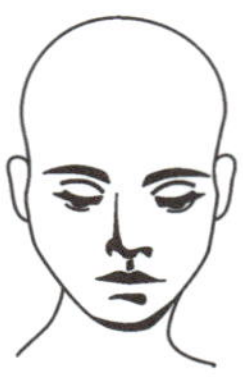	
	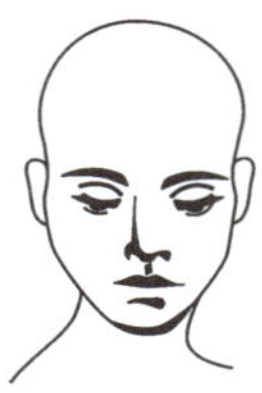	

Name ______________________ Klasse ______________ Datum ______________

5 Formung der Haare durch Wasser und Wärme

Eine Kundin zeigt Ihnen dieses Frisurenfoto. So ähnlich stellt sie sich ihre Frisur vor.
Welche fachlichen Fragen ergeben sich für Sie aus diesem Kundenwunsch?

- Die Einschränkungen durch die Haarlänge ~~und~~ Haarstruktur der Kundin, Kunde Instant Stylen?
- permanente oder nichtpermanente Formgebung

5.1 Welche Aufgabe hat das Wasser bei diesen Arten der Frisurenformung? Ergänzen Sie.

Das Haar nimmt aufgrund seiner hygroskopizität Wasser auf. Dieses Wasser lockert die Wasserstoff und Salzbrücken im Haarkeratin und erweichen das Haar.
Beim trocknen entstehen diese Verbindungen wieder in einer neuen Stellung. Dadurch geben sie dem Haar die gewünscht Form.

5.2 Welche Rolle spielt die Wärme bei der nichtdauerhaften Haarumformung?

- [ ] a) Sie ist nur zum Trocknen der Haare notwendig.
- [ ] b) Sie löst die Disulfidbrücken im Haar.
- [x] c) Sie verursacht eine gewisse Erweichung des Haarkeratins und beschleunigt das Trocknen des Haares.
- [ ] d) Sie ist allein ausschlaggebend für die Haltbarkeit der Umformung.

5.3 Die Haare lassen sich mit dem Föhn auch etwas formen, wenn sie vorher nicht extra angefeuchtet wurden. Erklären Sie das.

Durch trocknen des natürlich im Haar vorkommenden Wassers

5.4 Warum leidet die mithilfe von Wasser und Wärme erzielte Umformung in feuchter Luft (Nebel, Dampf)?

neue Salz- und Wasserstoffbrücken (der Frisur gemacht) lösen sich und die natürliche bilden sich wieder

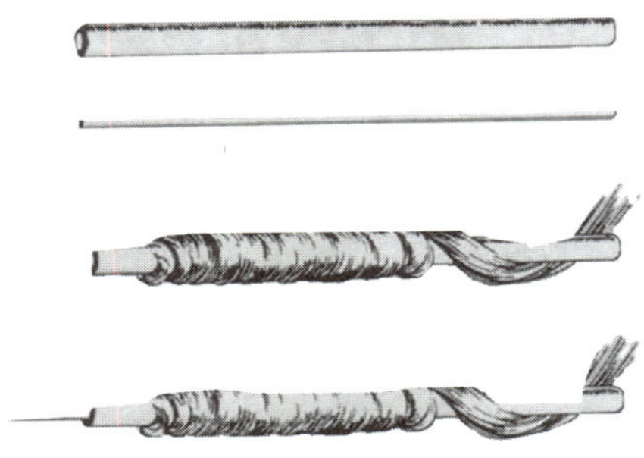

Mit diesem Gerät wurden in der Antike Haare gekraust.

5.5 Diese Bilder zeigen Frisuren der Antike. Was sagen sie uns zur Geschichte der Haarumformung?

Auch in der Antike wurden gleiche oder ähnliche Techniken zum Umformen der Haare genutzt, mechanisch u. durch Wärme

5.6 Ein einfaches Gerät diente bei den Griechen in der Antike zum Krausen und Wellen der Haare. Es bestand aus einem Metallröhrchen, auf das die Haare gewickelt wurden. Dann wurde ein erhitzter Stab in das Röhrchen geschoben. Wie wurde das Gerät genannt (siehe Lehrbuch Seite 362)?

Calamistrum

5.7 Diese Geräte waren noch um 1900 in Gebrauch. Um welche Geräte handelt es sich?

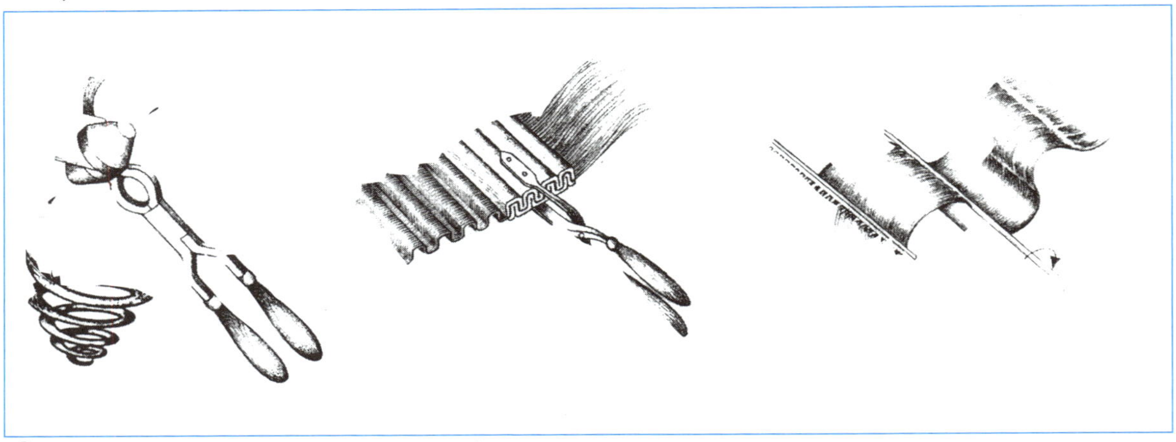

Papillotteneisen | Kreppeisen | Onduliereisen

M *Techniken und Geräte zum Wellen und Krausen der Haare mithilfe von* Wasser *und* Wärme *gibt es seit* 3000 v. Chr. *Einige der alten Geräte haben moderne,* elektrisch *beheizte Nachfolger.*

Name ______________________ Klasse ____________ Datum ____________

6 Frisierwerkzeuge

6.1 Benennen Sie diese Kämme und beschreiben Sie ihren Verwendungszweck.

Bezeichnung	Verwendungszweck
	gr. Frisierkamm Entwirren, Kämmen vor und nach der Haarwäsche, Auskämmen nach dem Trocknen
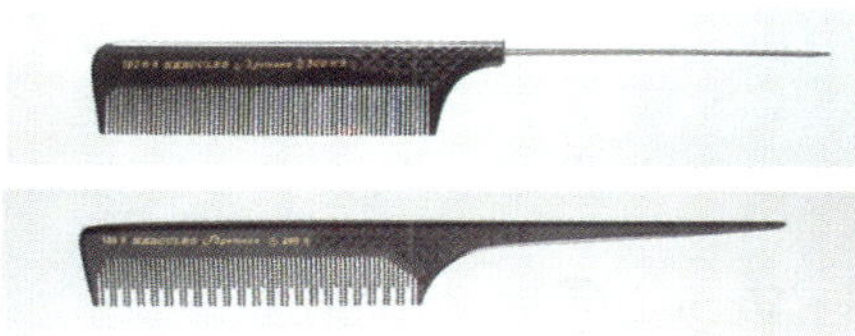	Stielkamm, Abteilen, Strähnchen Dauerwelle (Haarspitzen in Wickler) Toupierkamm, zum toupieren ohne alle Haare zu kappen
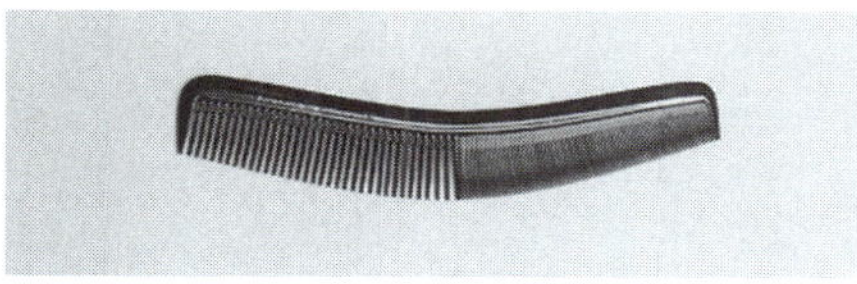	Wasserwellkamm
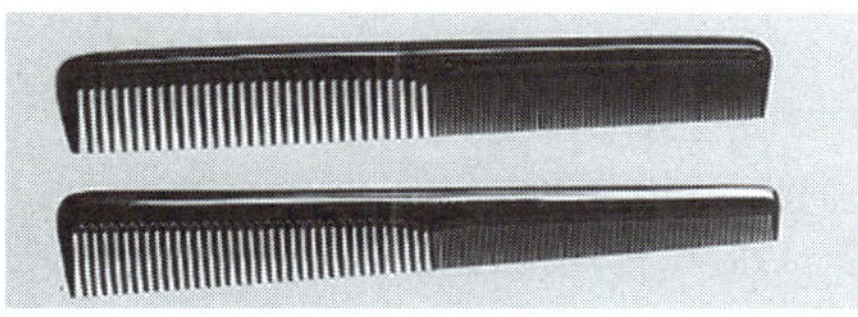	

6.2 Die Vielfalt bei den Haarbürsten ist groß. Welche zwei Hauptgruppen unterscheidet man nach dem Verwendungszweck?

6.3 Nennen Sie Materialien, die für Borsten von Haarbürsten Verwendung finden.

6.4 Die Bilder zeigen jeweils Kammzähne bzw. Borsten von Haarbürsten. Welches Gütemerkmal verdeutlichen sie?

6.5 Wie sind Kämme und Bürsten zu pflegen?

M *Voraussetzung für gutes und leichtes Arbeiten ist …*

–

–

–

Werkzeug.

Name ______________________ Klasse ____________ Datum ____________

7 Technische Ausführung von Einlegetechniken

7.1 Volumenwicklung

Die Volumenwicklung wird immer dann eingesetzt, wenn besondere Sprungkraft und Volumen im Haar benötigt werden.
Beschreiben Sie die technische Ausführung der Volumenwicklung.

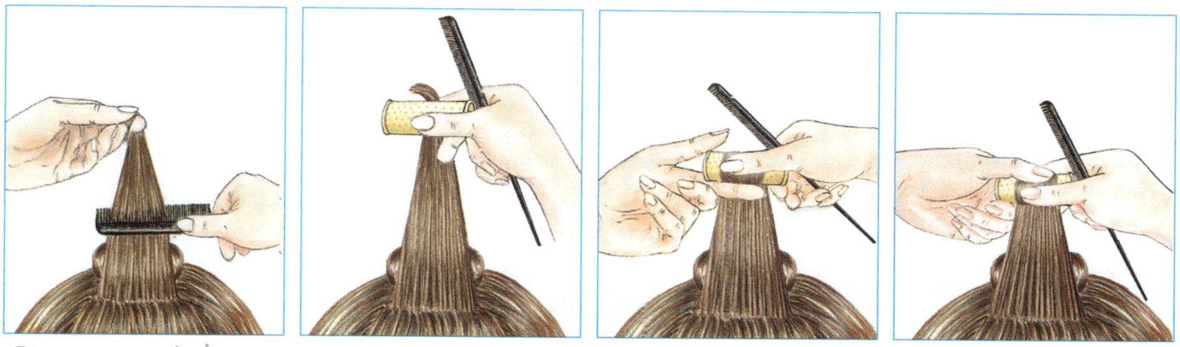

Passée abteilen Winkel bestimmen sauber kämmen	kleine Schlaufen einwickeln, Wickelrichtung, Spitzen	nachwickeln, Abknicken verm.	Winkel passend, Spannung eindrehend

7.2 Je nachdem, in welchem Winkel die Volumenwickler angesetzt werden, lassen sich unterschiedliche Ergebnisse erzielen.

Zeichnen Sie in die Abbildungen die unterschiedlichen Winkel ein und erläutern Sie auf einem Extrablatt die Auswirkungen auf das Frisurenergebnis:

Einlegen mit Volumenwicklern		
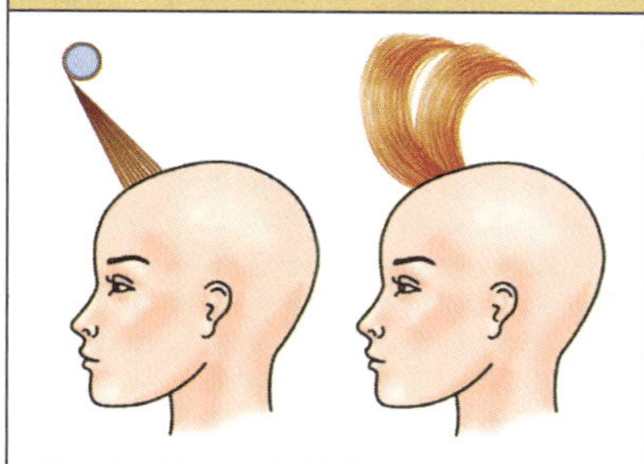	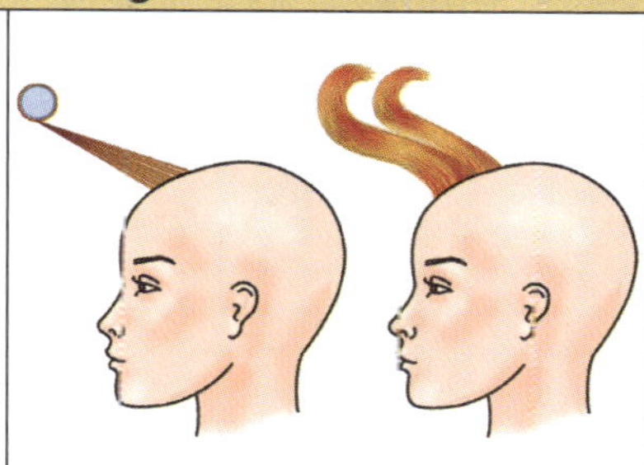	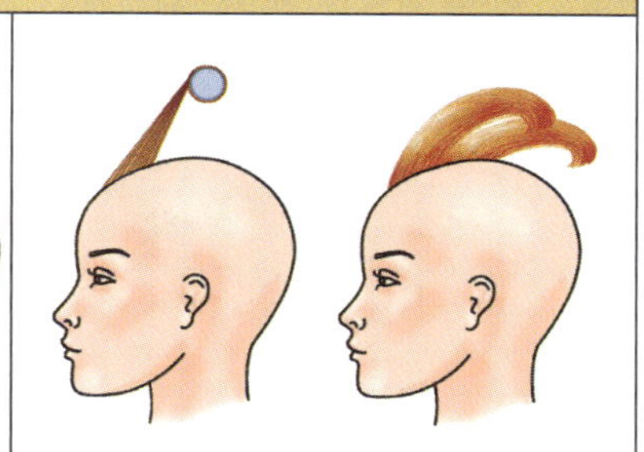

7.3 Papillotieren

Ist ein weicher Konturenverlauf, z. B. im Nackenbereich gewünscht, so stößt die Volumenwicklung an ihre Grenzen. Dünne Volumenwickler würden zwar weniger Volumen, dafür aber zu viel Spannung erzeugen. Hier kommt die Papillotiertechnik zum Einsatz.
Beschreiben Sie auf einem Extrablatt die technische Ausführung des Papillotierens:

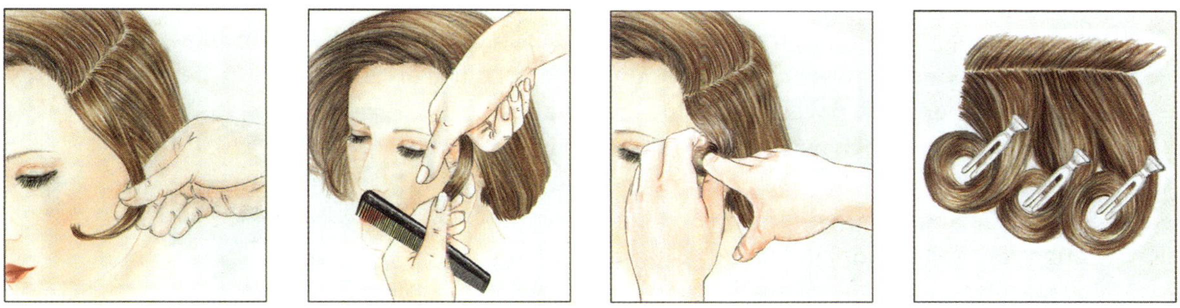

7.4 Handgelegte Wasserwelle

Handgelegte Wasserwellen sind zurzeit nicht in Mode und werden deshalb heute kaum mehr verlangt. Jedoch erwirbt man beim Erlernen der Technik Fähigkeiten, die für das Formen der Haare grundlegend sind. Zum Beispiel wird diese Technik beim Ausfrisieren in trockenem Haar heute noch häufig angewendet.
Beschreiben Sie die Vorgehensweise bei der handgelegten Wasserwelle.

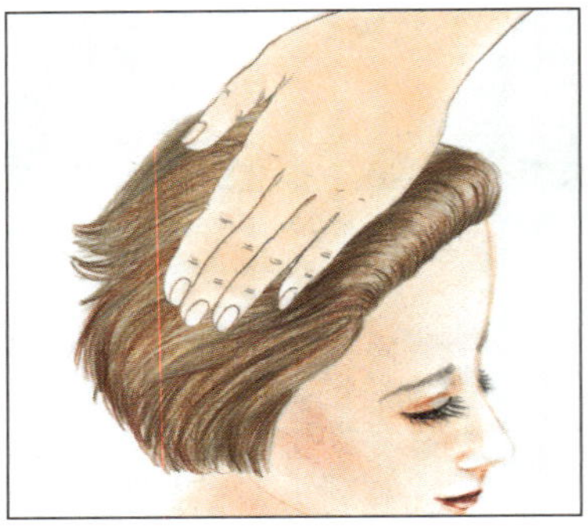
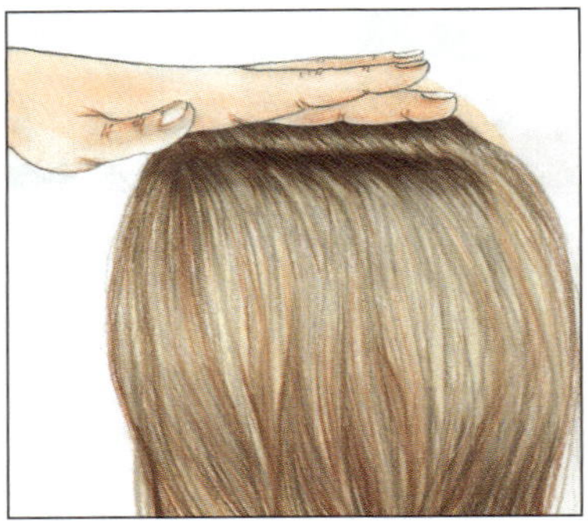
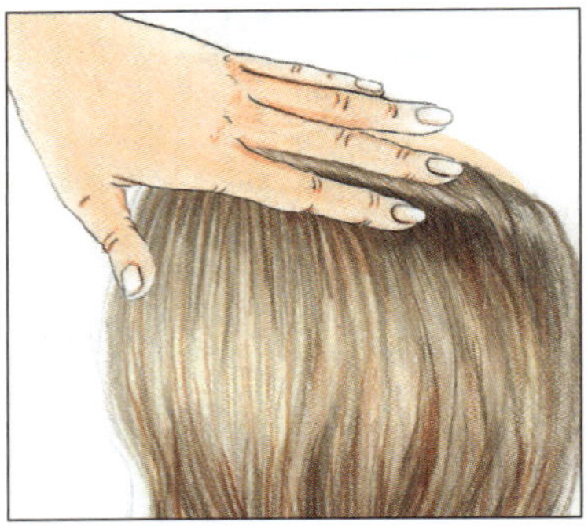

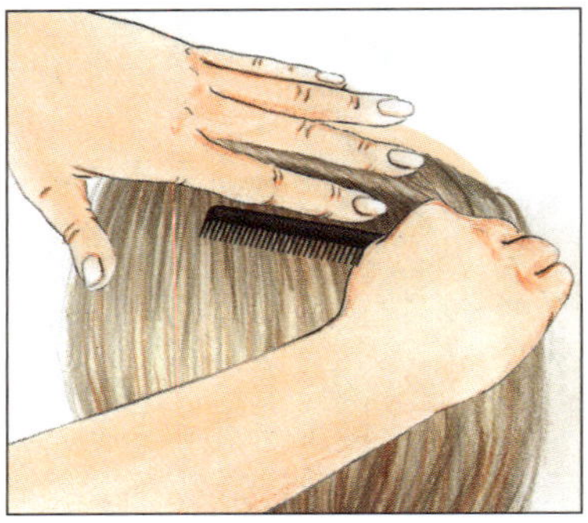
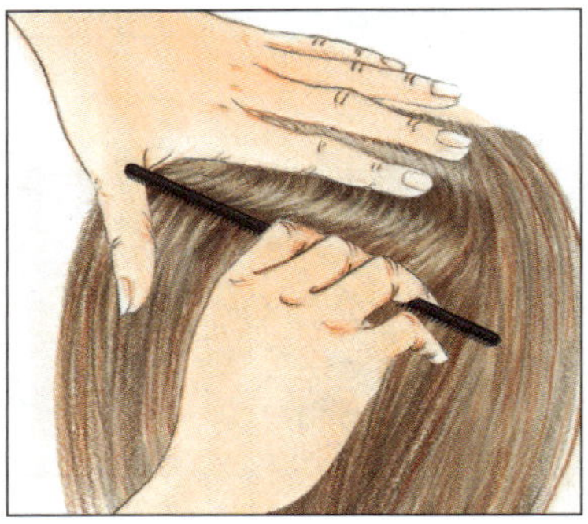
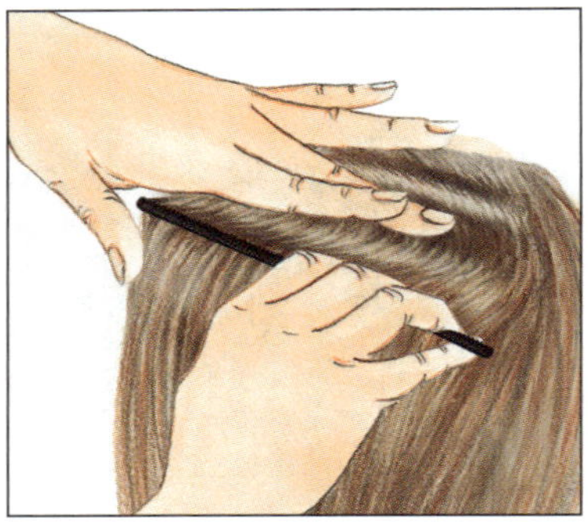

7.5 Die Ondulation

Das Verfahren der Ondulation geht auf den Franzosen Marcel Grateau (1872) zurück, also auf die Zeit vor der Erfindung der Dauerwelle. Mit dem von Grateau entwickelten Onduliereisen lassen sich ausgeprägte Wellen legen oder auch die Haare von der Spitze her aufrollen (Wickelondulation). Die Ondulationstechnik erzeugt sehr viel Spannung und Sprungkraft im Haar. Mit der Verbreitung der Dauerwelle verlor die Ondulation an Bedeutung, jedoch wurde die Ondulation bis in die 1960er-Jahre in den Salons durchgeführt.
Suchen Sie Abbildungen verschiedener alter Werkzeuge zur Ondulation und kleben Sie diese auf ein Extrablatt.

Ausführung

Onduliereisen

Name ______ Klasse ______ Datum ______

7.6 Welche Ergebnisse erhält man mit diesen Einlegetechniken?

a) ______

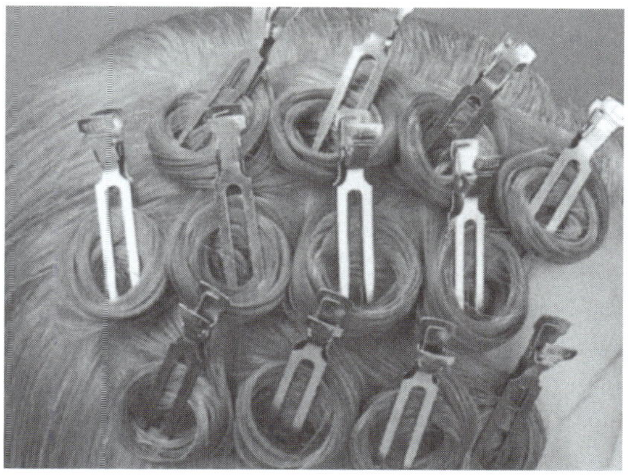

b) ______

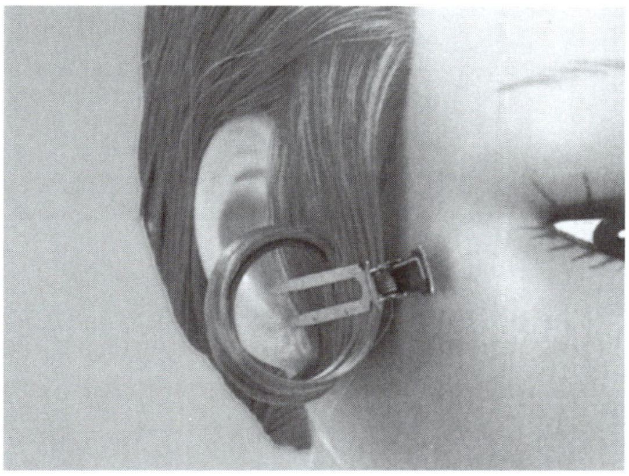

c) ______

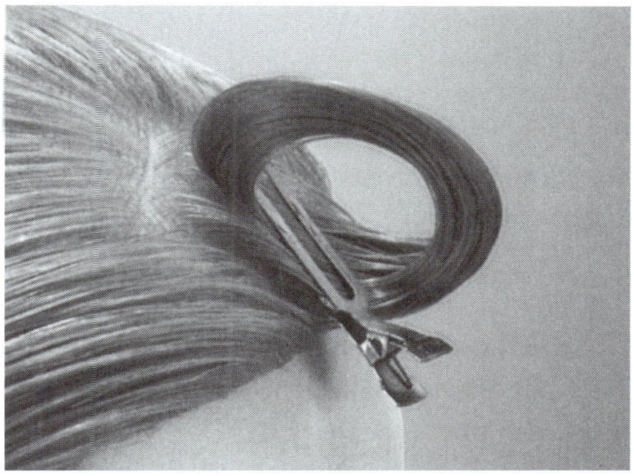

d) ______

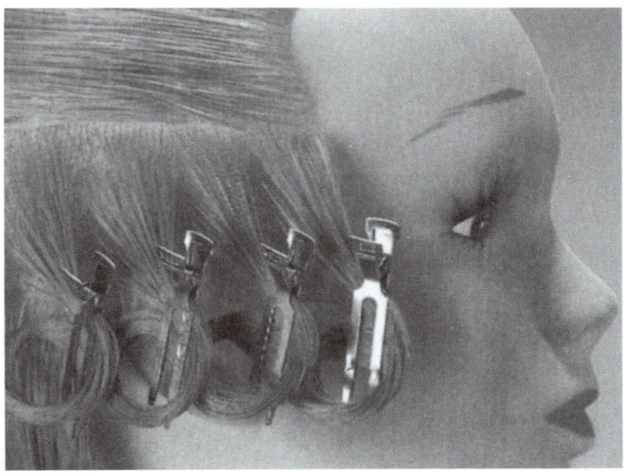

e) ______

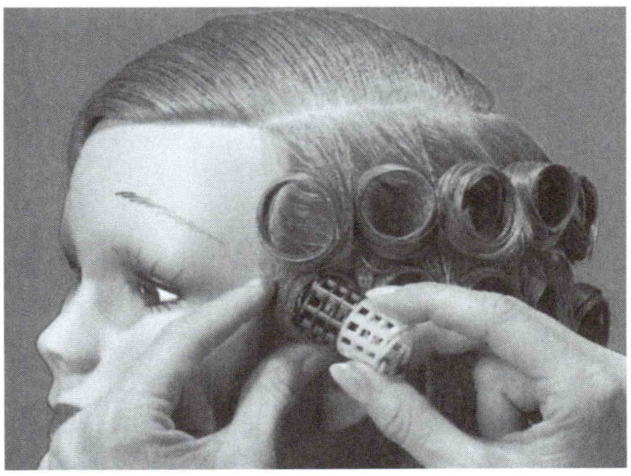

f) ______

g) ______

h) ______

7.7 Worauf ist a) beim Papillotieren, b) beim Föhnen besonders zu achten?

a) ______

b) ______

7.8 Bei dieser Frisur wurde mit verschiedenen Einlegetechniken gearbeitet. Überlegen Sie, welche der bei 7.6 beschriebenen Techniken bei den beiden Bereichen angewendet worden sein könnten.

7.9 Auch bei diesen Arbeiten sollten Sie an Ihre Gesundheit denken. Worauf ist zu achten?

Name ______________________ Klasse ______________ Datum ______________

8 Frisiertechniken und Frisiermittel

8.1 Diese Bilder zeigen verschiedene Toupiertechniken. Welche Ergebnisse sollen in den einzelnen Fällen erzielt werden?

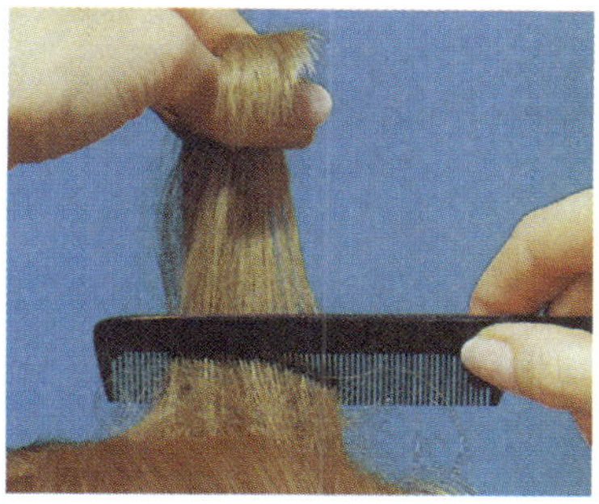

a)

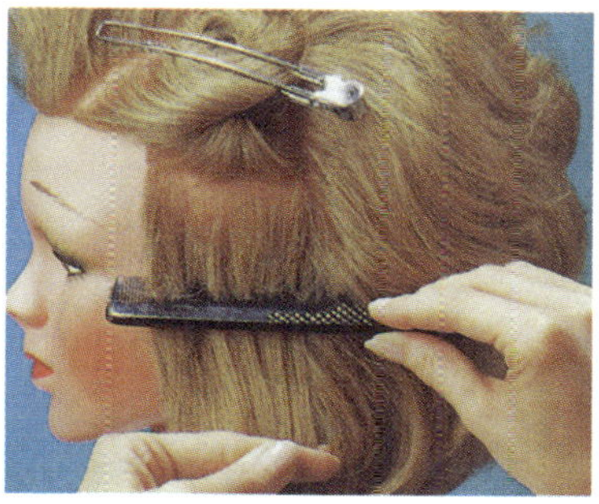

b)

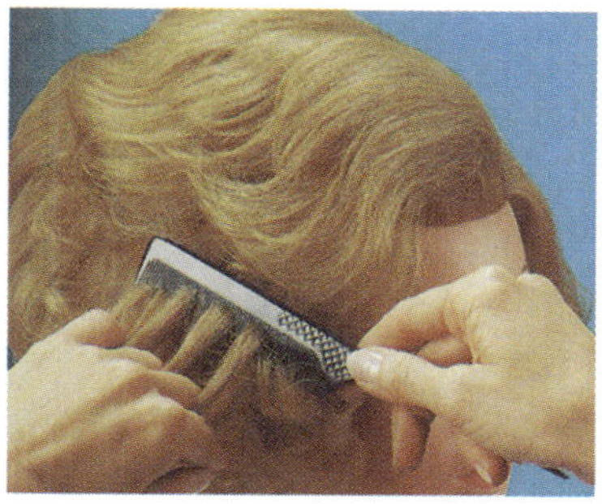

c)

a) ______________________

b) ______________________

c) ______________________

8.2 Wozu dienen diese Bestandteile von Haarfestigern?

Isopropanol: ______________________

Kunstharze: ______________________

8.3 Welche sonstigen Zusätze können in Haarfestigern enthalten sein?

____

8.4 Nennen Sie spezielle Inhaltsstoffe von folgenden Festigerarten.

Tönungsfestiger: ______________________

Aufhellungsfestiger: ______________________

8.5 Worin unterscheiden sich die sogenannten Form- oder Föhnlotionen von den eigentlichen Haarfestigern?

____

____

8.6 Nennen Sie weitere Präparatformen von haarfestigenden Mitteln.

____

____

8.7 Welche Aussagen über die Anwendung von Haarfestigern sind richtig? (2)

Haarfestiger sind
- ☐ a) bei gescheiteltem Haar auf Kopfhaut und Haar aufzutragen.
- ☐ b) gleichmäßig im Haar zu verteilen.
- ☐ c) in die Kopfhaut einzumassieren.
- ☐ d) mit dem Kamm gleichmäßig bis in die Haarspitzen zu verteilen.

8.8 Nennen Sie zu den folgenden Hauptbestandteilen von Haarsprays je ein Beispiel und beschreiben Sie kurz deren Aufgaben.

Filmbildner – ______________________

z. B. ______________ ______________________

Lösungsmittel – ______________________

z. B. ______________ ______________________

Treibmittel – ______________________

(Ersatz durch mechanische Pumpvorrichtungen) ______________________

8.9 Mit Haarspray wird oft unsachgemäß und verschwenderisch umgegangen.

Wie halten Sie die Spraydosen beim Sprühen richtig?

____

____

8.10 Welche Sicherheitsvorschriften sind beim Umgang mit Spraydosen zu beachten? (Siehe Hinweise auf Spraydosen!)

____

____

8.11 Warum sollten Sie Pumpsprays verwenden und zum Kauf empfehlen?

– ______________________

– ______________________

– ______________________

8.12 Welchen Hauptzweck haben Frisiercremes bzw. Frisiergele?

____

____

____

M *Aufgaben der Frisiermittel sind, …*

____

____

____

Name ______________________ Klasse ______________ Datum ______________

1 Die Entwicklung der Dauerwellverfahren

Die Erfahrungen mit einer Heißdauerwelle schildert Barbara Noack in ihrem Roman „Eine Handvoll Glück"

Nur Barris behandelt mich immer so, als ob ich ein attraktives Mädchen wäre. Ich möchte ihm so gerne glauben. Vielleicht werde ich schöner, wenn ich meine Zöpfe los bin. Ich spreche mit meiner Mutter darüber. Sie sagt, sie will mit meinem Vater drüber reden. Er sagt, meinetwegen. Ihm ist mein Kopf so egal. Hauptsache, ich maule bei Tisch nicht mehr wegen meiner Haare herum.

Nun durfte ich endlich! Mit einer Filmpostkarte von Greta Garbo als Königin Christine bewaffnet, ging ich zu einem Friseur nach Schmargendorf. „So bitte möchte ich die Frisur haben."

„Wird gemacht", versprach er forsch und brauchte beide Hände, um meine dicken Zöpfe in Schulterhöhe durchzusäbeln.

Zum ersten Mal durchlitt ich die Tortur einer heißen Dauerwelle. Dann wurden meine Haare eingerollt, getrocknet und frisiert. Anschließend sah ich im Spiegel ein krebsrotes Gesicht mit Korkenzieherlocken drumherum, die sich wie Drahtverhau anfühlten.

Das war nicht Königin Christine, das war eine verkorkste Shirley Temple.

Noch nie hatte ich so doof ausgesehen. Ich tat mir entsetzlich leid.

Ein Glück, dass es schon dunkel war, als ich nach Hause rannte, unterm Arm meine Zöpfe, in einen „Völkischen Beobachter" eingerollt. Als ich zu Hause ankam, war bloß noch einer im Zeitungspapier.

Else klatschte die Hände um ihr Gesicht, als sie mir öffnete.

„Du grüne Neune! Was hamse denn mit dir gemacht?"

Wenigstens meine Eltern blieben mir an diesem Abend erspart, sie hatten Staatstheaterabonnement.

In meiner Verzweiflung rief ich bei Barris an. Jola war am Apparat.

„Wie sieht's denn aus?" fragte sie interessiert.

(Noack, Barbara: Eine Handvoll Glück, München, Langen Müller 1990.)

1.1 Auf welche Weise konnte man bereits im 18. Jahrhundert dem Haar, das für Perücken verarbeitet wurde, eine recht haltbare Krause geben?

Auf ______________ gewickelte Haarsträhnen wurden mehrere Stunden in ______________ Lösung ______________ und nach dem ______________ mit Essigwasser ______________.

Für solche Perücken benötigte man in der Barockzeit (17. und 18. Jahrhundert) gekraustes Haar.

1.2 Welche Faktoren waren dabei für die Umformung des Haares ausschlaggebend?

____

1.3 Wie heißt der Friseur aus dem Schwarzwald, der die Heißdauerwelle erfunden hat?

____

1.4 Wann wurde das Heißdauerwellverfahren

a) der Öffentlichkeit vorgestellt, ______________

b) patentiert? ______________

1.5 Beschreiben Sie das Heißdauerwellverfahren.

In ______________________ gewickelte Strähnen wurden mit ______________ ______________ Lösung befeuchtet und auf etwa __________ °C erhitzt. Zum Abschluss musste ______________________ werden.

1.6 a) Wann, b) von wem und c) wodurch wurde das Heißdauerwellverfahren entscheidend verbessert?

a) __________ b) ____________________ c) ____________________

1.7 Wie heißen diese Wickeltechniken?

a) ______________________

b) ______________________

a)

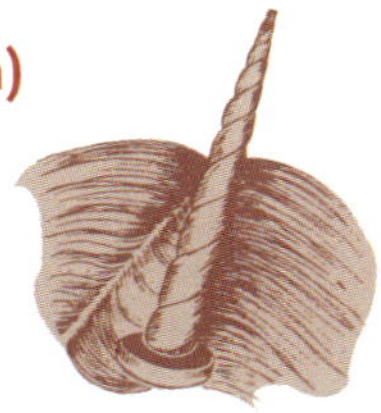

b)

1.8 Welche Nachteile hatte die Heißdauerwelle?

____

____

1.9 Ab wann wurde die Heißdauerwelle bei uns durch die Kaltwelle abgelöst?

____

1.10 Was war das Neue an der Kaltwelle im Vergleich zu der Heißwelle?

- ____
- ____
- ____
- ____

1.11

»Saarländer eröffnet Öko-Friseursalon«

Angestellte und Kunden sind begeistert

Lockenwickler und Chemikalien sind out

Ein Friseursalon nur mit den angenehmsten Düften, ohne Chemikaliengerüche, ohne Lockenwickler und ohne Trockenhauben – schon beim Betreten dieses Friseursalons im sauerländischen Arnsberg merkt man, dass die „Haar-Oase" ein ganz besonderer Friseursalon ist ...

... „Ich stelle mir die Arbeit als Friseur so vor, wie sie einige Amerikaner schon vorgemacht haben. Dort gibt es bereits den ***Haar-Designer,*** *der mit Dauerwellen nichts mehr am* ...

... Als entscheidenden Vorteil gegenüber herkömmlichen Friseuren bezeichnet sie aber den **Verzicht auf chemische Produkte:** „Ich muss nie eine Dauerwelle machen, das hassen fast alle Kolleginnen und Kollegen ...

Friseur Otmar Schmitt hat hier seinen **Traum vom ökologischen Salon** verwirklicht, dem nach seinen Worten ersten in Deutschland. Hier sind Chemikalien zur Haarpflege verpönt ...

Diese Ausschnitte aus Zeitungsartikeln zeigen, dass die Dauerwelle nicht unumstritten ist. Was sind die Voraussetzungen dafür, dass diese Vorbehalte gegen die Dauerwelle abgebaut werden und dieses Arbeitsgebiet den Friseuren erhalten bleibt?

____

____

M *Forschungsergebnisse aus der ______________________ und Erkenntnisse der ______________________-forschung, aber auch ______________________ führen zur Entwicklung immer neuer und verbesserter Dauerwellverfahren.*

Name ______________________ Klasse ____________ Datum ____________

2 Dauerwellpräparate

2.1 In welchen Formen werden Wellmittel angeboten?

Lösung (flüssig), Schaum/Emulsion

Well- mittel

Hauptbestandteile:

Reduktionsmittel:

Ammoniumthioglykolat
Ammoniumthiolactat

Hilfsstoffe:

Schutz u. Pflegestoffe
Emulgatore
Netzmittel, Tenside
Duftstoffe
Verdickungsmittel
Wasser
Farbstoffe

2.2 a) Tragen Sie die Inhaltsstoffe ein, die alkalische Wellmittel im Allgemeinen enthalten.
b) Welche Aufgaben haben diese Inhaltsstoffe?

Aufgaben:

- Aufquellen der Haare
- lockern d. bzw. Wasserstoffbrücke
- aufbrechen von ca. 30 %
- der Disulfidbrücke

- Vorbeugen a. Kämmschaft
- Lösungsmittel (Fette + Wasser)
- gleichmäßiges durchdringend. Haare
-
-
-
-
-

2.3 Wie hoch darf der Anteil an Thioglykolsäure

a) in den vom Friseur verarbeiteten, a) 11 %

b) in den zur Heimbehandlung angebotenen Wellmitteln höchstens sein? b) 8 %

2.4 Welcher Bestandteil war für die Haarformung in sauren Wellmitteln am wichtigsten?

Thioglykolsäure-glycerinester

2.5 Welche Vor- und Nachteile hatten saure Wellmittel?

Vorteile: für feine und strapazierte Haare schonend

Nachteile: nicht geeignet für schwer wellbares Haar. intensive Welle / Allergie

2.6 **In welchem pH-Bereich reagieren a) die basischen, b) die sauren Dauerwellpräparate?**

a) ______________________ b) ______________________

2.7 **a) Tragen Sie die Inhaltsstoffe ein, die Fixiermittel im Allgemeinen enthalten.**
b) Beschreiben Sie die Aufgaben dieser Bestandteile.

Aufgaben:

– ______________________
____

– ______________________
____

– ______________________
– ______________________
– ______________________

2.8 **Wie hoch ist etwa die Konzentration an Wasserstoffperoxid bei einer gebrauchsfertigen Fixierlösung?**

☐ a) 0,5 bis 2,5 % ☐ b) 3 bis 5 % ☐ c) 5 bis 10 % ☐ d) 10 bis 15 %

2.9 **Welche Oxidationsmittel kommen außer Wasserstoffperoxid für Fixiermittel noch infrage?**

____

2.10 **Wie reagieren Fixiermittel?**

☐ a) stark basisch ☐ b) schwach basisch ☐ c) neutral ☐ d) sauer

M

Die wichtigsten Bestandteile der Wellmittel sind die ______________________,
und zwar
a) in basischen Wellmitteln meist: ______________________
b) in mildbasischen Wellmitteln meist: ______________________
Die wichtigsten Bestandteile von Fixiermitteln sind ______________________
______________________.

Name ______________________ Klasse ______________ Datum ______________

3 Besondere Wellverfahren

3.1 Welche Aussagen treffen auf die sogenannten mild-alkalischen oder Thermwellen zu? (2)

- ☐ a) Sie sind nur für ganz leichte Umformungen geeignet.
- ☐ b) Sie haben eine geringe Basenstärke und niedrige Reduktionsmittelkonzentration.
- ☐ c) Sie sind nur für blondierte Haare geeignet.
- ☐ d) Es ist zusätzliche Wärme anzuwenden.
- ☐ e) Es braucht nicht fixiert zu werden.

3.2 Was sind Vorteile der Schaumwellen?

____

____

3.3 Was bedeutet die Bezeichnung Zwei-Phasen-Wellmittel (a), und für welche Haare werden diese Präparate empfohlen (b)?

a) ______________________________

____

b) ______________________________

____

3.4 Was sollen Vorbehandlungsmittel vor dem Dauerwellen bewirken?

____

____

3.5 Mit welchen Argumenten können Sie ein spezielles Zwischen- bzw. Nachbehandlungsmittel beim Dauerwellen empfehlen?

– ______________________________

____

– ______________________________

____

– ______________________________

____

– ______________________________

____

3.6 Wie können Sie auch beim Dauerwellen dem Umweltschutz Rechnung tragen?

– ______________________________

____

– ______________________________

____

– ______________________________

____

Durch ihren Verpackungsunfug tragen leider immer noch viele Firmen in unverantwortlicher Weise zur Vergrößerung der Müllberge bei.

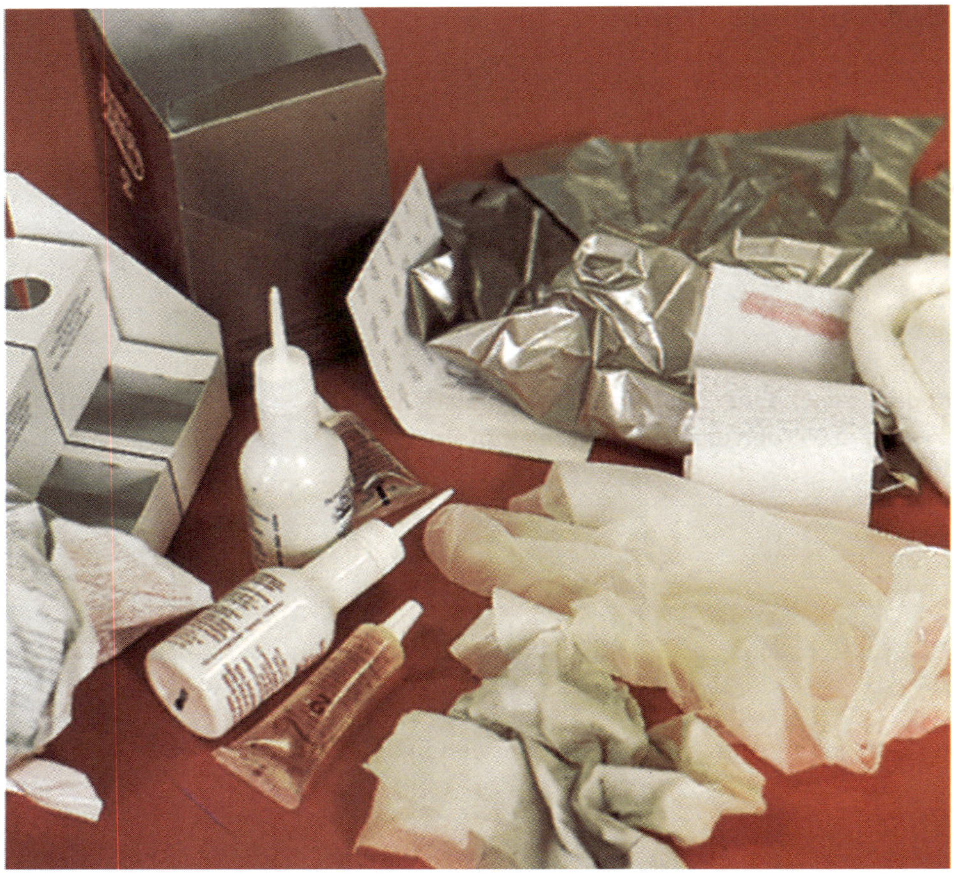

Das ist der Müll einer einzigen Dauerwellbehandlung

3.7 Welche Regeln sollten bei der Lagerung von Well- und Fixiermitteln beachtet werden?

– ______________________________

– ______________________________

– ______________________________

M *Die Einheitsdauerwelle gibt es nicht mehr. Individuelle Frisuren verlangen ______________ ______________ Mittel und Verfahren zur Haarumformung. Deshalb ist es wichtig, die ______________ Wellsysteme zu kennen und sie der ______________ ______________ entsprechend anzuwenden.*

Name ______________________ Klasse ____________ Datum ____________

4 Chemische Vorgänge beim Dauerwellen

4.1 Beim Dauerwellen spielen die Disulfidbrücken eine wichtige Rolle. Welche Bedeutung haben sie im Haarkeratin?

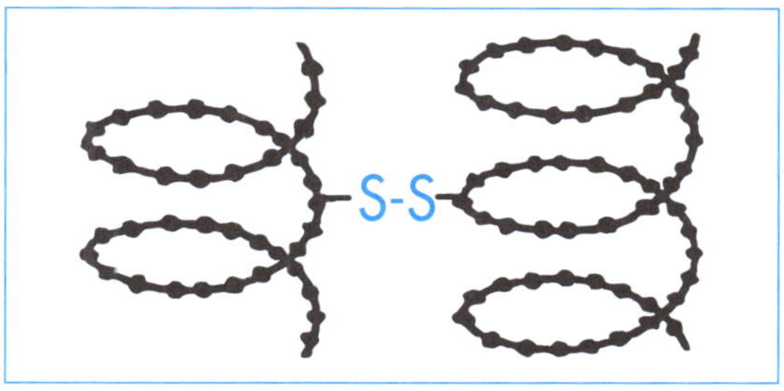

____

____

____

4.2 Welche Brücken im Haarkeratin werden schon durch Wasser, z. B. beim Wasserwellen, besonders aber durch Basen gelockert?

____

4.3 Beschreiben Sie anhand der Zeichnung die Spaltung der Disulfidbrücken durch das Wellmittel.

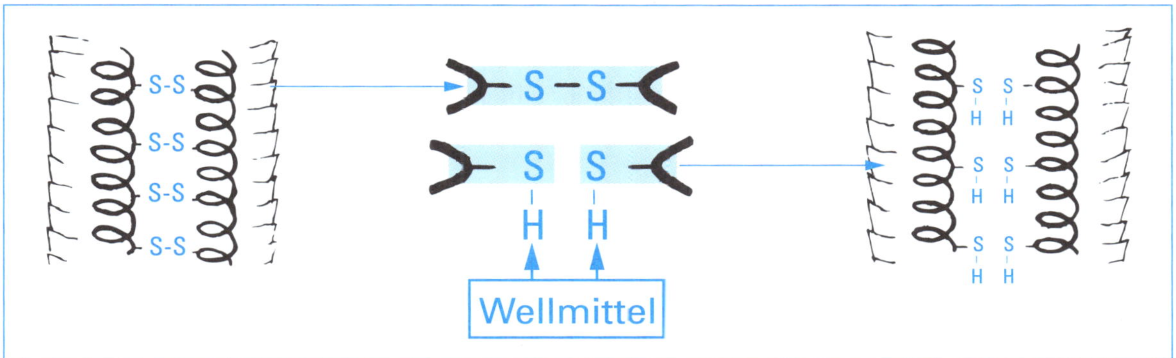

– ______________________

– ______________________

____

– ______________________

____

4.4 Warum kann man bei diesem Vorgang von einer Reduktion sprechen?

____

4.5 Disulfidbrücken gibt es im Keratin der Fasern und der kittartigen Substanz.

Wo spielen sich die oben beschriebenen Vorgänge hauptsächlich ab?

☐ a) im faserartig geordneten Keratin ☐ b) im Keratin der „Kittsubstanz"

4.6 Beschreiben Sie die Umformung des Haares durch den Wickler.

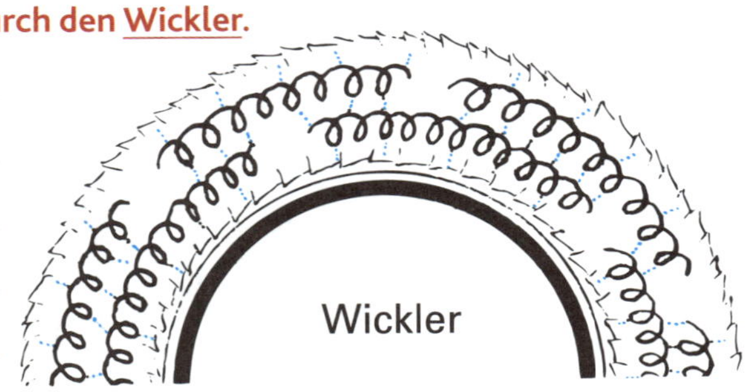

4.7 Was geht beim Fixieren im Haar vor sich?

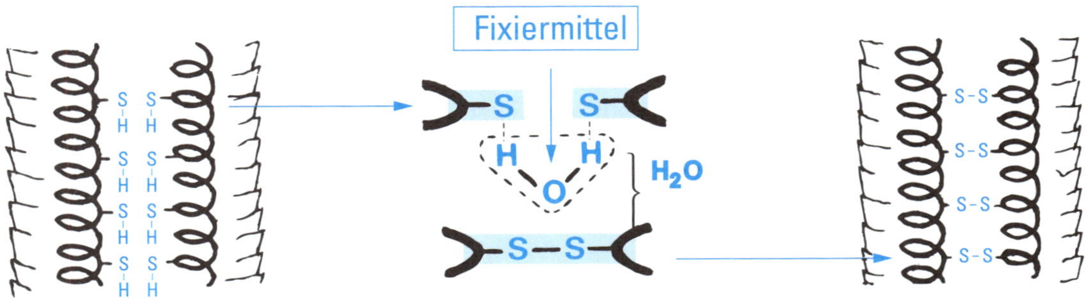

–

–

–

4.8 Warum ist das Fixieren in der Hauptsache eine Oxidation?

4.9 Begründen Sie, warum die Fixiermittel sauer eingestellt sind.

4.10 Streichen Sie die falschen Wörter in diesen Aussagen zum Dauerwellen durch.

a) Vom Wellmittel wird – Sauerstoff – Wasserstoff – Schwefel – abgespalten.
b) Beim Entwickeln findet eine – Reduktion – Oxidation – Neutralisation – statt.
c) Vom Wellmittel werden – H-Atome – O-Atome – Cl-Atome – an die Disulfidbrücken abgegeben.
d) Die Fixierlösung spaltet – Stickstoff – Kohlenstoff – Sauerstoff – ab.
e) Beim Fixieren werden Disulfidbrücken – zerstört – teilweise gelöst – neu gebildet.
f) Der Fixiervorgang ist hauptsächlich eine – Oxidation – Hydration – Reduktion.
g) Der Wellvorgang beim Dauerwellen vollzieht sich vermutlich im Keratin – der Filamente – der „Kittsubstanz" – der Schuppenschicht.

4.11 Beim Entkrausen von Haaren laufen im Prinzip die gleichen chemischen Vorgänge ab wie beim Dauerwellen. Wie geht man beim Entkrausen vor?

M

Das Wellmittel ____________ *Disulfidbrücken durch* ____________.

Das Fixiermittel ____________ *diese Verbindungen wieder durch* ____________.

Name ______________________ Klasse ____________ Datum ____________

5 Kundenberatung

Frau Neudorfer ist mit ihrer Frisur nicht zufrieden.

Mit welchen Fragen könnten Sie sich Informationen über ihre Probleme, Wünsche und Vorstellungen verschaffen?

– ______________________

– ______________________

____

– ______________________

____

– ______________________

____

5.1 Warum passt der Begriff „Dauerwelle" in den Vorstellungen mancher Kunden nicht mehr zu einer modernen Frisurengestaltung?

____

____

5.2 Welche Bezeichnungen werden heute gerne statt „Dauerwelle" verwendet?

____

5.3 In welchen Fällen sollte man eine Dauerwellbehandlung empfehlen?

– ______________________

– ______________________

– ______________________

____

– ______________________

– ______________________

5.4 Welche Möglichkeiten bieten Frisurenfotos bei der Kundenberatung?

____

____

____

____

____

____

5.5 Eine Kundin lehnt eine Dauerwellbehandlung mit der Begründung ab, dass Dauerwellen die Haare kaputtmachen.

Welche dieser Äußerungen erscheinen Ihnen als Gegenargumente geeignet (2)?

- ☐ a) „Da liegen Sie aber ganz falsch. Dauerwellmittel schaden den Haaren überhaupt nicht."
- ☐ b) „Natürlich schaden Dauerwellmittel den Haaren etwas, aber das muss man halt in Kauf nehmen."
- ☐ c) „Sie haben vielleicht einmal schlechte Erfahrungen gemacht. Aber Sie wissen, dass wir großen Wert auf die Haarpflege legen. Ich würde Ihnen keine Behandlung empfehlen, durch die Ihre Haare geschädigt würden."
- ☐ d) „Ja, wenn Sie sich im Salon XY eine Dauerwelle machen lassen, dürfen Sie sich nicht beklagen. Die können das nämlich nicht so wie wir."
- ☐ e) „Für die von Ihnen gewünschte Frisur ist eine leichte Dauerwelle nötig. Sie können sich darauf verlassen, dass unsere modernen Wellmittel die Haare auf schonende Weise umformen."

5.6 Welche weiteren Einwände gegen eine Dauerwellbehandlung haben Sie schon von Kunden gehört? Wie könnten Sie darauf reagieren?

Einwände der Kunden	Argumentation

5.7 Vergessen Sie zum Abschluss der Behandlung nicht, das Behandlungsergebnis als die Lösung des Frisurenproblems der Kundin herauszustellen. Machen Sie der Kundin Komplimente. Für die Nachbehandlung zu Hause sollten Sie Pflegetipps geben und Pflegeprodukte empfehlen.

Formulieren Sie solche Pflegetipps und Produktempfehlungen in wörtlicher Rede.

– ______________________________

____

– ______________________________

____

– ______________________________

____

M *Wenn eine Dauerwelle empfohlen oder auf Wunsch der Kundin ausgeführt wird, sollte man als Friseurin/Friseur von der Richtigkeit der Behandlung ______________ sein. Eine ______________ der Haarstruktur sollte dabei nicht ______________ ______________, aber auch nicht völlig ______________ werden.*

Name ____________________ Klasse ____________ Datum ____________

6 Beurteilungs- und Behandlungsplan

Frau/Herr ____________________ **Tel.** ____________

Bedient von ____________________ **Datum** ____________

Haar- und Kopfhautbeurteilung	**Bemerkung**
Haarzustand	
■ Restdauerwelle	Vorbehandlung nötig? Ansatzdauerwelle?
■ poröse Spitzen	Vorbehandlung der Spitzen und evtl. der Längen
......% Strähnenanteil	Spezielle Strähnendauerwelle nötig?
■ gefärbt	Wellmittel für gefärbtes Haar? Vorbehandlung?
■ heller gefärbt/blondiert	Dauerwellbehandlung riskant!
■ heimbehandelt	Haarstruktur genau prüfen. Keine Garantie für optimales Ergebnis möglich.
Haarstärke	
■ fein ■ mittel ■ stark	Für Wellmittel- und Wicklerwahl wichtig!
Haarlänge	
■ kurz ■ mittel ■ lang	Bei kurzem Haar entsprechend weniger Wellflüssigkeit.
Kopfhaut	
■ keine Veränderungen	Bei gereizter oder geschädigter Kopfhaut keine oder eine besonders schonende Dauerwelle.
■ Anomalie	Evtl. Kundin zuerst ärztlichen Rat einholen lassen.

Behandlungsplan

Kundenwunsch

- ■ eingelegte Wasserwelle
- ■ „luftgetrocknete" Frisur
- ■ Föhnfrisur
- ■ ....

Wickeltechnik/Wickler

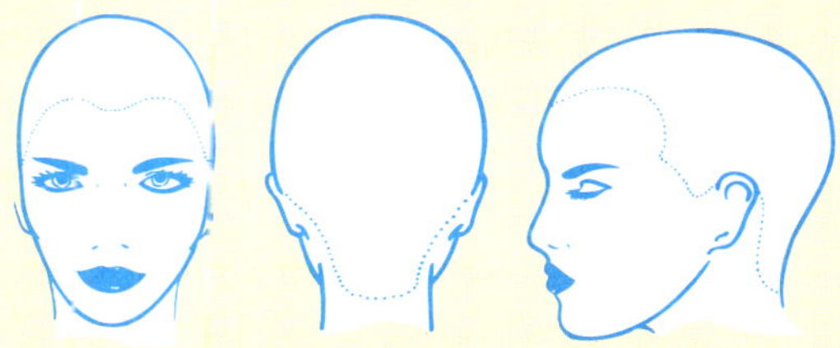

....

....

Umformungsziel

- ■ leicht, großzügig
- ■ normal
- ■ kräftig (kleinbogig)

Vorbehandlung (Strukturausgleich)

....

Zwischenbehandlung

.........Min. mit...

Wellmittel

....

Fixierung

mit.., ...Min.

Einwirkzeit

.........Min. mit Wärme

.........Min. ohne Wärme

Nachbehandlung mit ....

Produktempfehlung zur **Weiterpflege** zu Hause

....

7 Häufige Fehler beim Dauerwellen

7.1 Welche Ursachen können diese unerwünschten Behandlungsergebnisse haben?

a) Zu schwache, schlaffe Dauerwelle

b) Zu starke Krause

c) Dauerwelle ohne Sprungkraft

d) Knickstellen am Haar

e) Haarbruch am Schaft und in Kopfhautnähe

f) Hautreizungen an Konturen

7.2 Eine Kundin beklagt sich heftig, dass die Dauerwelle schon nach zwei Wochen zu schlaff geworden sei. Sie verlangt die Erstattung des Geldes.

Kreuzen Sie die richtigen Antworten an (2).

- [ ] a) „Ich hatte Ihnen ja empfohlen, Sie sollten die Dauerwelle für 63,– EUR nehmen und nicht die für 42,– EUR."
- [ ] b) „Sie haben recht, Frau M…, Ihr Haar ist nicht gekraust. Aber die von Ihnen gewünschte großzügige, weiche Frisur verlangt ja auch nur eine leichte Stützwelle.
  Darf ich das Haar durchwaschen, dann können wir die Umformung besser beurteilen?"
- [ ] c) „Ich habe mir gleich gedacht, dass die Dauerwelle nicht hält. Sie haben es ja immer so eilig und haben darauf bestanden, dass ich die Einwirkzeit abkürze."
- [ ] d) „Bitte beruhigen Sie sich und nehmen Sie Platz. Anscheinend haben wir doch Ihr sehr schnell nachfettendes Haar zu wenig berücksichtigt. Ich spreche mit dem Chef, sicher ist er damit einverstanden, dass wir eine sprungkräftigere Umformung vornehmen. Wir berechnen dann nur Waschen und Legen."
- [ ] e) „Ich verstehe das gar nicht, wo ich doch bei Ihnen das starke Wellmittel sogar eine Viertelstunde länger habe einwirken lassen. Womöglich hatten Sie gerade Ihre Tage, da hält nämlich keine Dauerwelle."
- [ ] f) „Das könnte jede sagen, dass sie erst vor 14 Tagen dauergewellt wurde. Wir sind jedenfalls nicht schuld, dass Ihre Frisur nicht hält. Das Geld können Sie auf keinen Fall wiederbekommen."

Name ______________________ Klasse ______________ Datum ______________

8 Vorbereitung der Dauerwellbehandlung

8.1 Nennen Sie die Faktoren, die für die Wahl des Wellmittels und der Arbeitsweise ausschlaggebend sind. Begründen Sie Ihre Antwort.

a) ______________________

____

Sie bestimmen hauptsächlich …

– ______________________

und

– ______________________

b) ______________________

Sie ist entscheidend für …

– ______________________

– ______________________

– ______________________

– ______________________

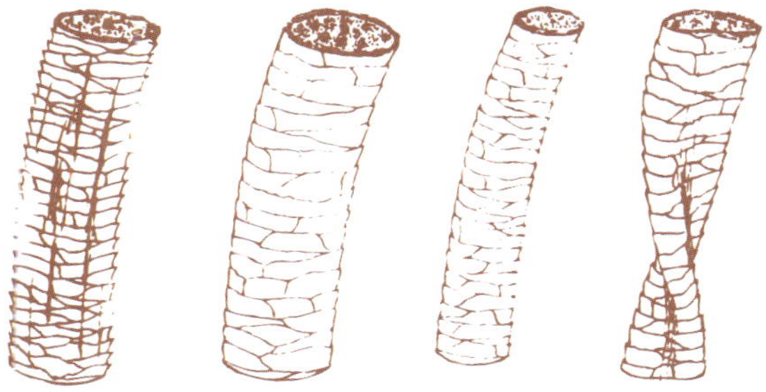

8.2 Worauf ist bei der Haarwäsche vor einer Dauerwellbehandlung zu achten?

____

____

8.3 Zeichnen Sie in unterschiedlichen Farben …
a) den schützenden Talgfilm
b) die benetzende Wellflüssigkeit bei fehlendem Talgschutzfilm ein.

a) Talgfilm

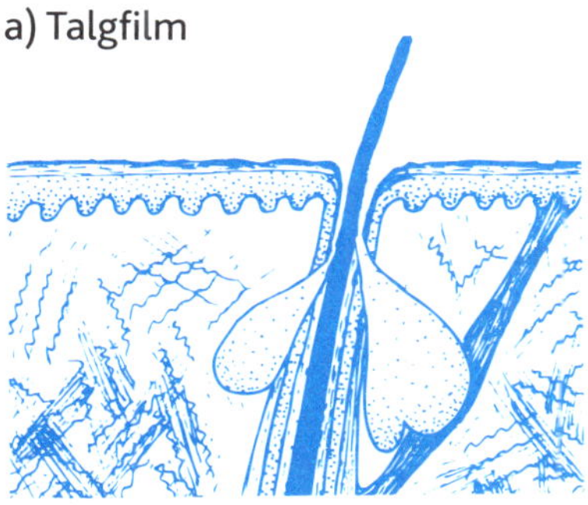

b) Wellmittel

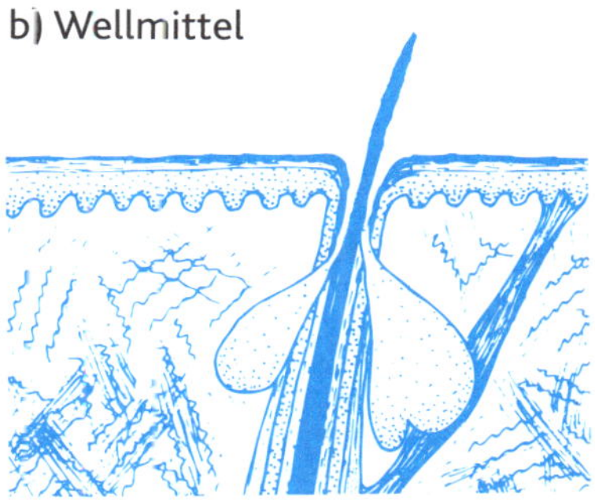

8.4 Welche Folgen kann es haben, wenn Haare und Kopfhaut vor einer Dauerwellbehandlung „normal" gewaschen werden?

– ______________________

____

– ______________________

____

8.5 **Welche Schutzmaßnahmen sollten beim Dauerwellen a) für die Kundin und b) für die eigene Person vorgenommen werden?**

a) ______________________________

____

____

____

b) ______________________________

____

____

____

8.6 **Bei geschädigtem Haar ist vor der Dauerwellbehandlung oft die Anwendung eines Pflegemittels mit strukturausgleichender Wirkung zu empfehlen. Welche Mittel für diesen Zweck kennen Sie? (Produktnamen)**

____

____

8.7 **Worin unterscheidet sich ein Wellmittel für strukturgeschädigtes Haar im Wesentlichen von einem solchen für normales Haar?**

____

____

____

____

____

____

____

____

8.8 **Warum ist es im Zweifelsfall günstiger, das schwächere Mittel anzuwenden?**

____

____

____

M *Zur richtigen Vorbereitung der Dauerwellbehandlung gehören:*

- ______________________________
- ______________________________
- ______________________________
- ______________________________

Name ______________________ Klasse ____________ Datum ____________

9 Durchführung der Dauerwellbehandlung

9.1 Welchen Zusammenhang zwischen Wicklerdicke und der Form der Wellung zeigt die nebenstehende Zeichnung?

9.2 Welche Grundsätze sind beim Wickeln zu beachten?

–

–

–

–

–

–

–

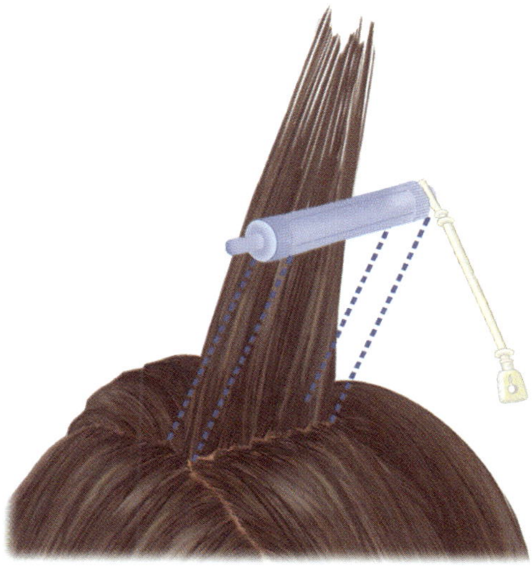

9.3 Was bezweckt man mit der Verwendung von Spitzenpapier?

9.4 Mit speziellen Vorbehandlungsmitteln erzielt man nicht nur eine gleichmäßigere Wellmittelaufnahme, sondern auch eine Abschwächung der Umformung von porösen Haarspitzen.
Begründen Sie das.

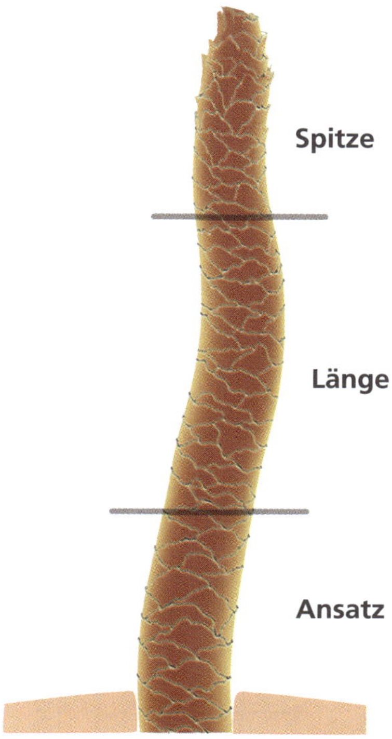

9.5 **Diese Fotos zeigen Möglichkeiten zur Beeinflussung der Temperatur und der Einwirkzeit. Beschreiben Sie diese Möglichkeiten.**

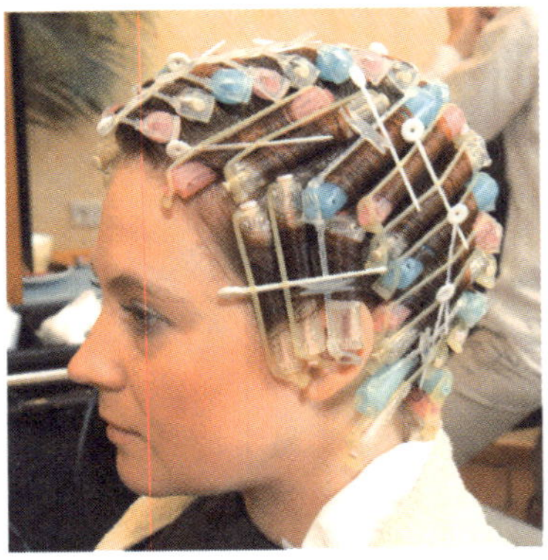

a)

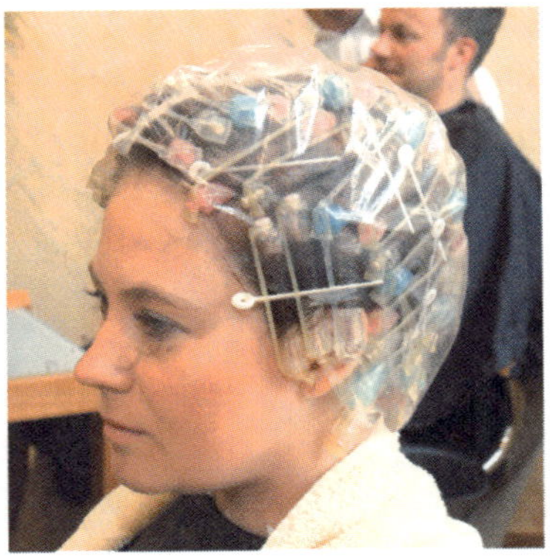

b)

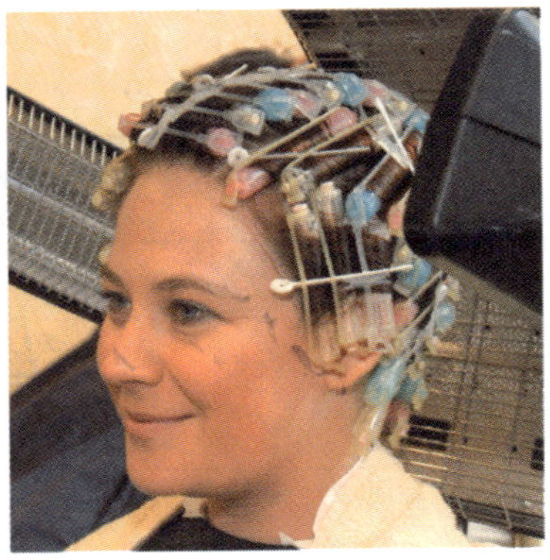

c)

a) ______________________________

____

b) ______________________________

____

c) ______________________________

____

9.6 **Eine zu lange Einwirkzeit kann eine Überkrausung zur Folge haben. Was versteht man darunter?**

____

____

____

____

9.7. **Worauf ist bei der Auswahl und der Anwendung der Fixiermittel zu achten?**

- ______________________________
- ______________________________
- ______________________________
- ______________________________
- ______________________________

9.8 **Worin können sich die Fixiermittel unterscheiden?**

- ______________________________
- ______________________________
- ______________________________

____

M *Well- und Fixiermittel können sich in der Anwendung erheblich unterscheiden. Vor der Anwendung ____________ Präparate sollte man unbedingt die ____________ ____________ aufmerksam lesen.*

Name ____________ Klasse ____________ Datum ____________

1 Farbenlehre

1.1 Farbe ist ein Sinneseindruck, der durch Licht entsteht. Um Farbe erkennen zu können, müssen bestimmte Voraussetzungen gegeben sein.
Nennen Sie die wichtigsten Voraussetzungen, um Farben zu sehen und wahrzunehmen.

Licht (elektr. magnet. Strahlung), gesunde Augen, reflektierende Körper, absorbierende Körper

Als Friseurin oder Friseur sind Sie als „Fachberater“ gefragt.

1.2 Wie erklärt sich Licht aus der Sicht der Physik?

elektromagnetische Schwingungen im sichtbaren Bereich 380 nm – 780 nm

1.3 Licht, welches durch ein Glasprisma zerlegt wird, ergibt die Spektralfarben. Werden diese Spektralfarben mit einer Sammellinse zusammengefasst, erhält man wieder weißes, farbloses Licht. Tragen Sie die Spektralfarben in der richtigen Reihenfolge in die Skizze ein: Rot, Blau, Grün, Gelb, Violett und Orange.

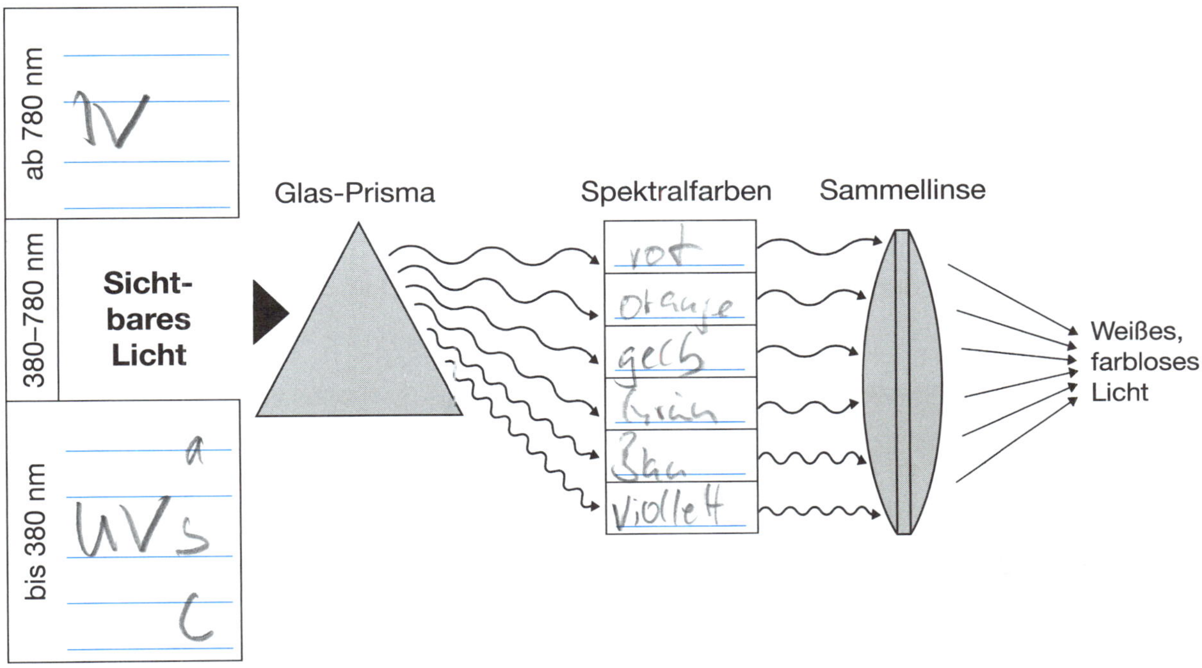

2 Körperfarben

Ein Körper erscheint immer dann für das menschliche Auge farbig, wenn er bestimmte Wellenlängen des auf ihn fallenden Lichts zurückstrahlt (reflektiert) und andere Strahlen verschluckt (resorbiert). Die Farbigkeit eines Gegenstandes (Körpers) ist immer eine Folge von Reflexion und Absorption.

2.1 Zeichnen Sie die Pfeile in den Spektralfarben und die Felder in den angegeben Farben mit Buntstiftfarben an:

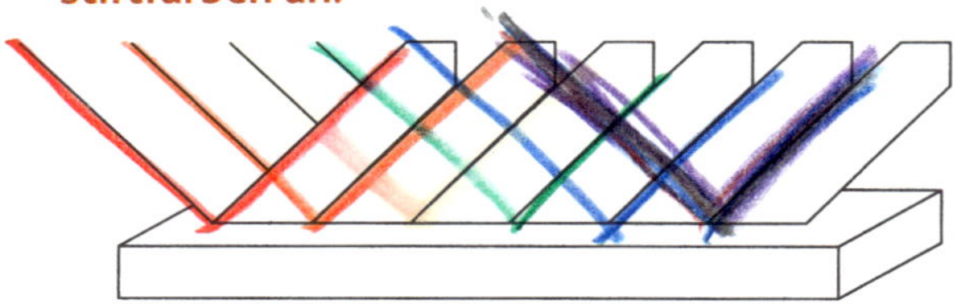

Alle Lichtstrahlen werden reflektiert.

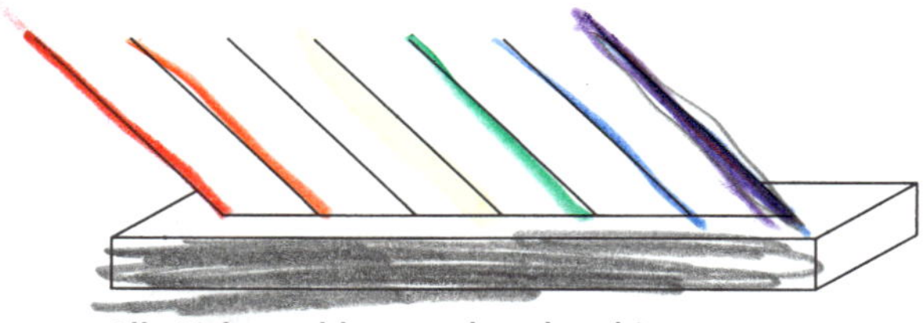

Alle Lichtstrahlen werden absorbiert.

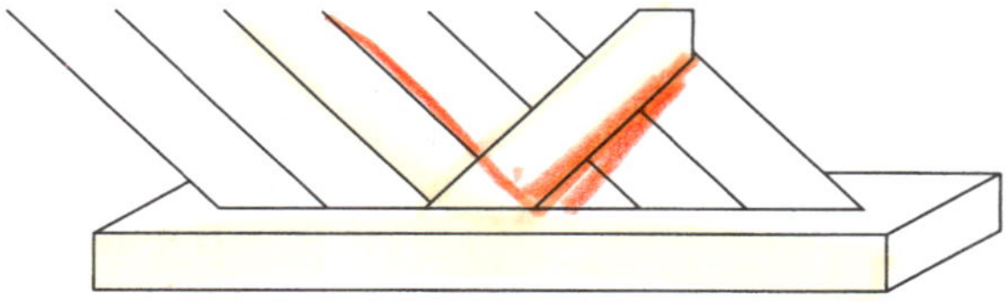

Nur Wellen um 580 nm werden reflektiert.

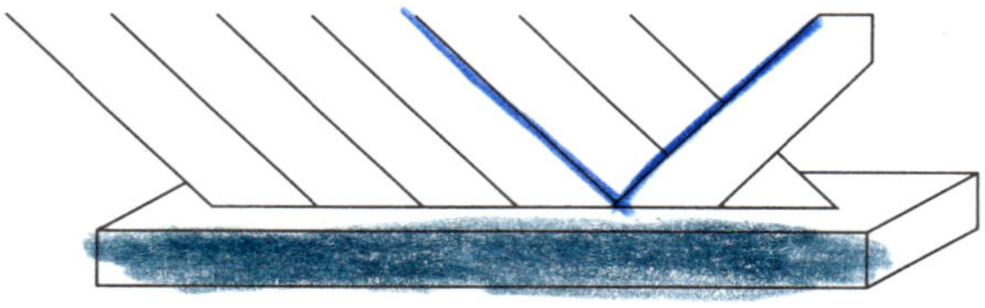

Nur Wellen um 430 nm werden reflektiert.

2.2 Ergänzen Sie den Text:

Weiß sehen wir, wenn ein Gegenstand alle Farben reflektiert. Schwarz sehen wir, wenn ein Gegenstand keinen Farben reflektiert. Unser Auge nimmt zum Beispiel die Farbe Gelb wahr, wenn nur die Wellen von 580 nm reflektiert werden, und die Farbe Rot sehen wir, wenn der Gegenstand nur die Wellen von 750 nm reflektiert.

Ein Körper kann nur Wellenlängen reflektieren, die in dem Licht enthalten sind, das auf den Körper fällt. Die wirkliche Farbe eines Gegenstandes nennt man Körperfarbe

Körperfarben sind nur zu sehen, wenn das Licht alle Farben enthält.

Sämtliche Farben sind im Sonnenlicht und auch im künstlichen Licht, wenn es dem Tageslicht sehr ähnlich ist, enthalten.

2.3 Um eine Haarfarbe richtig einordnen zu können, ist eine dem Tageslicht entsprechende Beleuchtung notwenig. Auch eine farbige Umgebung kann den Eindruck einer Haarfarbe verändern. Warum erscheint eine Kundin mit goldblondem Haar in bläulichem Licht aschblond?

Dem blaulosen Licht fehlen die gelben Farben

2.4 Wie erscheint die gleiche Haarfarbe in einem rötlichen Licht?

sehr viel röter als sie sind

Tageslicht mit Sonne

Künstliches Licht

Name ______________________ Klasse ______________ Datum ______________

3 Grundfarben

Wie werden Grundfarben noch genannt?

Primarfarben

Aus den Grundfarben, gelb, blau, rot, lassen sich **alle** anderen Farben ausmischen.

Grundfarben kann man nicht durch Mischen mit anderen Farben erhalten.

3.1 Malen Sie die folgenden Flächen jeweils mit einer Grundfarbe aus.

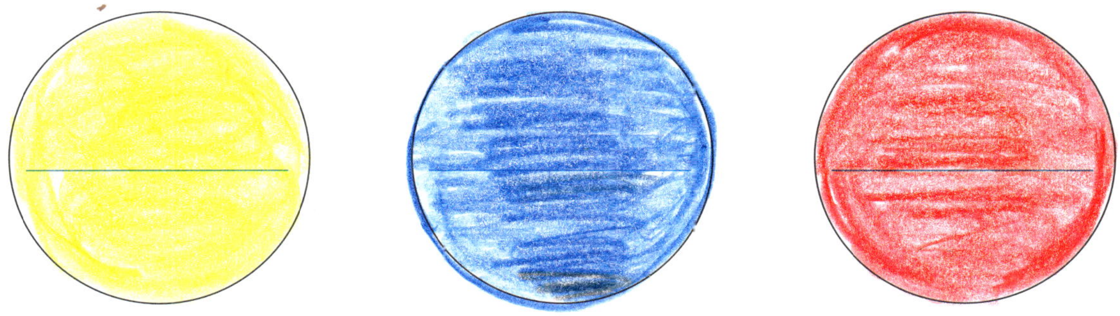

4 Mischfarben

Werden zwei Grundfarben zu gleichen Teilen gemischt, erhält man die Mischfarben 1. Ordnung.

Diese nennt man auch Sekundärfarben.

4.1 Mischen Sie die Grundfarben Gelb + Rot, Rot + Blau, Blau + Gelb zu gleichen Teilen und malen Sie mit diesen neu entstandenen Farben die Kreise aus.

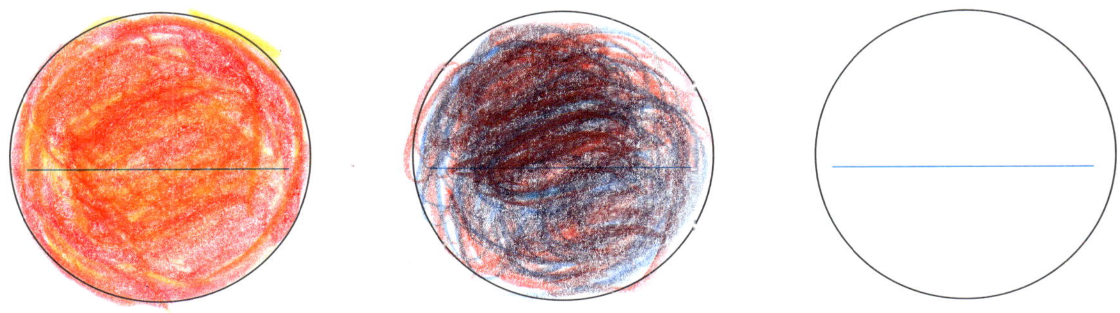

Die Farben:	Gelb und Rot	ergeben →	Orange
Die Farben:	Rot und Blau	ergeben →	Violett
Die Farben:	Gelb und Blau	ergeben →	grün

5 Sechsteiliger Farbkreis

5.1 Erstellen Sie mit den Grundfarben und den Mischfarben 1. Ordnung den sechsteiligen Farbkreis und ordnen Sie die Farben im Kreis so an, dass Gelb oben ist.

Gold

Matt

Tizian
Rotgold

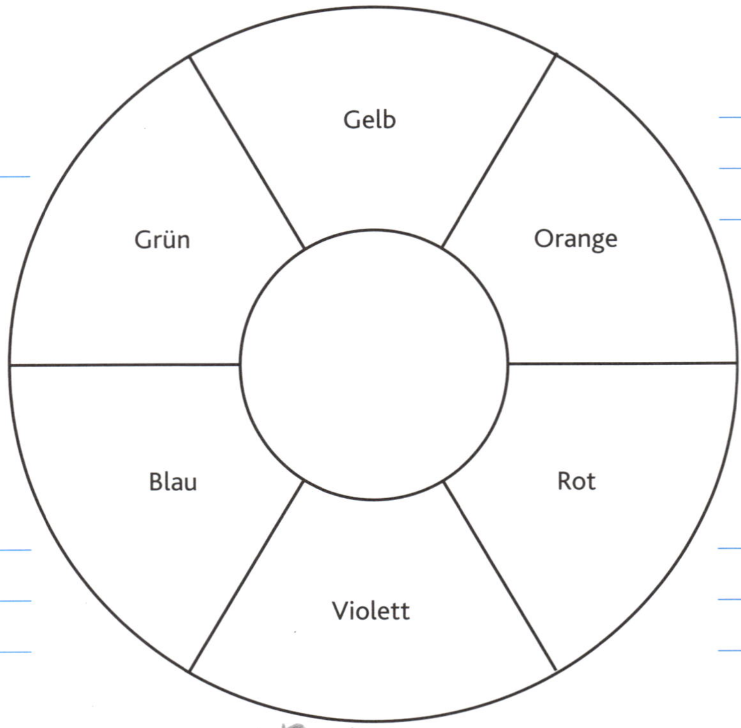

Asch
Perl

Purpur
Kastanie
Mahagoni

Silber

5.2 Ordnen Sie die in der Friseurpraxis gebräuchlichen Farbrichtungen, Gold – Rotgold – Purpur – Silber – Perl – und Matt, den Farben im oberen Farbkreis zu.

5.3 Setzen Sie weitere Farbzeichnungen in den Farbkreis bei 5.1 ein:

Kastanie, Mahagoni, Cendre, Kupfer, Tizian, Asch

5.4 Wie werden die Farben genannt, die sich im Farbkreis gegenüberliegen?

Komplementarfarben

5.4 Nennen Sie die Komplementärfarbenpaare.

Gelb – Violett
Blau – orange
Grün – rot

Name ______________________ *Klasse* ______________ *Datum* ______________

6 Gegenfarben/Komplementärfarben

6.1 Mischen Sie zu gleichen Teilen:

Gelb + Violett = ______________

Rot + Grün = ______________

Blau + Orange = ______________

6.2 Welcher Farbton entsteht, wenn Grundfarbe und Gegenfarbe gemischt werden?

____

6.3 Beim Blondieren entsteht oft ein unerwünschter gelblicher Farbton. Womit korrigieren Sie?

____

6.4 In welchem Fall verwenden Sie zum Korrigieren die Farbe Grün?

____

6.5 Wie schwächen Sie beim Haarfärben einen rotgoldenen Farbton ab?

____

M

Gegenfarben oder ______________ sind die Farben, die sich im Farbkreis ______________. In der Färbepraxis wendet man Komplementärfarben an, um unerwünschte Farbtöne ______________ oder zu ______________.

Eine Grundfarbe wird durch Zugabe ihrer Komplementärfarbe ______________.

Dadurch verliert die Grundfarbe ihren reinen ______________.

7 Zwölfteiliger Farbkreis

Mischt man eine Grundfarbe mit der benachbarten Mischfarbe 1. Ordnung zu gleichen Teilen, entsteht der zwölfteilige Farbkreis.

Die Farben, die durch diese Mischung entstanden sind, nennt man die Mischfarben 2. Ordnung (Sekundärfarben).

7.1 **Teilen Sie den Farbkreis in die Bereiche der kalten und warmen Farben auf.**

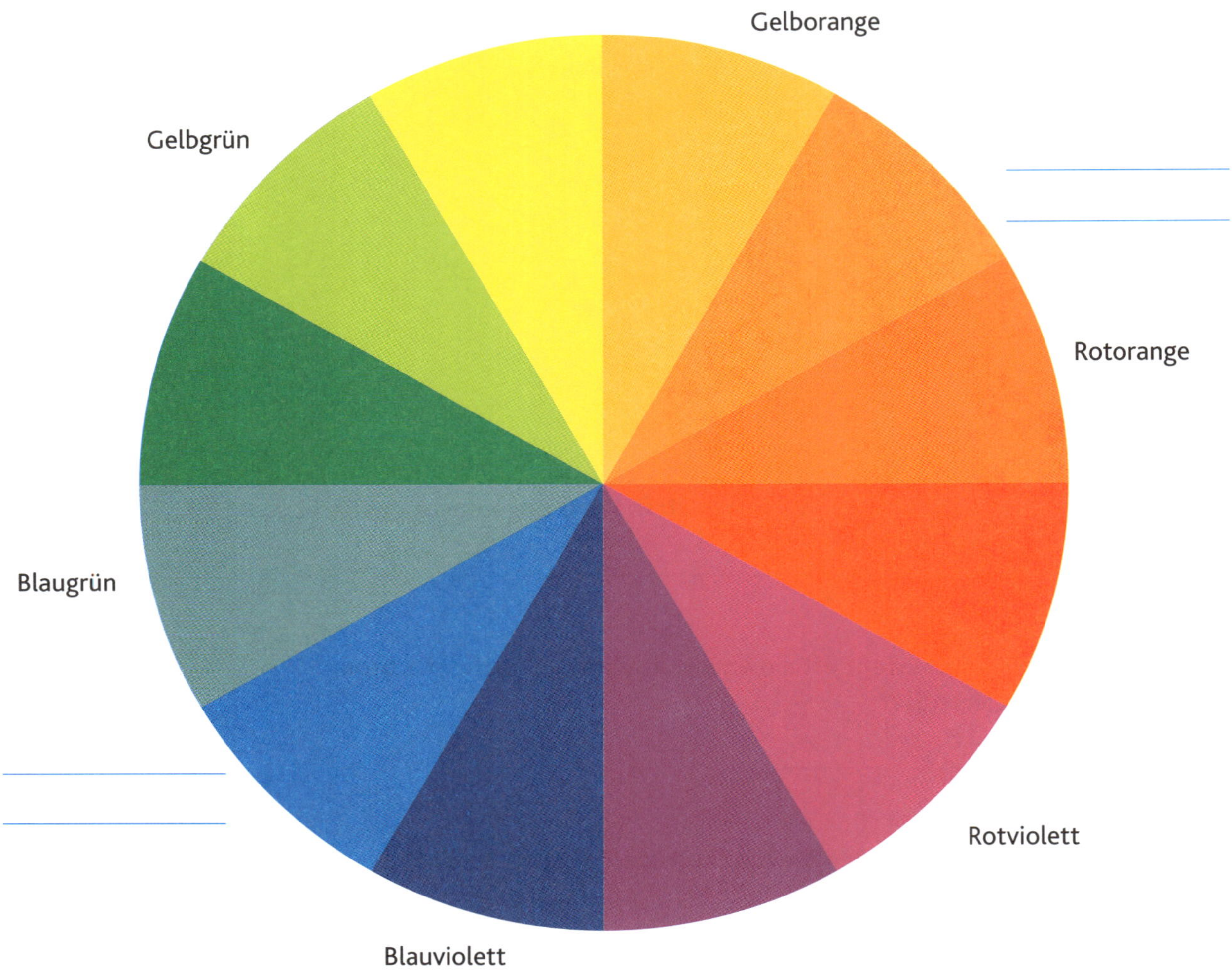

7.2 **Wie wirken Farben mit a) hohem Blauanteil und b) hohem Gelbanteil auf den Betrachter?**

a) ____________________

b) ____________________

Name ______________________ Klasse ______________ Datum ______________

8 Lichtfarben und Körperfarben – Subtraktive Farbmischung

Wird eine Grundfarbe mit ihrer Gegenfarbe gemischt, nimmt mit der Zumischung der Gegenfarbe die Helligkeit der Farben ab.
Durch die hinzugekommenen Farbpigmente werden weitere Wellenlängen absorbiert, es wird weniger Licht reflektiert, vorhandene Helligkeit wird abgezogen, man spricht von der subtraktiven Farbmischung.
Diese Farbmischung trifft nur bei Pigment- oder Körperfarben zu!

- **Malen Sie die Kreise mit den vorgegebenen Farben aus.**
- **Setzen Sie im Mittelfeld den Farbton ein, der sich aus der Mischung aller Farben ergibt.**

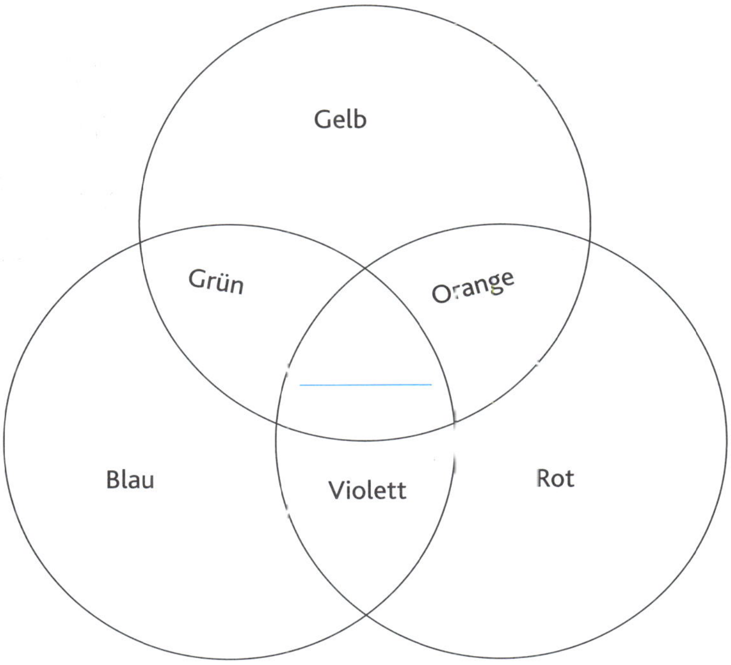

8.1 Welcher Farbton ist bei der Mischung aller Farben entstanden?

____

8.2 Was versteht der Friseur unter subtraktiver Farbmischung?

____

8.3 Wann setzt er die subtraktive Farbmischung in der Farbpraxis ein?

____

____

____

9 Additive Farbmischung

Bündelt man rote, gelbe und blaue Lichtstrahlen, so erscheint diese Farbmischung als ein weißes Lichtfeld. Die Mischung von Lichtfarben nennt man die additive Farbmischung.

Welche Schlussfolgerung können Sie daraus ziehen?

____

Orange + Violett —ergibt→ ____________________

Orange + Grün —ergibt→ ____________________

Grün + Violett —ergibt→ ____________________

9.1 Was ist unter einer additiven Lichtmischung zu verstehen?

____

9.2 Wenn sich alle Lichtfarben auf einen Punkt konzentrieren, welche Farbe erhält man?

____

Die Wirkung der Gegenfarben (rechte Hälfte jeweils mattiert).

M ***Unerwünschte Farbtöne kann der Friseur mit der*** ____ ____ ***abschwächen.***

Name ______________________ Klasse ______________ Datum ______________

10 Die Ordnung der Haarfarben

Voraussetzung bei einer Erstbehandlung zur Farbveränderung ist immer die Bestimmung der Naturhaarfarbe des Kunden.

Die Einteilung richtet sich nach ______________________________.

Farbrichtung

Farbrichtung/Nuancierung →

Farbtiefe ↓

	Violett /6V	Perl /8P	Asch /1A	Natur /0N	Gold /3G	Rotgold /4	Purpur /5R	Modischbraun /7
Hell-Lichtblond			______	10/0				
Lichtblond		______						______
Hellblond					______			
Mittelblond		______	______	7/0 7N		______		
Dunkelblond	______		______			______	______	______
Hellbraun				5/0	______		______	
Mittelbraun								
Dunkelbraun	______			______				
Schwarz		______		______				

10.1 Tragen Sie mit Buntstift die Farben des sechsteiligen Farbkreises in die Spalte der Farbrichtung ein.

10.2 Ordnen Sie folgende Haarfarben in die Farbkarte.
7/4, 3/6, 9P, 2/0, 5G, 6/7, 6A, 8/3, 5R, 10/1, 6V, 2/8, 3N, 9/7, 6/5, 7A, 6/4, 7P

10.3 Stellen Sie die kühlen Farbrichtungen (Asch, Perl, Violett) mit blauem Buntstift dar.

10.4 Stellen Sie die warmen Farbrichtungen (Gold, Rotgold, Purpur) mit orangefarbenem Buntstift dar.

M

Die Farbtiefe gibt die Abstufung einer Haarfarbe von ____________ nach ____________ an.

Die Farbtiefe hängt vor allem von der ______________ der ______________, besonders der ______________ ab.

Unter der Farbrichtung versteht man verschiedene ______________ in derselben Farbtiefe, ______________________________.

Die Farbrichtung wird von der ______________________, besonders dem Anteil der ______________________ bestimmt.

11 Das Ordnungssystem der kosmetischen Haarfarbe

Alle Hersteller von kosmetischen Haarfarben ordnen ihre Farbkarten nach dem System der Farbtiefe und Farbrichtung.

Je nach Hersteller benennen sie ihre Haarfarben mit Zahlen, Buchstaben oder benutzen auch Namen.

11.1 Setzen Sie in das Ordnungssystem Farbtiefe + Farbrichtung (Nuance) richtig ein.

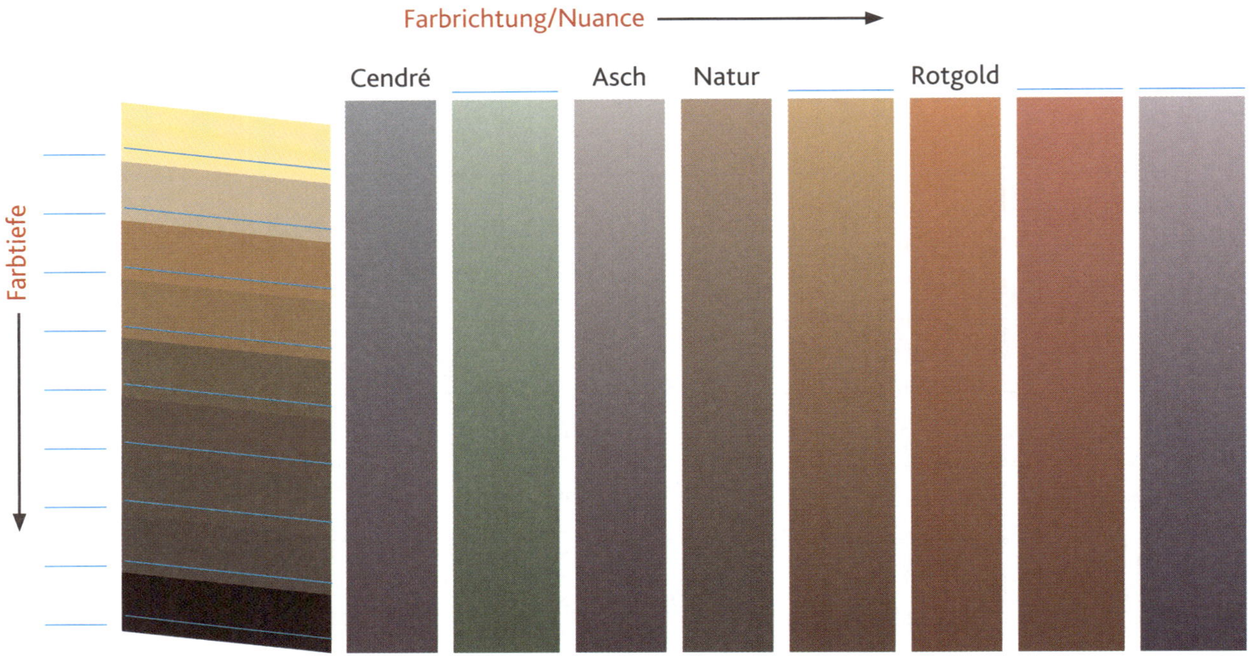

11.2 Beschriften Sie die Farbtiefenskala richtig. Setzen Sie ein: Schwarz, Dunkelbraun, Mittelbraun, Hellbraun, Dunkelblond, Mittelblond, Hellblond, Lichtblond, Hell-Lichtblond. Bei der Nummerierung beginnen Sie bei Schwarz mit der Zahl „2". Benutzen Sie dazu eine handelsübliche Farbkarte.

11.3 Setzen Sie die Farbrichtungen: Violett – Gold – Matt – Purpur – an der richtigen Stelle ein.

11.4 Erstellen Sie mit Wasserfarben eine Farbkarte, geordnet nach Farbtiefe und Farbmischung.

Tipp zur Erstellung einer Farbkarte:

Farbtiefe: Mit den Grundfarben und ein wenig Schwarz wird der Grundton Mittelbraun erstellt. Diese Farbe wird durch Zugabe von Wasser bis Lichtblond aufgehellt.

Farbrichtung: Erstellen Sie diese Grundtonreihe nochmals und geben jeweils für die Farbrichtungen die Farben Gelb, Orange, Rot, Violett und Blau dazu. Es wird nur bis Farbtiefe Hellbraun gearbeitet, da hier die Farbreflexe sichtbar sind.

Benutzen Sie dickes Papier!

Name ______________________ Klasse ______________ Datum ______________

12 Die Wirkung von Farben

12.1 Farben haben einen großen Einfluss auf das Wohlbefinden der Menschen. Ausgehend von der Tatsache, dass sie ganz bestimmte Empfindungen auslösen können, lassen sich die Farben des Farbkreises unterteilen.
Nennen Sie kalte und warme Farben und beschreiben Sie deren Wirkung.

12.2 Ordnen Sie den Abbildungen die Begriffe kalte und warme Farben zu:

12.3 Auch die Helligkeit von Farben beeinflusst unser Empfinden. Es werden „leichte" und „schwere" Farben unterschieden.
Beschreiben Sie leichte und schwere Farben und ihre Wirkung.

M *Im Umgang mit Haarfarben sollte der Friseur die folgende Gestaltungsregel beachten:*
__________ Farben heben Flächen __________ und lassen sie __________ erscheinen, während __________ Farben eine Fläche in den __________ und sie für den Betrachter kleiner erscheinen lassen.

12.4 Wovon hängt es ab, ob wir einen Gegenstand als matt oder glänzend wahrnehmen?

Auf der Abbildung ist ein Haar mit anliegender und mit einer geschädigten (abgespreizten) Schuppenschicht dargestellt. Erläutern Sie, wie sich die Lichtreflexion auf die jeweilige Schuppenschicht auswirkt.

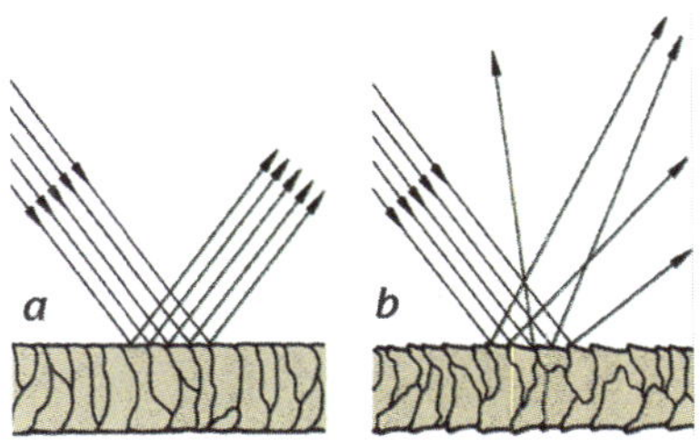

13 Farbberatung

13.1 Welches Ziel verfolgt die Farbberatung?

13.2 In der Farbtypenlehre werden die unterschiedlichen Farbtypen den vier Jahreszeiten zugeordnet. Nennen Sie diese und deren charakteristische Merkmale.

13.3 Viele Kundinnen stellen die Frage: „Welche Farbe passt zu mir?" Um diese Frage beantworten zu können, muss man in der Farb- und Stilberatung über folgende Grundkenntnisse verfügen:

13.4 Die Jahreszeiten Sommer und Winter sind charakteristisch für kühle Farbtöne.
Nennen Sie aus dem 12-teiligen Farbkreis kühle Farbtöne.

Frühling

Sommer

Herbst

Winter

13.5 Die Jahreszeiten Frühling und Herbst sind die Vertreter für warme Farben. Nennen Sie die warmen Farbtöne aus dem 12-teiligen Farbkreis.

13.6 Wie lässt sich der natürliche Hautunterton bei einer Kundin feststellen?

M *Für die Farbberatung muss die Kundin ________ sein. Die Haare werden mit einer ________ abgedeckt, die Kleidung der Kundin mit einem ________ . Es wird ________ Licht, am besten ________ benötigt. Vorteilhafte Farben lassen die Haut ________ und ________ aussehen, ________ treten zurück, ________ werden betont.*

Name ______________________ Klasse ______________ Datum ______________

14 Die unterschiedlichen Farbtypen

14.1 Der Frühlingstyp

Erstellen Sie Farbvorschläge für eine dekorative Kosmetik:

Augen-Make-up

____

____

____

____

____

____

Haarfarbe

____

____

____

____

Lippenstift

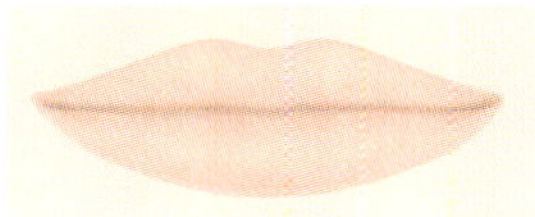

____

____

____

14.2 Der Herbsttyp

Augen-Make-up

____

____

____

____

____

____

Haarfarbe

____

____

____

Lippenstift

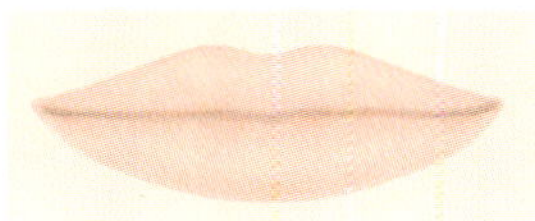

____

____

____

14.3 Der Sommertyp

Augen-Make-up

Haarfarbe

Lippenstift

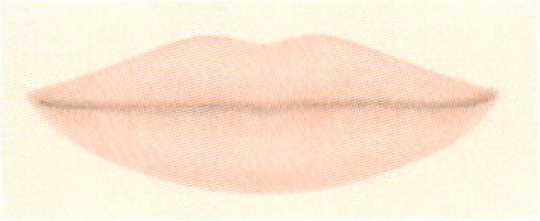

14.4 Der Wintertyp

Augen-Make-up

Haarfarbe

Lippenstift

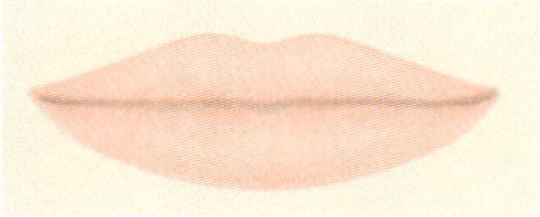

Name ______________________ *Klasse* ______________ *Datum* ______________

15 Farbstoffe in Tönungsmitteln

Frau Schulz (mit luftgetrockneter Dauerwelle):
„Von der Dauerwelle bin ich direkt begeistert.
Aber meine Haarfarbe wirkt so ausdruckslos!"

Welche Tönungsmittel stehen der Friseurin zur Verfügung?

15.1 Worin unterscheiden sich die Tönungsmittel in der Hauptsache von den Färbe- und Colorationsmitteln?

–
–
–
–

15.2 Hauptbestandteile der Tönungsmittel sind Fertigfarbstoffe.

a) Nennen Sie **Beispiele** für Fertigfarbstoffe.

b) Warum werden sie **Fertig**farbstoffe genannt?

c) Welche **andere Bezeichnung** wird für Fertigfarbstoffe auch gebraucht?

15.3 Eindring- und Haftvermögen der Fertigfarbstoffe sind unterschiedlich.
Welche Faktoren spielen dabei eine Rolle?

–
–
–
–
–

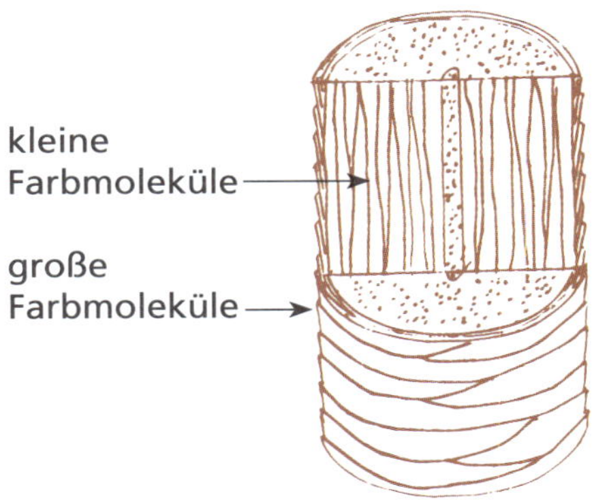

16 Tönungsmittel

16.1 Führen Sie Beispiele für Tönungsmittel an und beschreiben Sie den Anwendungszweck und die Anwendungsweise.

Mittel	Anwendungszweck	Anwendungsweise
Tönungsfestiger, z. B. ______ **Tonspülungen** z. B. ______		
Tönungsshampoos, Schaumtönungen z. B. ______ **Tönungsbalsame und -emulsionen** z. B. ______		

16.2 Welche Tönungsmittel ergeben die haltbareren Farbveränderungen? (2)

☐ Tönungsfestiger ☐ Schaumtönung ☐ Tönungsshampoo ☐ Tonspülung

16.3 Wie beraten Sie Frau Schulz (siehe Seite 143)?

16.4 Warum wird oft von Tönung oder Intensivtönung gesprochen, auch wenn die verwendeten Mittel Oxidationsfarbstoffe enthalten und daher zu den Färbemitteln gerechnet werden müssten?

16.5 Nennen Sie allgemeine Aufgaben der Tönungsmittel.

–
–
–
–

16.6 Mit welchen Argumenten können Tönungsmittel für den Einstieg in die Farbbehandlung empfohlen werden?

M *Tönungsmittel enthalten meist nur ______ und decken daher weißes Haar ______ ab.*

Name ______________________ Klasse ____________ Datum ____________

17 Farbstoffe in Färbemitteln

17.1 Durch den Trend zu natürlichen Produkten haben die Pflanzenfarben wieder an Bedeutung gewonnen. Ergänzen Sie diese Übersicht:

Beispiele:

Anwendung:

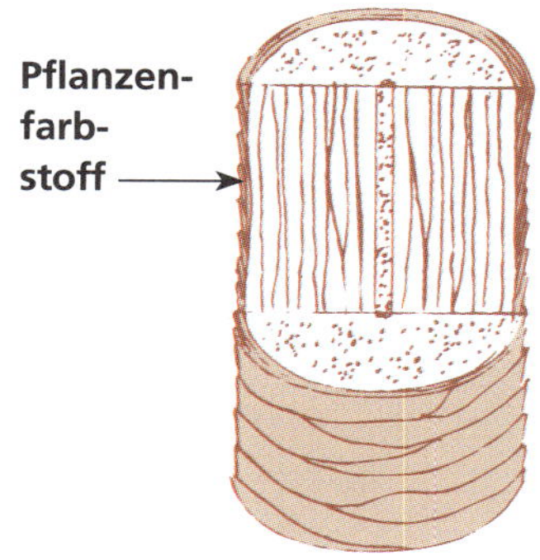

Vorteile:

Nachteile:

17.2 Die größte Bedeutung in Haarfärbemitteln haben die synthetischen Farbstoffe. Es ist zu unterscheiden zwischen Fertigfarbstoffen und Oxidationsfarbstoffen. Es gibt heute eine große Vielfalt an Oxidationsfarbstoffen.

Beispiele:

Wirkung:

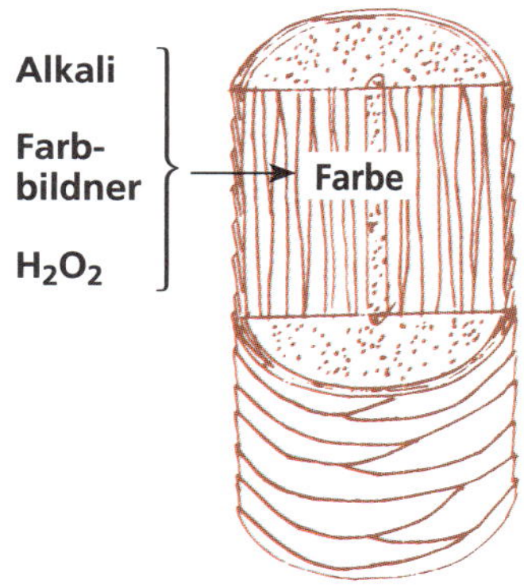

Vorteile:

Nachteile:

17.3 Metallsalze werden zum Haarefärben kaum noch verwendet. Trotzdem sollten Sie darüber Bescheid wissen. Ergänzen Sie.

Beispiele: ______________________

Farbtöne: ______________________

Wirkung: ______________________

____

____

____

Nachteile: ______________________

____

____

____

____

17.4 a) Welche Farbstoffe enthalten diese Präparatgruppen hauptsächlich?
b) Geben Sie an, ob diese Mittel mit oder ohne Wasserstoffperoxid verarbeitet werden.
c) Wie reagieren die entsprechenden Präparate im Allgemeinen?

Gruppen	Tönungsmittel	Färbe- bzw. Colorationsmittel
Farbstoffe	______________________ ______________________	______________________ ______________________
H_2O_2-Zugabe	☐ ja ☐ nein	☐ ja ☐ nein
Reaktion	☐ sauer ☐ neutral ☐ basisch ☐ sauer bis neutral	☐ sauer ☐ neutral ☐ basisch ☐ sauer bis neutral

17.5 Manche Färbe- bzw. Colorationsmittel brauchen nicht mit Wasserstoffperoxid verarbeitet zu werden, obwohl Oxidationsfarbstoffe enthalten sind.
Begründen Sie das.

____

____

____

17.6 Wie könnten Sie einer Kundin den Unterschied zwischen einer Tönung und einer Coloration (Färbung) erklären?

____

____

M *Die heute gebräuchlichen Haarfärbemittel enthalten ______________ hergestellte ______________ und ______________ oder ______________.*

Name ____________________ Klasse ____________ Datum ____________

1 Wasserstoffperoxid

1.1 Wie unterscheidet sich Wasserstoffperoxid in seinem chemischen Bau von Wasser?

Wasserstoffperoxid

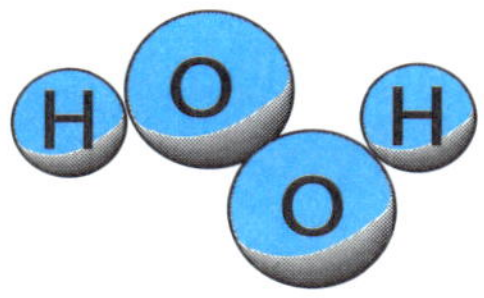

Formel:

H_2O_2

H_2O

Ein Sauerstoffatom mehr

1.2 Welche wichtige Eigenschaft hat Wasserstoffperoxid?

Es zerfällt in Wasser (H_2O) und Sauerstoff (O)

Gleichung $H_2O_2 \Rightarrow H_2O + O$

Sauerstoff ist stark reaktiv und sucht Stoff zum andocken

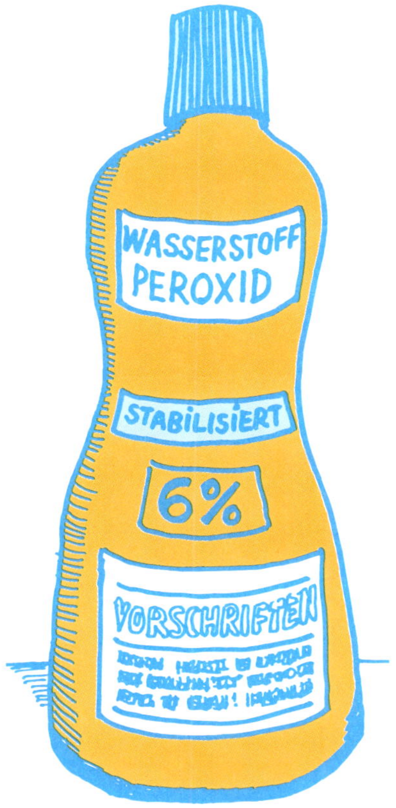

1.3 Wozu ist die Stabilisierung von Wasserstoffperoxidpräparaten nötig?

sonst zerfällt es in Wasser und O

1.4 Womit werden diese Mittel stabilisiert?

Säureschutzmantel

1.5 Wann und durch welche Mittel wird die Stabilisierung aufgehoben?

Durch Zugabe von Alkali/Lauge wird Säure neutralisiert

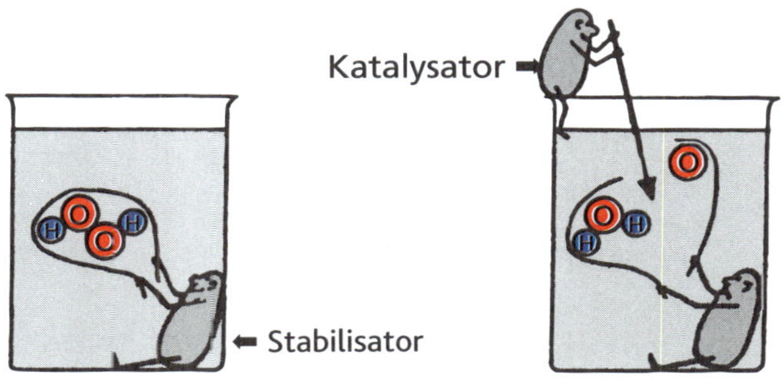

1.6 **Welche Vorschriften zum Umgang und zur Aufbewahrung finden sich auf den Flaschen von H_2O_2-Präparaten?**

immer fest verschließen, Haltbarkeit beachten

1.7 **Warum sollen Wasserstoffperoxidkonzentrate vor Licht und Wärme geschützt werden und nicht mit Metall in Berührung kommen?**

1.8 **Führen Sie Facharbeiten an, bei denen Wasserstoffperoxid verwendet wird, und beschreiben Sie seine Wirkung bei diesen Arbeiten.**

Facharbeiten	Wirkung des Sauerstoffs
	–
	–
	–
	–

1.9 **Es gibt auch noch andere Präparate, die H_2O_2 enthalten. Nennen Sie solche Mittel.**

1.10 **In welchen Formen werden H_2O_2-haltige Mittel angeboten?**

1.11 **Welche Konzentrationen haben die handelsüblichen Konzentrate?**

z. B.: ____________________

1.12 **Nennen Sie die H_2O_2-Konzentrate einiger Hersteller.**

Marke: ____________________ Produktnamen: ____________________

Marke: ____________________ Produktnamen: ____________________

1.13 **Warum ist es falsch, H_2O_2-Konzentrate als Wasserstoff zu bezeichnen?**

M *Wasserstoffperoxid ist das wichtigste ____________________ des Friseurs. Es darf nur in den ____________________ verarbeitet werden, die in den Gebrauchsanweisungen vorgeschrieben werden. Zu hohe Konzentrationen würden zu ____________________ ____________________ führen.*

Name ______________ *Klasse* ______________ *Datum* ______________

2 Chemische Vorgänge beim Haarfärben

2.1 Nennen Sie Bestandteile der Colorations- bzw. Färbemittel und beschreiben Sie deren Aufgaben.

Bestandteile:	Aufgaben:
	–
	–
	–
	–
	–
	–

2.2 Welche Aufgaben hat das Oxidationsmittel (Wasserstoffperoxid) beim Haarfärben?

____

____

M *Hauptbestandteile des Färbebreis sind:* ______________

______________.

Chemische Vorgänge im Haar

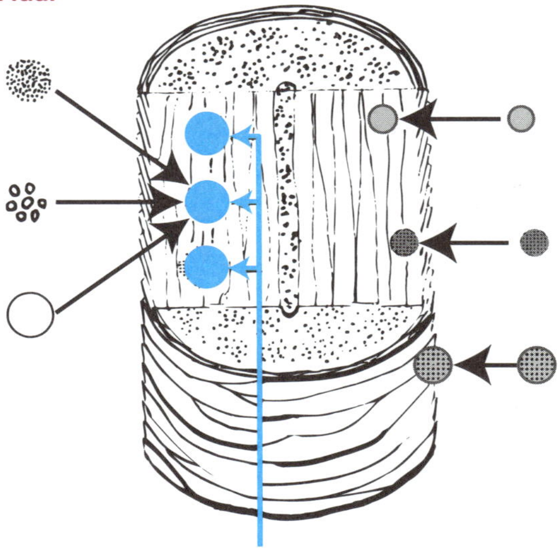

2.3 Ergänzen Sie diese Beschreibung des Färbevorgangs durch Einfügen der unten aufgeführten Begriffe.

Das __________ im Färbebrei lockert die __________ und quillt die __________ . Gleichzeitig dringen __________ und __________ in das Haar ein. Die Farbbildner __________ mit dem __________ und werden dadurch zu großen __________ verbunden. Diese künstlich gebildeten Farbkörperchen gehen chemische Bindungen mit dem __________ ein. Sie werden vermutlich durch eine Art __________ festgehalten, weil ihre Größe durch den Kupplungsvorgang im Haar erheblich zugenommen hat. Auch die __________ (Nuanceure) dringen in das Haar ein oder werden an das Keratin angelagert; sie bestimmen die __________ .

Um unterschiedliche __________ beim naturfarbenen Haar auszugleichen, werden auch die natürlichen Pigmente z.T. __________ und dadurch __________ .

Mit einer __________ oder einer __________ , die den Färbevorgang abschließt, werden die Basenreste __________ und die Haare __________ .

Begriffe: Farbmoleküle, oxidieren, Ammoniak, „Käfigwirkung", Haarkeratin, Wasserstoffperoxid, Fertigfarbstoffe, Pigmentierung, Farbbildnermoleküle, oxidiert, neutralisiert, aufgehellt, Schuppenschicht, Sauerspülung, Farbrichtung, Faserschicht, adstringiert, Sauerstoff, Haarkur.

2.4 Eine Kundin ist an einer Haarfarbenbehandlung interessiert, hat aber Angst wegen der chemischen Mittel, die dabei verwendet werden. Mit welchen Argumenten können Sie diese Bedenken zerstreuen?

Name ______ Klasse ______ Datum ______

3 Haarbeurteilung

Beurteilungsmerkmale

3.1 Warum sollte die Ausgangsfarbe grundsätzlich anhand einer Farbmusterkarte bzw. Strähnentafel ermittelt werden?

3.2 Wie wirkt sich der Unterschied zwischen Ausgangs- und Zielfarbe auf die Wahl der H_2O_2-Konzentration aus?

3.3 Warum ist bei manchen Färbemitteln auch der Weißanteil zu berücksichtigen?

–

–

3.4 Für die Wahl des Farbtons kann auch die Haardicke eine Rolle spielen. Welchen Grundsatz sollte man beachten?

3.5 Welche Rolle spielt die Haarstruktur beim Färben?

Beim Behandlungsplan für eine Haarfärbung sind zu berücksichtigen: ______ .

4 Kundenberatung

4.1 Was sind die wichtigsten Ursachen für die Unzufriedenheit mit der eigenen Haarfarbe?

– ______________________________

– ______________________________

4.2 Gegen eine Haarfarbenbehandlung haben viele Kundinnen Bedenken.
Formulieren Sie Gegenargumente zu den folgenden Kundeneinwänden:

a) „Ich hätte ja gerne einen modischeren Farbton, aber ich fürchte, dass jedem dann auffällt, dass meine Haare gefärbt sind."

____

____

____

b) „Durch eine Färbung gehen aber doch die Haare kaputt."

____

____

____

____

4.3 Welche Grundsätze sollte man bei der Beratung von Färbekunden beachten?

– ______________________________

– ______________________________

– ______________________________

4.4 Welche Formulierungen sind für die Kundenberatung geeignet (2)?

☐ a) „Ihre Haarfarbe macht Sie ja noch älter als Sie sind. Sie sollten Ihre Haare unbedingt färben lassen."

☐ b) „Die Sonne hat Ihre Haarfarbe ziemlich aufgehellt. Das steht Ihnen gut. Wir sollten es durch Strähnen noch mehr betonen."

☐ c) „Was haben Sie bloß mit Ihrem Haar gemacht? Das ist ja ganz ausgeblichen."

☐ d) „Sie sind nach Ihrem Urlaub mit Ihrer Haarfarbe nicht mehr zufrieden? Durch Sonne und Wasser kann die Haarfarbe schon ein wenig leiden, aber das können wir leicht wieder ausgleichen."

☐ e) „Die Haltbarkeit einer Färbung ist deshalb größer, weil die Haarfarben basisch reagieren und die Farbbildner durch H_2O_2 im Haarkeratin zu Farbmolekülen oxidiert werden."

☐ f) „Heute braucht doch niemand mehr mit grauen Haaren herumzulaufen. Mit einer Färbung kriegen wir die Naturfarbe wieder genau hin."

M

Viele Kundinnen sind für Farbbehandlungen zu gewinnen, wenn ihre ______________ ausgeräumt und sachliche ______________ gebraucht werden und die Mitarbeiter im Salon gute ______________ geben.

Name ____________________ Klasse ____________ Datum ____________

5 Besondere Techniken der Farbbehandlung

5.1 In welchen Fällen ist Vorpigmentieren angebracht?

5.2 a) Welche Mittel und Methoden des Vorpigmentierens sind in den folgenden Fällen angebracht? b) Begründen Sie Ihre Empfehlung.

Die Längen und besonders die Spitzen sind „ausgewaschen".	An den Schläfen ist ein hoher Anteil an schwer anfärbbarem Weißhaar vorhanden.	Das Weißhaar ist im Ganzen hart und glasig.
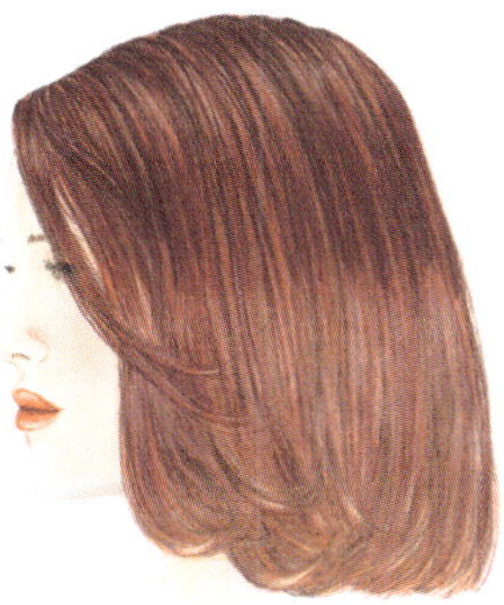		
a)	a)	a)
b)	b)	b)

5.3 Beschreiben Sie das Vorpigmentieren mit Oxidationshaarfarben.

5.4 Wie wird eine Borstenmischung zubereitet?

M *Manche Farbbehandlungen verlangen besondere Techniken, wie z. B.*

6 Beurteilungs- und Behandlungsplan

Frau/Herr ______________________ ***Tel.*** ____________

Bedient von ______________________ ***Datum*** ____________

Haar- und Kopfhautbeurteilung

Ausgangsfarbe (meist Naturfarbe)

Farbtiefe: ....

Farbrichtung: ....

Weißanteil: .... %

- gleichmäßig meliert
- Schwerpunkt Schläfen
- Schwerpunkt Vorderkopf

Haarstruktur:

	Längen	Spitzen
normal	■	■
porös	■	■
glasig-hart	■	■

Haarstärke:

- dünn
- mittel
- dick

Vorbehandlung:

- keine
- dauergewellt
- farbkosmetische Behandlung

Allergie: ■ ja ■ nein

Sonstiges: ....

Behandlungsplan:

■ Nachwuchsfärbung ■ Erstfärbung

Zielfarbe: ....

Geeignetes Präparat

- Tönung ....
- Intensivtönung ....
- Normalfärbung ....
- Hellerfärbung ....
- Blondierung ....

Rezeptur: Gesamtmenge

.... = ... g

H_2O_2-Präparat: ...., ... %ig

Auftragen:

- Nur Ansatz
- Ansatz, Längen, Spitzen
- 1. Längen und Spitzen, 2. Ansatz

Einwirkzeit:

.... Min. ■ mit ■ ohne Wärme

Vorpigmentieren: ■ ja ■ nein

mit ....

Produktempfehlung für zu Hause

Haarpflege: ....

Farbauffrischung: ....

Ausgangsfarbe und Färbeergebnis:

Beispiel: Farbwahl Mittelgoldblond 7.3

Ausgangsfarbe	***Ergebnis***
Hellblond	Mittelgoldblond 7.3
Hell-Hellblond	Hellblond Leicht gold 8.03
Mittelbraun	Dunkelblond Kupfer 6.4

Mischung von Grund- und Modeton:

Weißanteil 100 %:
2 Teile Grundton
+ 1 Teil Asch- oder Modeton

Weißanteil 75 %:
1 Teil Grundton
+ 1 Teil Asch- oder Modeton

Weißanteil 50 %:
1 Teil Grundton
+ 2 Teile Asch- oder Modeton

Weißanteil unter 50 %:
Mode- oder Aschton unvermischt

Wahl der H_2O_2-Konzentration:

Beispiel: Wunschfarbe Hellblond

Ausgangsfarbe	***H_2O_2-Konzentration***
Mittelblond	6–9 %
Hellbraun	9–12 %

Name ______________________ Klasse ______________ Datum ______________

7 Durchführung der Coloration bzw. Färbung

7.1 Ergänzen Sie diese Beschreibung der vorbereitenden Maßnahmen.

- Die TRGS 530 schreibt beim Arbeiten mit Tönungs-, Färbe- und Blondiermitteln vor: ______________
- Eine Haarwäsche kann notwendig sein bei ______________
- Zum Schutz der Kundin sind ______________

7.2 Das Abteilen des Haares erleichtert das systematische Auftragen des Färbebreis. Wie wird in der Regel abgeteilt?

____

7.3 Wo beginnt man a) bei Hellerfärbungen und b) beim Färben von Haaren mit stark ergrauten Partien mit dem Farbauftrag?

a) ______________

b) ______________

7.4 Wie sollte der Farbauftrag bei einer Erstfärbung erfolgen, wenn a) mit Naturnuancen, b) mit Gold-, Rot- und Violettnuancen gefärbt wird?

a) ______________

b) ______________

Erstfärbung mit Naturnuancen

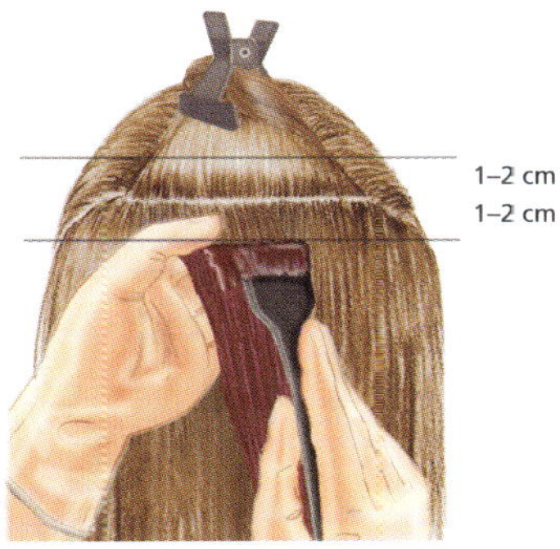

Erstfärbung mit Gold-, Rot- und Violettnuancen

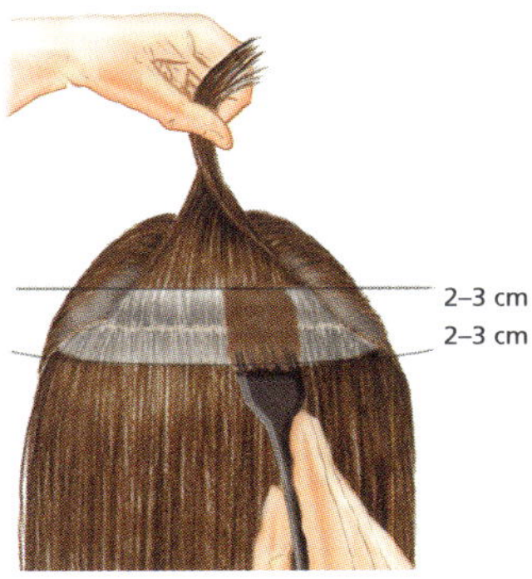

Ansatzfärbung/ Nachwuchsfärbung

7.5 Wie wird der Färbebrei bei einer Nachwuchsfärbung aufgetragen?

____

7.6 Wann spricht man von einer Hellerfärbung?

7.7 Warum wird bei der Hellerfärbung mit einer höheren H_2O_2-Konzentration gearbeitet als bei normalen Färbungen?

7.8 Schwarze, braune und rötliche Haare lassen sich nur schlecht heller färben. Begründen Sie das.

7.9 Zum Hellerfärben sind besonders die Blondtöne geeignet. Welche H_2O_2-Konzentrationen und Farbtöne sind in folgenden Fällen angebracht?

Aufhellung	H_2O_2-Konzentration	Farbtonwahl
1 bis 2 Nuancen		
2 bis 3 Nuancen		

7.10 Welche Maßnahmen sind während der Einwirkzeit des Färbebreis nötig?

7.11 Wie beeinflusst Wärmezufuhr die Einwirkzeit?

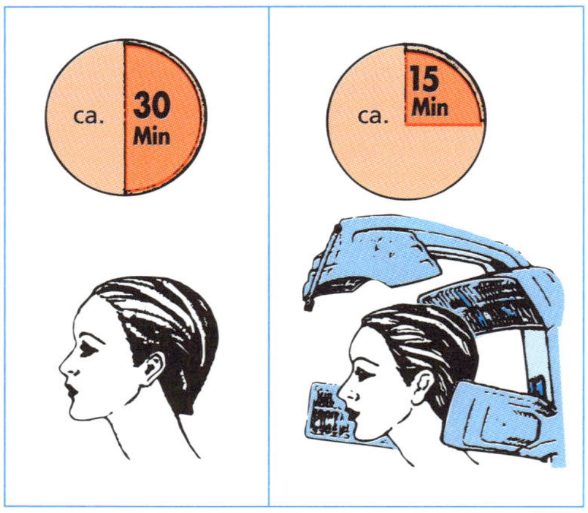

7.12 Beschreiben Sie die wesentlichen Maßnahmen der Abschlussbehandlung.

M *Das Färbeergebnis ist abhängig von der –*

–

–

Name ______________ Klasse ______________ Datum ______________

8 Blondierpräparate

Frau Körner hat hellbraunes Haar mit gesunder Struktur. Sie wünscht sich ein leicht aschiges Hellblond.

In welchen Fällen ist eine Blondierung angebracht?

–

–

–

–

8.1 Nennen Sie die wichtigsten Bestandteile der Blondiermittel und beschreiben Sie deren Wirkungen.

Bestandteile	Wirkungen

8.2 In welchen Formen werden Blondiermittel angeboten?

____

8.3 Der Blondierbrei besteht aus dem Blondiermittel, einem Oxidationsmittel und evtl. einem Blondierverstärker.

Tragen Sie die Hauptbestandteile der Oxidationsmittel und Blondierverstärker ein.

Blondiermittel

Oxidationsmittel

____

____

____

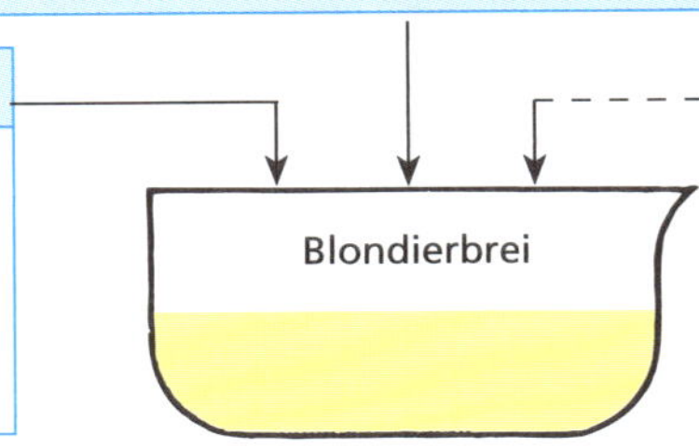

Blondierverstärker

____

____

____

Hauptbestandteile des Blondierbreis sind ____

______________________________.

9 Chemische Vorgänge beim Blondieren

9.1 Ergänzen Sie die Beschreibung der chemischen Vorgänge beim Blondieren.

Die Base (Ammoniak) ______________ das Haar und macht es ______________________. Aus dem Oxidationsmittel wird ____________________ abgespalten, der den Haarfarbstoff durch ______________ abbaut und dadurch das Haar ____________. Beim ______________ der Pigmente kommt es beim Aufhellen ______________ Haare oft zu einem ____________________.

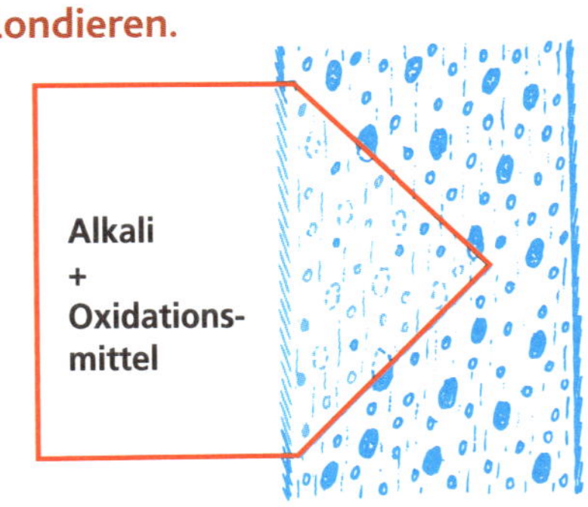

9.2 In welchem pH-Bereich wirken Blondiermittel?

☐ a) pH 5 bis 7 ☐ b) pH 8 bis 10 ☐ c) pH 7 bis 8 ☐ d) pH 6 bis 8

9.3 Um welchen Vorgang handelt es sich beim Abbau der Pigmente beim Blondieren?

☐ a) Coloration ☐ b) Reduktion ☐ c) Oxidation ☐ d) Neutralisation

9.4 Welcher Bestandteil des Blondierbreis bewirkt durch Abbau der Pigmente die Aufhellung des Haares hauptsächlich?

☐ a) Ammoniak ☐ b) Tenside ☐ c) Nuanceure ☐ d) Wasserstoffperoxid

9.5 Bei Blondierungen muss mit einem saurem Mittel nachbehandelt werden.
a) Warum ist das notwendig? b) Welche Präparate kommen dafür infrage?

a) ____

____

b) ____

Alkalisierungsmittel machen das Haar ____________________ *und* ______________ *den Blondierungsvorgang. Oxidationsmittel* ______________ *die Pigmente* ______________.

Name ______________________ Klasse ____________ Datum ____________

10 Haut- und Haarbeurteilung

10.1 Warum muss beim Blondieren auch auf den Hautzustand geachtet werden?

____

____

10.2 Welche Gesichtspunkte sind bei der Haarbeurteilung und der Kundenberatung vor einer Blondierung zu berücksichtigen?

Gesichtspunkte	Begründung
____________	Dunkle und rötliche Naturtöne erfordern ____________ Wasserstoffperoxidkonzentrationen und meist auch ____________ Einwirkzeit. Rötliche Pigmente lassen sich nur ____________ aufhellen.
____________	Je stärker die Aufhellung, umso mehr werden die ____________ des Haares und das ____________ der Kundin beeinträchtigt. Der ____________ der Kundin ist zu beachten!
____________	Sehr feines Haar reagiert ____________, deshalb ist eine ____________ Konzentration angebracht. Bei geschädigtem, porösem Haar ist von einer Blondierung ____________.

10.3 Nennen Sie die Faktoren, von denen der Grad der Aufhellung abhängt.

10.4 Was bewirken Blondierverstärker?

____

____

10.5 Welche H_2O_2-Konzentration darf der fertige Blondierbrei höchstens haben?

☐ a) 3 %–6% ☐ b) 9 %–12 % ☐ c) 12 %–15 % ☐ d) 18 %–20 %

Ⓜ Beim Blondieren ist zu bedenken, dass die ____________ hauptsächlich vom ____________ abhängt. Je stärker ____________ wird, desto stärker wird das Haar ____________.

11 Arbeitsablauf

11.1 Bei dieser Kurzbeschreibung des Arbeitsablaufes beim Blondieren haben sich einige Fehler eingeschlichen. Streichen Sie die falschen Wörter durch und schreiben Sie die richtigen Bezeichnungen darüber.

Das Haar wird vor der Blondierung im Allgemeinen gründlich gewaschen,

damit das Unterhautfettgewebe erhalten bleibt.

Mit dem Auftragen des Blondierbreis beginnt man an den Schläfen, weil dort die Haare am

dunkelsten sind. Bei Erstblondierungen wird der Blondierbrei wegen der Körperwärme

zuerst am kopfhautnahen Haaransatz aufgetragen.

Während der Einwirkzeit sollte das Haar nicht gelockert werden.

Bei Blondierungen, besonders bei Verwendung von Blondierverstärker, sollte zusätzliche

Wärme zur Verkürzung der Einwirkzeit immer angewendet werden.

Wärmezufuhr verhindert die Entstehung von Rottönen sowie von Haut- und Haarschäden.

Zum Abschluss der Behandlung ist das Haar gründlich zu alkalisieren.

Eine Zusatzbehandlung mit einer Haarkur ist nicht angebracht.

11.2 Beschreiben Sie a) die Zubereitung und b) die Durchführung einer Blondierwäsche.
c) In welchen Fällen ist sie angebracht und
d) welche Vorteile hat sie gegenüber einer Blondierung?

a) ______________________________

____

____

b) ______________________________

____

____

c) ______________________________

____

d) ______________________________

M *Die Beachtung der ______________________ ist beim Blondieren besonders wichtig, weil es sonst zu ______________________ kommen kann.*

Name ______________________ Klasse ______________ Datum ______________

12 Strähnentechniken

Beschreiben Sie diese drei Strähnentechniken.

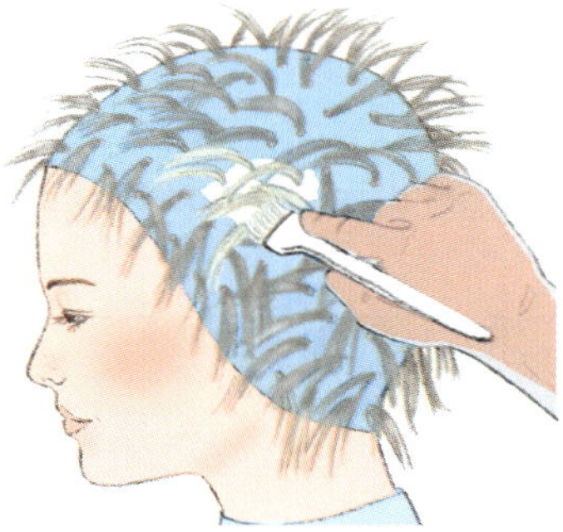

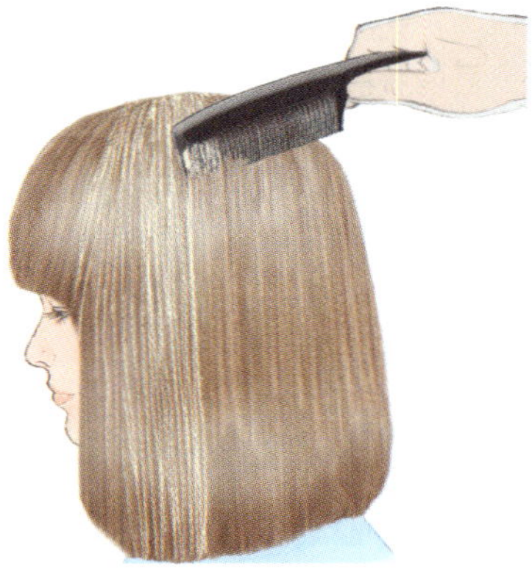

Strähnen mit Haube	Einpacksträhnen mit Spezialfolie oder Alufolie	Kammsträhnen/ gemalte Strähnen

13 Färbung und Dauerwelle

13.1 **Färbung und Dauerwelle beeinträchtigen sich in ihrem Ergebnis, wenn sie kurz hintereinander ausgeführt werden.**

Ergänzen Sie die Übersicht.

Reihenfolge	1. Färbung 2. Dauerwellung	1. Dauerwellung 2. Färbung
Einfluss auf die Farbe		
Einfluss auf die Wellung		
Abhilfe-maßnahmen		

13.2 **Welche Grundregel sollte man beachten, damit die Haare nicht mehr als nötig strapaziert werden und das bestmögliche Behandlungsergebnis erzielt wird?**

____

____

14 Abziehen von Oxidationsfarben

14.1 Wann kann ein Farbabzug (Entfärbung) notwendig werden?

______

______

14.2 Für den Haarfarbenabzug gibt es zwei Möglichkeiten. Vergleichen Sie diese beiden Möglichkeiten nach folgender Übersicht.

Art		
Mittel		
Chemischer Vorgang		
Entfärbung		
Nachbehandlung		
Anwendung		
Vorteile		
Nachteile		

15 Ausschalten von Fehlerquellen

15.1 Nennen Sie die häufigsten unerwünschten Ergebnisse bei Haarfarbenbehandlungen.

______

______

______

15.2 Wodurch lassen sich Fehler beim Färben von vornherein weitgehend vermeiden?

______

______

______

______

Name ______________________ Klasse ____________ Datum ____________

1 Bau und Wachstum des Fingernagels

1.1 Benennen Sie die Abschnitte des Handskeletts und der Finger.

Abschnitte des Handskeletts

____

____

____

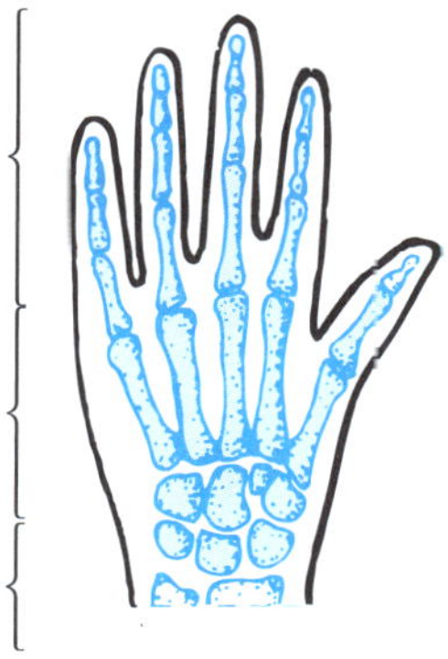

Fingerglieder

____

____

____

1.2 Benennen Sie die Bestandteile des Fingernagels.

gelb = ______________________

blau = ______________________

rot = ______________________

____

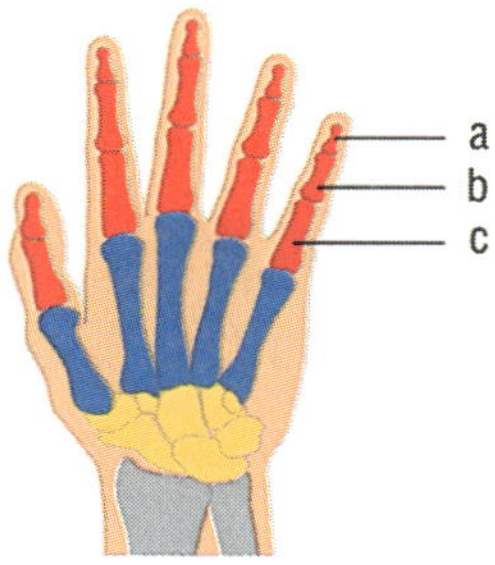

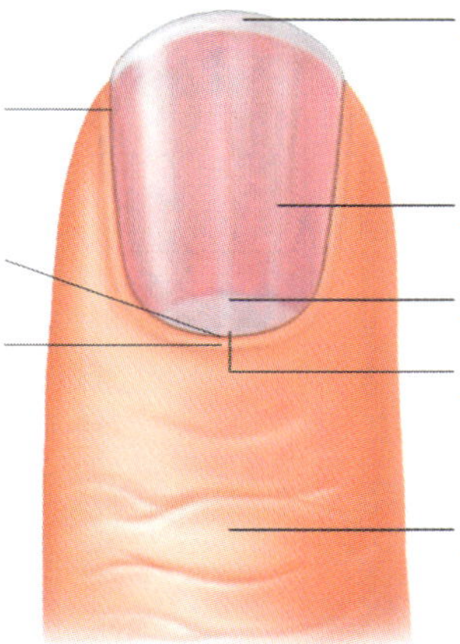

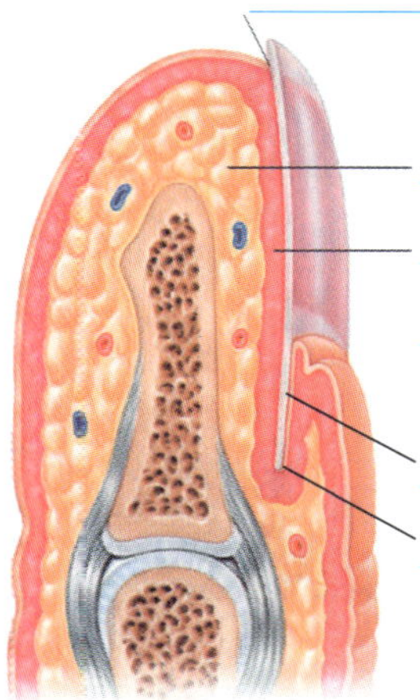

1.3 Beschreiben Sie die Nagelplatte.

____

____

1.4 Erklären Sie einer Kollegin, welche Funktion die Nagelhaut hat.

____

____

1.5 Wie viel wächst ein gesunder Fingernagel durchschnittlich im Monat?

____

____

2 Nagelschäden und Nagelanomalien

2.1 Ordnen Sie den Abbildungen die richtigen Bezeichnungen zu. Beschreiben Sie diese und nennen Sie die möglichen Ursachen und zeigen Sie Behandlungsmöglichkeiten auf.

Weiße Flecken, Querrillen, Nagelgrübchen, Pilzerkrankung, Längsrillen, brüchige Nägel.

Nagelanomalie	Beschreibung	Ursache und Behandlung
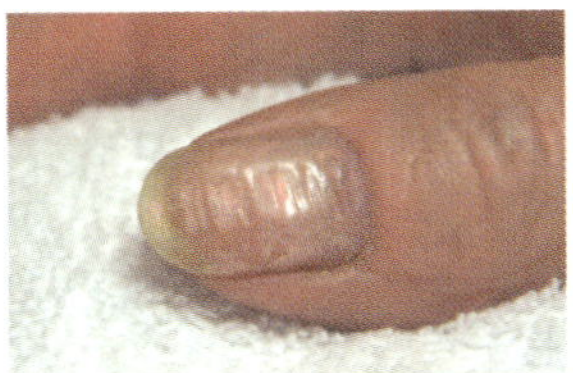		
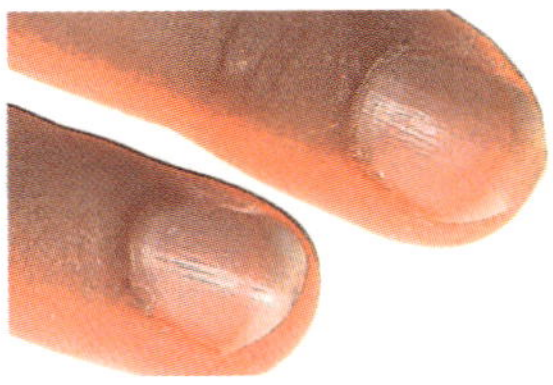		
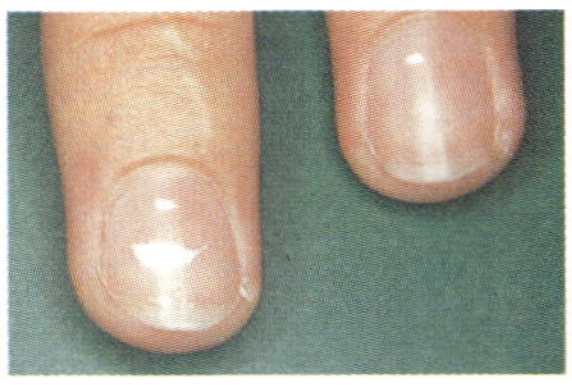		
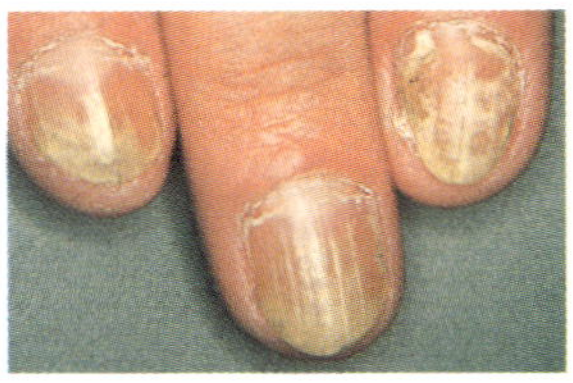		
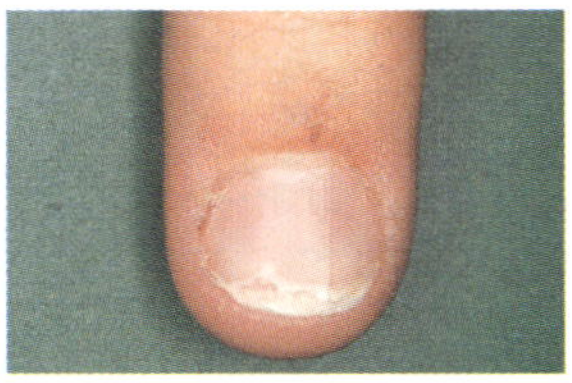		
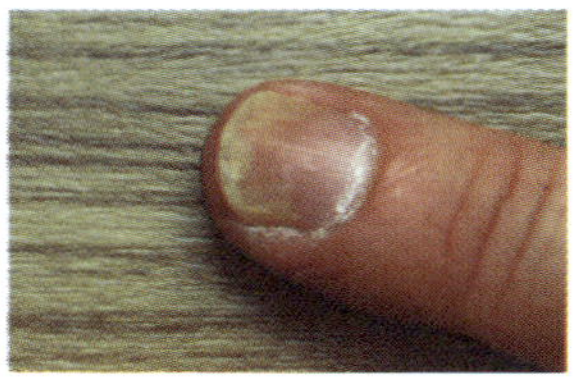		

Name ______________________ Klasse ______________ Datum ______________

3 Kundenkartei zur Maniküre

Erstellen Sie für eine Mitschülerin eine Kundenkartei zur Maniküre. Notieren Sie auch, welche Behandlungsmaßnahmen, Präparate sowie dekorative Nagelgestaltung Sie Ihrer Mitschülerin anbieten.

Diagnosebogen für die Hand- und Nagelpflege

Frau/Herr
Datum:
Bedient von:
Adresse:
Telefon:
Besonderheiten: z. B. Allergien, Unverträglichkeiten, Krankheiten

1. Aktueller Hautzustand der Hände

- normal
- trocken
- sehr trocken
- rissig, spröde
- Warzen
- Ekzeme
- Altersflecken
- Sonstiges: ______________

2. Form der Hände und Finger

- kurz
- lang
- schmal
- breit
- gerade
- Finger gebogen

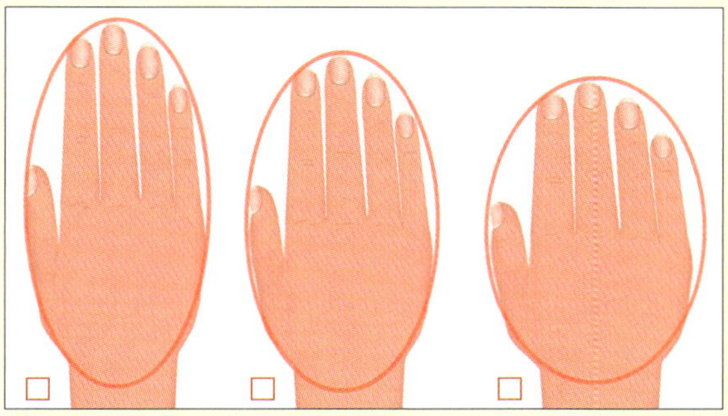

3. Allgemeiner Zustand der Nägel und Nagelveränderungen

- weiße Flecken
- Längsrillen
- Querrillen
- Niednägel/Entzündungen
- Pilzbefall
- andere Nagelerkrankungen
- spröder, brüchiger Nagel
- splissender Nagel
- eingerissener Nagel
- weich
- hart
- dünn
- flexibel, biegsam

4. Form der Nägel

a)
- annähernd gleich
- unterschiedlich

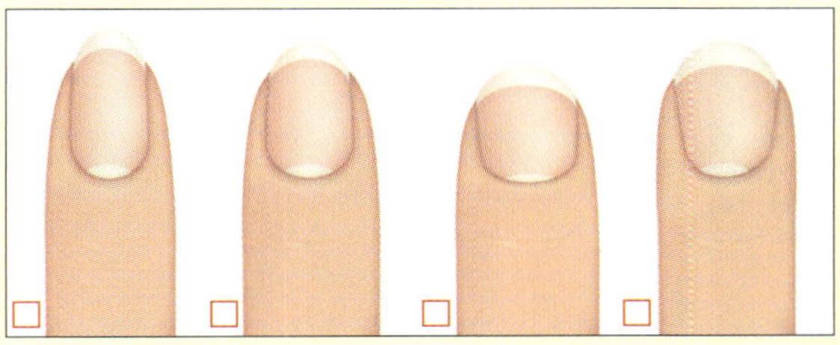

b)
- oval
- lang
- breit
- trapezförmig

5. Wunsch des Kunden und Bestimmung der Nagellänge + Nagelform

____

6. Behandlungsplan

- Behandlung der Nagelhaut mit Nagelhautentferner
- Einweichen
- Nagelhaut zurückschieben/radieren
- Schneiden
- Feilen
- Feiltechnik: ______________
- Spezialbehandlung zur Handpflege: ______________

7. Produkte

- Nagellackentferner
- Nagelhärter
- Nagelhautcreme
- Nagelöl
- Unterlack
- Handpeeling
- Handcreme
- Nagelschnelltrockner
- Überlack
- Farblack: ______________
- Sonstiges: ______________

8. Lackieren und Dekorieren der Nägel

Wunsch des Kunden: ______________

- Lackieren der gesamten Nagelplatte
- Nagelmond freilassen
- Nagelseitenränder freilassen
- French-Manicure
- Nageldesign: ______________

9. Verkaufsprodukte zur Heimbehandlung

- Handcreme
- Nagelpflegeprodukte: ______________
- Nagellack: ______________

Besondere Hinweise: ______________

3.1 Warum ist bei einer Hand- und Nageldiagnose der Beruf der Kundin wichtig?

____

____

____

4 Maniküre-Werkzeuge

4.1 Benennen Sie die abgebildeten Maniküre-Werkzeuge zum Kürzen und Formen der Fingernägel.

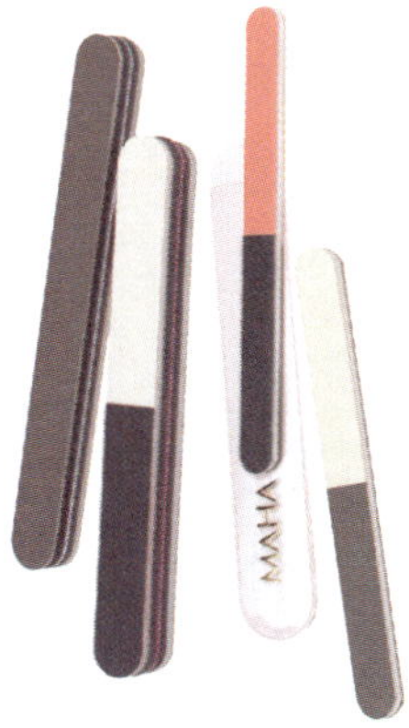

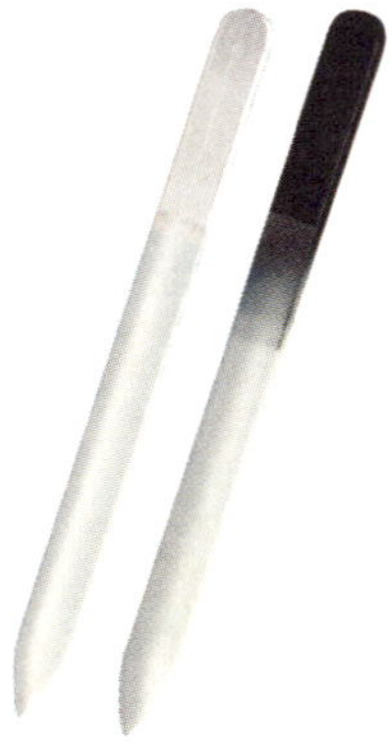

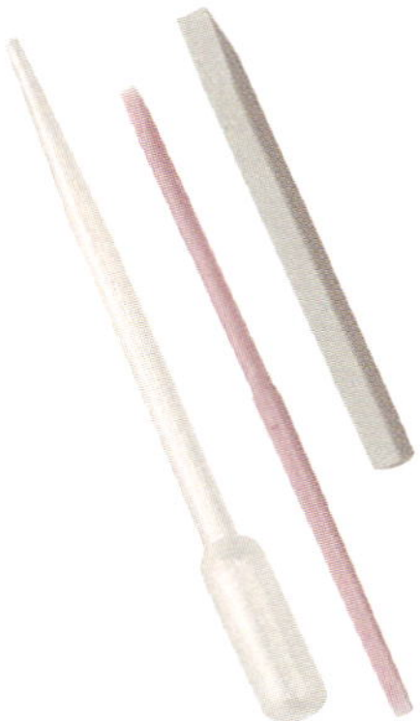

4.2 Bei der Behandlung der Nagelhaut kommt es leicht zu Verletzungen. Deshalb ist hier besondere Vorsicht geboten. Welche Maniküre-Werkzeuge kommen zur Behandlung der Nagelhaut infrage?

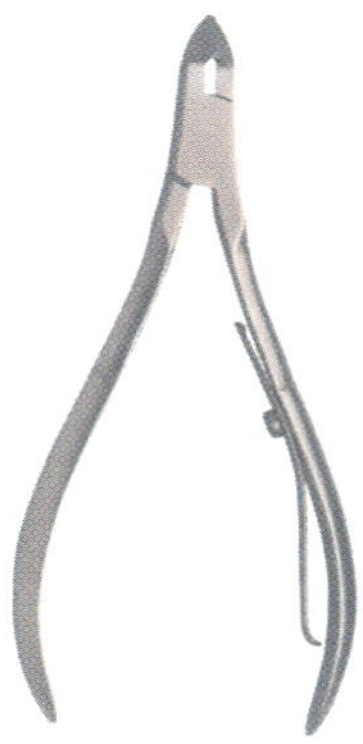

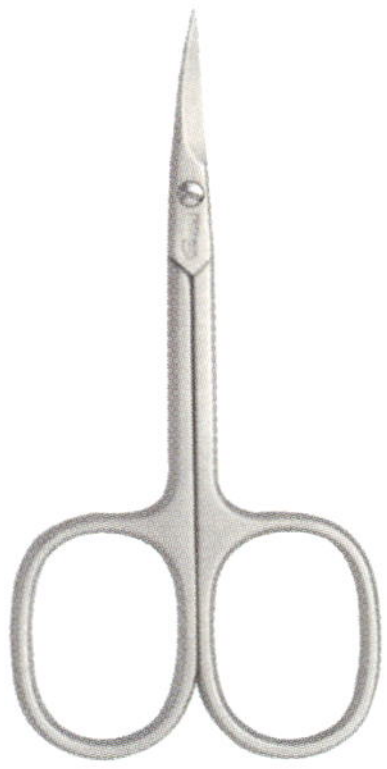

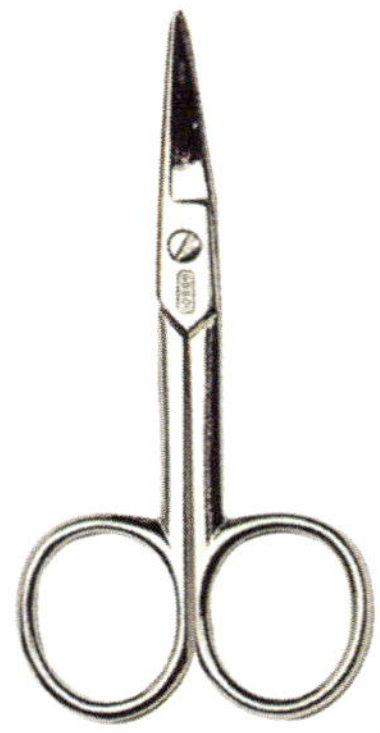

4.3 Beschreiben Sie den abgebildeten Arbeitsvorgang.

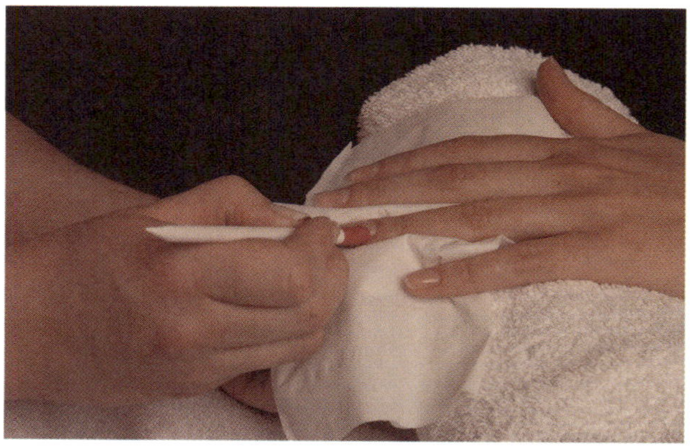

Name ______________________ Klasse ______________ Datum ______________

5 Die Durchführung der Hand- und Nagelpflege

5.1 Wie bereiten Sie Ihren Arbeitsplatz für eine Maniküre vor?

5.2 Welche hygienischen Maßnahmen sollten Sie vor einer Maniküre grundsätzlich beachten?

5.3 Worauf ist bei den folgenden Arbeiten besonders zu achten? Ergänzen Sie den Lückentext:

Zum **Entfernen des Nagellacks** etwas Nagellackentferner auf einen ______________ geben. Den Lack mit ______________ Bewegung zur ______________ hin abstreifen. Die Watte zum Nachreinigen ______________ .

Zum **Schneiden und Formen** werden Nagelschere bzw. Nagelzange nur gebraucht, wenn die Nägel sehr ______________ bzw. besonders ______________ sind. Zum Formen des Nagels wird die Nagelfeile ______________ angesetzt und in ______________ unter ______________ zur Nagelspitze geführt. Die beim Feilen entstandenen ______________ mit der ______________ entfernen! Während die Nägel der zweiten Hand geformt werden, kommt die erste zum Erweichen der Nagelhaut in ein ______________, dem zum Bleichen nikotinverfärbter Fingernägel ______________ ______________ zugesetzt werden kann. Durch Eincremen verhindert man, dass die Nagelhaut ______________ und der Nagel durch Nagellackentferner ______________ wird.

Zum **Entfernen der Nagelhaut** wird diese mit ______________ erweicht und mit dem ______________ oder ______________ zurückgeschoben. Anschließend sollte z. B. mit einem Haarkurmittel ______________ werden. Mit der Nagelhautschere sollte nur bei ______________ Nagelhaut gearbeitet werden, weil es leicht zu ______________ kommen kann. Dazu ist die Nagelhaut vorher mit dem ______________ oder dem ______________ ______________ zu lockern. Das Reinigen des Nagelsaumes erfolgt mit Nagelreiniger aus ______________ oder ______________ . Nötigenfalls nochmals mit der ______________ ______________ nochmals ______________ .

5.4 Erklären Sie Ihrer Kollegin im zweiten Ausbildungsjahr, wie die Werkzeuge nach einer Maniküre desinfiziert werden müssen.

5.5 **Vor der dekorativen Nagelgestaltung sollten Hand und Finger durch eine Massage gelockert werden. Beschreiben Sie die wichtigsten Massagegriffe und zeichnen Sie die jeweilige Massagerichtung ein.**

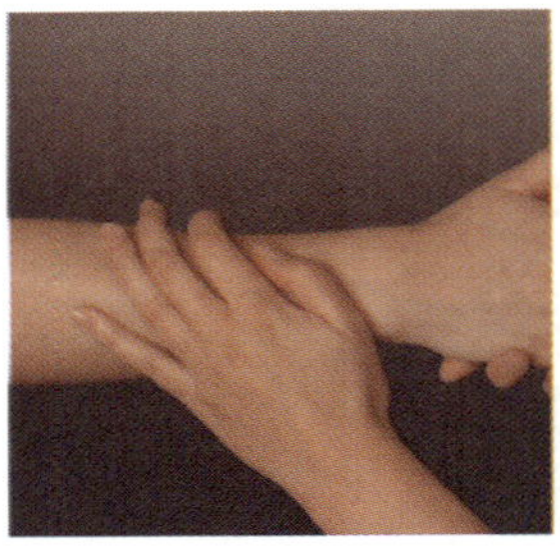
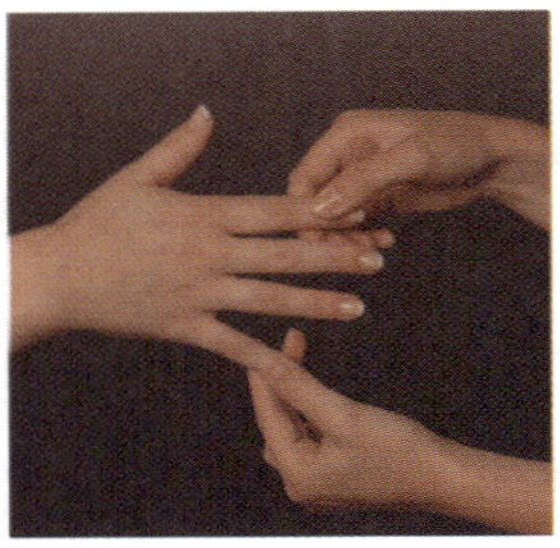

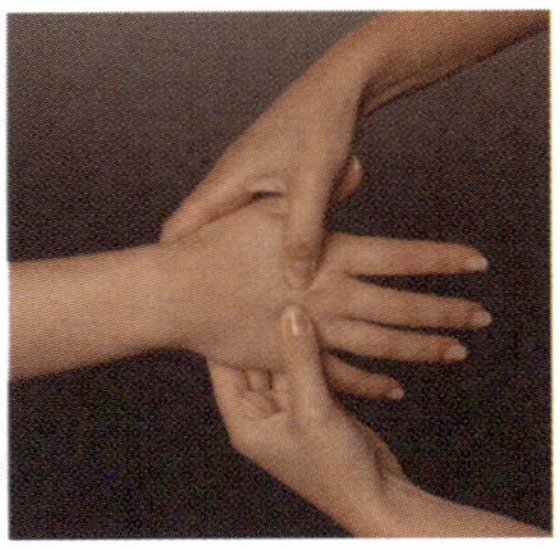

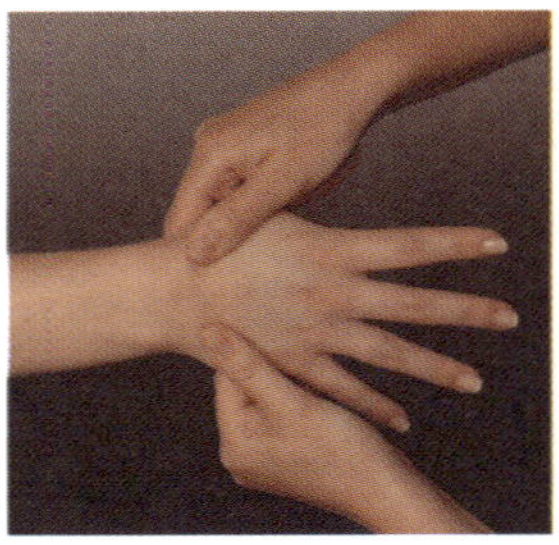
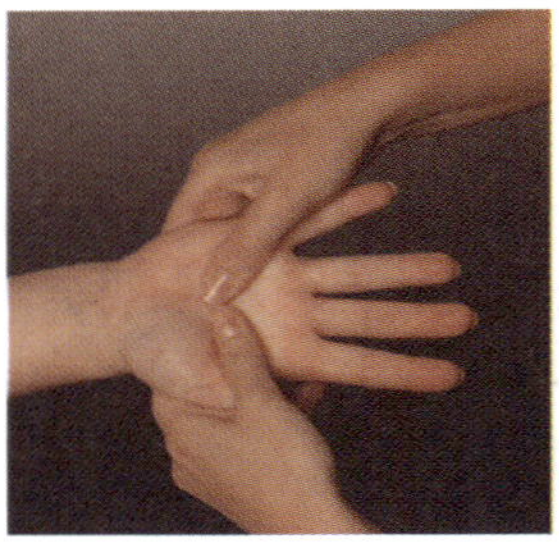
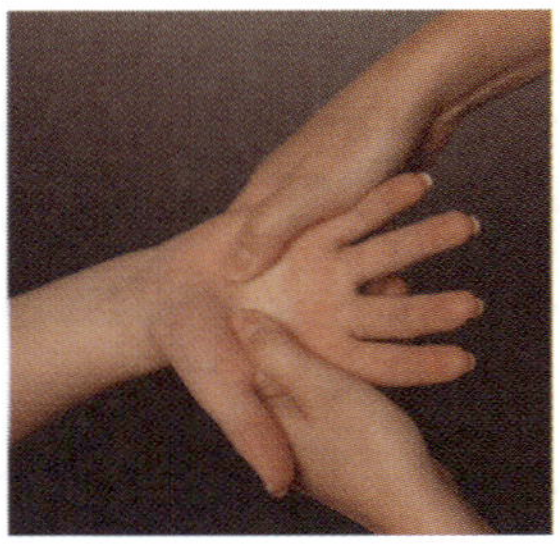
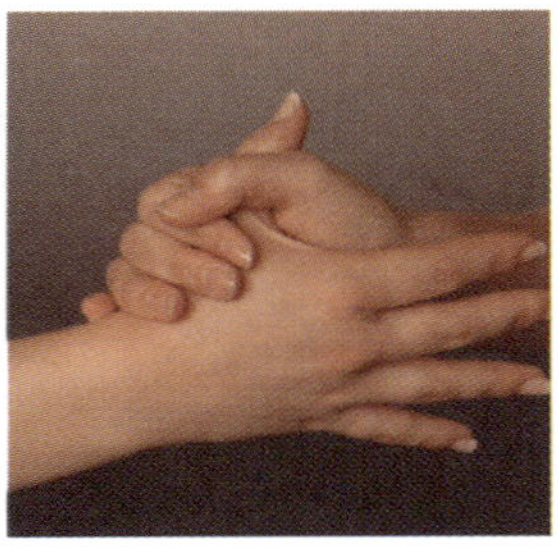

5.6 **Ihre Kundin bekommt eine farbliche Veränderung ihrer Haare. Während der Einwirkzeit führen Sie bei Ihrer Kundin eine Handmassage durch. Dabei beklagt sich die Kundin über ihre rauen und rissigen Hände.**
Führen Sie ein Beratungsgespräch und weisen Sie auf die unterschiedlichen Handpflegepräparate und deren Wirkungsweisen hin.

Name ______________________ Klasse ______________ Datum ______________

6 Die dekorative Gestaltung der Fingernägel

6.1 Benennen Sie die dargestellten Formen der Hände.

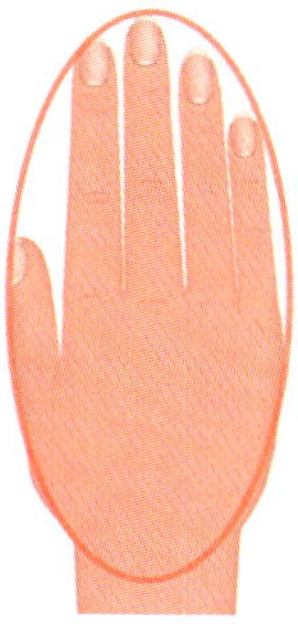
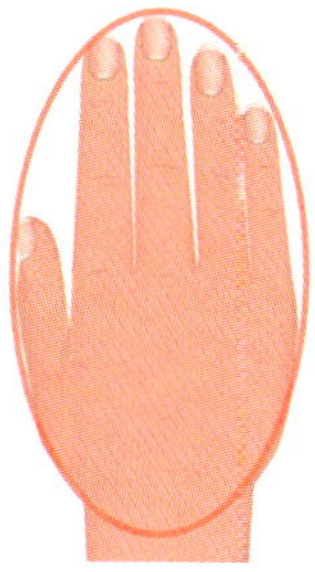
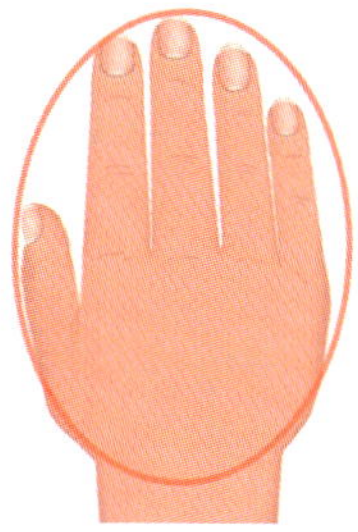

6.2 Benennen Sie die dargestellten Nagelformen.

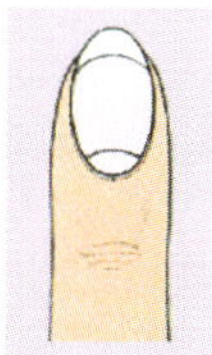
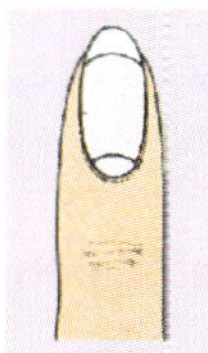
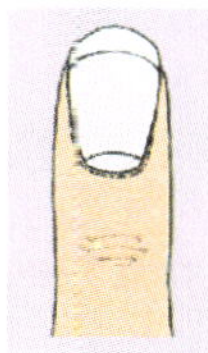
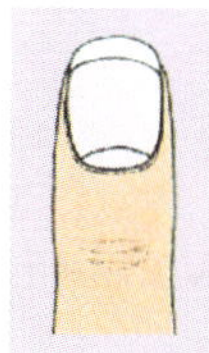

6.3 Durch das Auftragen von Nagellack lässt sich die Form der Nägel in gewissen Grenzen optisch korrigieren. Gleichen Sie die Nagelformen zeichnerisch so aus, dass ein optischer Ausgleich entsteht.

Bezeichnung	Lackiertechnik	Ergebnis
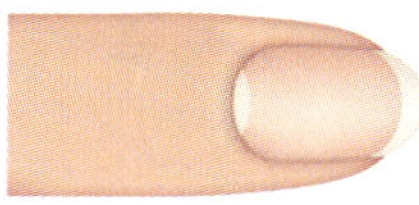		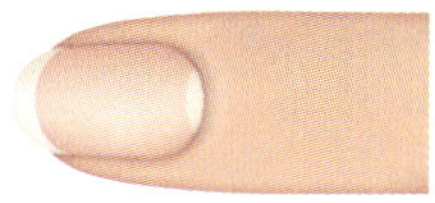
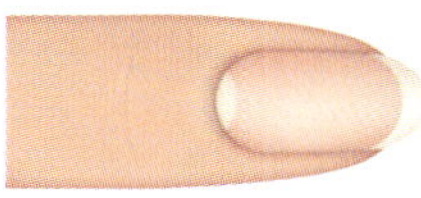		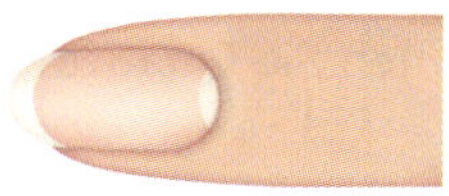
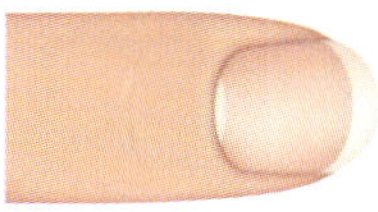		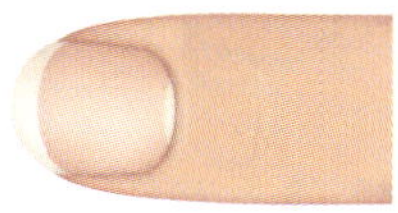
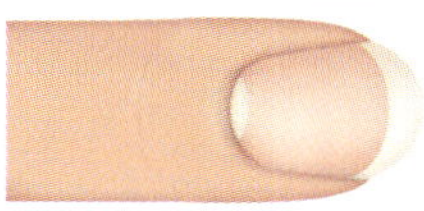		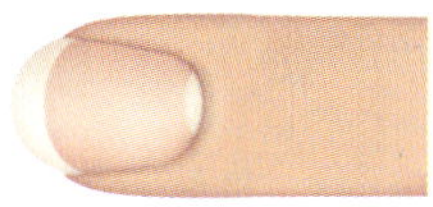

6.4 Was ist beim Auftragen von Nagellack zu beachten?

Den Pinsel in der __________ der Nagelplatte aufsetzen, bis zum __________ bzw. zur __________ schieben und dann zur __________ abziehen. Eine Lackierung aus zwei bis drei __________ Schichten hält besser und wirkt __________ als eine __________ Lackschicht. Bei fehlerhafter Lackierung Lack nochmals __________ und neu __________.

6.5 Eine Kundin mit sehr kurzen, breiten Händen und kurzen, kantigen Fingernägeln möchte einen Nagellack kaufen. Sie wünscht eine Beratung in Bezug auf eine Nagellackfarbe und dekorative Nagelgestaltung. Welche Empfehlung können Sie aussprechen?

6.6 Worauf ist beim Umgang mit Nagellack und Nagellackentferner zu achten?

6.7 Eine Kundin wünscht keinen farbigen Nagellack. Nennen Sie ihr Alternativen zu farbig lackierten Fingernägeln.

6.8 Zählen Sie Qualitätsmerkmale von Nagellacken auf.

6.9 Gestalten Sie die beiden Fingernägel nach Ihren Vorstellungen.

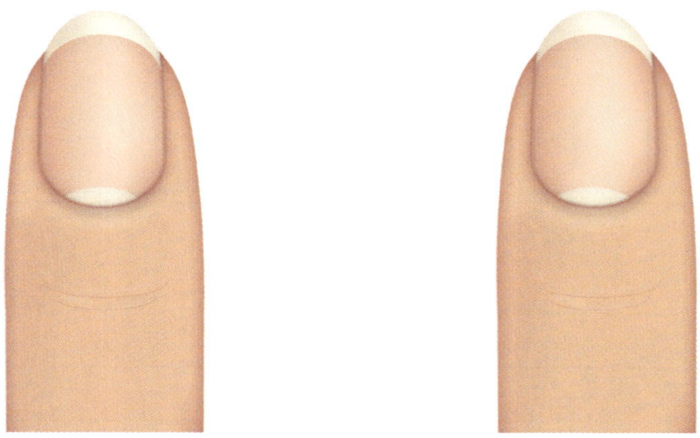

Name ______________________ Klasse ____________ Datum ____________

7 Kunstnägel und Nagelmodellage

7.1 Am Wochenende möchte Frau Müller zu einer Motto-Party. Alles ist gut vorbereitet, die Frisur und das Make-up passen perfekt zusammen.
Frau Müller beklagt sich über ihre abgebrochenen und splitternden Fingernägel.

Welche kosmetischen Nagelbehandlungen können Sie Frau Müller zu ihrer Motto-Party empfehlen?

7.2 Welche vorbereitende Maßnahmen sind bei einer Nagelverlängerung zu treffen?

7.3 Beschreiben Sie die Arbeitsschritte zur Nagelmodellage

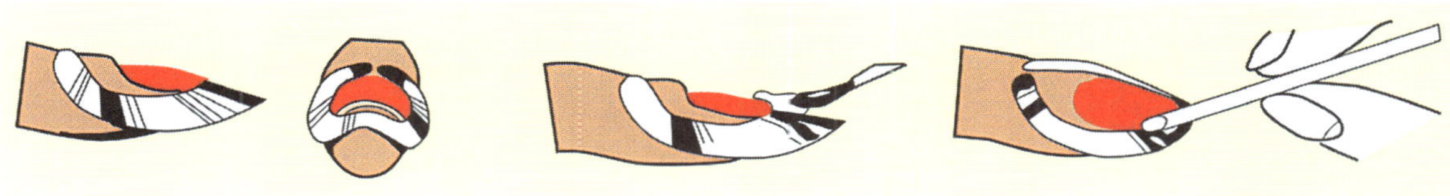

Nagelmodellagen dürfen nur bei völlig ______________ durchgeführt werden. Bei einer entzündeten Nagelhaut darf ebenfalls ______________ erstellt werden.

Die ______________ der Hersteller müssen genau beachtet werden, außerdem ist auf Hygiene und ______________ zu achten!

8 Die wichtigsten kosmetischen Präparate zur Nagelpflege und Maniküre

8.1 **Informieren Sie sich über die wichtigsten kosmetischen Präparate zur Nagelpflege und zur Maniküre und tragen Sie die wichtigsten Inhaltsstoffe sowie deren Aufgaben in die nachfolgenden Tabellen ein.**

Produkte zur Pflege und Gestaltung der Nägel

Produkt	Inhaltsstoffe	Aufgaben
Nagelhaut-entferner		
Nagel-härter		
Nagel-creme/ Nagelöl		
Hand-creme		
Unter- und Überlack		
Nagellack		
Rillenfüller		
Nagel-weißstift		
Nagellack-verdünner		

Name ______________________ Klasse ______________ Datum ______________

1 Aufgaben und Zielsetzungen der Kosmetik

1.1 **Die Schönheitspflege kann sich nicht auf die Anwendung farbiger Mittel beschränken. Welche Bedeutung hat sie außerdem?**

____

____

1.2 **Nennen Sie drei Umstände, die die günstige Entwicklung in der Kosmetik gefördert haben.**

– ____

____

– ____

____

– ____

____

1.3 **Nennen Sie grundlegende Voraussetzungen, die der Gesundheit und damit auch der Erhaltung der natürlichen Schönheit dienen, und ordnen Sie diese den Symbolen zu.**

1.4 **Nennen Sie die beiden großen Aufgabenbereiche der Kosmetik und deren Zielsetzungen.**

______________________ ______________________

Zielsetzungen:

______________________ ______________________

______________________ ______________________

______________________ ______________________

1.5 **Welche dieser Maßnahmen gehören zur pflegenden Kosmetik? (4)**

- ☐ a) Auftragen von Make-up
- ☐ b) Gesichtsmassagen
- ☐ c) Anlegen von Lidschatten
- ☐ d) Anwenden von Feuchtigkeitscreme
- ☐ e) Hautreinigung
- ☐ f) Abdecken von Sommersprossen
- ☐ g) Zupfen der Augenbrauen
- ☐ h) Anwenden von Packungen

M *Kosmetik bedeutet auch* ______________________.

2 Voraussetzungen zur Durchführung kosmetischer Behandlungen

2.1 Nennen Sie wichtige Grundkenntnisse aus den folgenden Wissensbereichen, die für eine verantwortungsbewusste Ausübung der Kosmetik erforderlich sind.

Biologie: ______________________________

____

Chemie: ______________________________

____

Hygiene: ______________________________

____

Psychologie: ______________________________

2.2 Welche persönlichen Voraussetzungen sollen von der Kosmetikerin für eine fachlich überzeugende Behandlung in der Kosmetikpraxis erfüllt werden?
Die Kosmetikerin soll:

- ______________________________
- ______________________________
- ______________________________
- ______________________________
- ______________________________
- ______________________________
- ______________________________

2.3 Welche Bedeutung hat das Vorgespräch mit der Kundin/dem Kunden?

____

____

2.4 Führen Sie zu den folgenden Punkten Beispiele an, die für die kosmetische Behandlung eine Rolle spielen können.

Persönliche Hautpflege: ______________________________

____

Erfahrungen mit Kosmetika: ______________________________

____

Körperliche Leiden: ______________________________

Sonstiges: ______________________________

M *Die Kosmetikerin benötigt heute neben ______________________ auch ______________________ in ______________________ . Um das Vertrauen der Kunden zu bewahren, ist ______________________ eine wichtige Voraussetzung.*

Name ______________________ Klasse ____________ Datum ____________

3 Prüfung der Hautfunktionen

3.1 In welchem Zustand sollte sich die Haut befinden, um die Hautfunktionen richtig beurteilen zu können?

3.2 Welche Erkenntnisse über die Struktur und den Zustand der Haut gewinnen Sie aus den folgenden Betrachtungsmerkmalen?

Hautrelief:

Porenbild:

Hautfarbe:

3.3 Wie informieren Sie sich über die folgenden Hautfunktionen?

a) Spannungszustand:

b) Durchblutung:

c) Empfindlichkeit:

d) Talg- und Schweiß-sekretion:

3.4 Die Hautdiagnose als Bestandteil der Kosmetik ist nur sinnvoll, wenn sie durch eine erfahrene Fachkraft erfolgt. Begründen Sie das.

4 Bestimmung des Hauttyps

4.1 Welche Merkmale der Haut sind für die Zuordnung zu einem Hauttyp maßgebend?

4.2 Beschreiben Sie die folgenden Hauttypen.

Normale Haut

Trockene Haut
(Sebostase)

Fettige Haut
(Seborrhö oleosa)

Großporige, schuppende Haut
(Seborrhö sicca)

Altershaut
(anspruchsvolle Haut)

4.3 Üben Sie mit einer Kollegin die Hautbestimmung. (Stellen Sie zunächst die typischen Hautmerkmale fest.) Verwenden Sie dafür den Beurteilungs- und Behandlungsplan von Seite 177.

M *Wegen der fließenden __________ und __________ ist eine eindeutige __________ zu einem Hauttyp nicht immer möglich.*

Name ______________________ *Klasse* ______________ *Datum* ______________

5 Beurteilungs- und Behandlungsplan

Frau/Herr ______________________ ***Tel.*** ______________

Bedient von ______________________ ***Datum*** ______________

Persönliche Hautpflege

Verwendete Präparate zur/zum

Gesichtsreinigung: ....

Gesichtspflege: ....

Make-up: ....

Augen-Make-up: ....

Lichtschutz: ....

....

Überempfindlichkeit gegen	ja	nein
(alkalische) Seifen	■	■
Alkohol (Gesichtswasser)	■	■
eth. Öle (Parfüm, Deo)	■	■
UV-Licht (Sonne, Solarium)	■	■
Wärme (IR-Licht-Kompressen)	■	■
Dampf (Vapozon)	■	■

....

Besondere Hautprobleme: ....

Hautbeurteilung

Faltenbildung

Mimische Falten:
- ■ keine
- ■ schwach
- ■ ausgeprägt

Altersfalten:
- ■ keine
- ■ schwach
- ■ ausgeprägt

Poren

Allgemein:
- ■ eng/fein
- ■ mittel
- ■ weit/groß

Im seborrhöischen Bereich:
- ■ eng/fein
- ■ mittel
- ■ weit/groß

Glanz

Allgemein:
- ■ glanzlos/stumpf
- ■ natürlich glänzend
- ■ ölig glänzend

Im seborrhöischen Bereich:
- ■ glanzlos
- ■ ölig glänzend
- ■ wachsartig

Elastizität (Turgor/Tonus)
- ■ gut
- ■ mäßig
- ■ schlecht

Durchblutung
- ■ stark
- ■ normal
- ■ schwach

Empfindlichkeit
- ■ gesteigert
- ■ normal
- ■ schwach

Besonderheiten
- ■ Komedonen
- ■ Aknepusteln
- ■ Milien
- ■ Teleangiektasien
- ■ Sommersprossen
- ■ Muttermale/Leberflecken
- ■ Warzen
- ■ Narben

Hauttyp

■ Normale Haut ■ Trockene Haut ■ Fettige Haut ■ Großporige, schuppende Haut ■ Anspruchsvolle Haut

Behandlungsplan

Reinigungspräparat: ■ Reinigungsmilch ■ Reinigungsschaum ■ Reinigungscreme

Nachreinigung: Gesichtswasser mit ■ 50 % ■ 40 % ■ 30 % ■ 20 % ■ 10 % ■ ohne Alkohol

Pflegepräparat: .... ■ mit ■ ohne Vapozon

Sonstiges: ....

6 Kosmetische Reinigungsmittel

6.1 Nach welchen Gesichtspunkten sind die Mittel und Methoden zur Gesichtsreinigung auszuwählen?

6.2 Was bewirken warme Kompressen und Gesichtsdampfbäder?

6.3 Was geschieht beim Peeling?

6.4 Markieren Sie die Reinigungsmittel, die für den jeweiligen Zweck gut geeignet sind, mit zwei Kreuzen, und Reinigungsmittel, die nur bedingt geeignet sind, mit einem Kreuz.

Übersicht	Normale Haut	Trockene, empfindliche Haut	Fettige, unreine Haut	Großporige, schuppende Haut	Anspruchsvolle Haut	Make-up-Entfernung
Reinigungsschaum oder -lotion						
Reinigungsmilch (Ö/W)						
Gesichtswasser (bis 20 % Alkohol)						
Gesichtswasser (20 bis 30 % Alkohol)						
Gesichtswasser (30 bis 50 % Alkohol)						
Peeling						

7 Gesichtsreinigung – Benennen Sie die Schritte der Gesichtsreinigung.

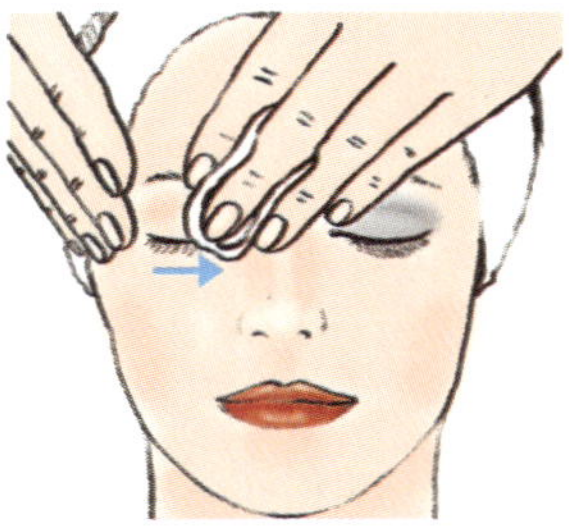

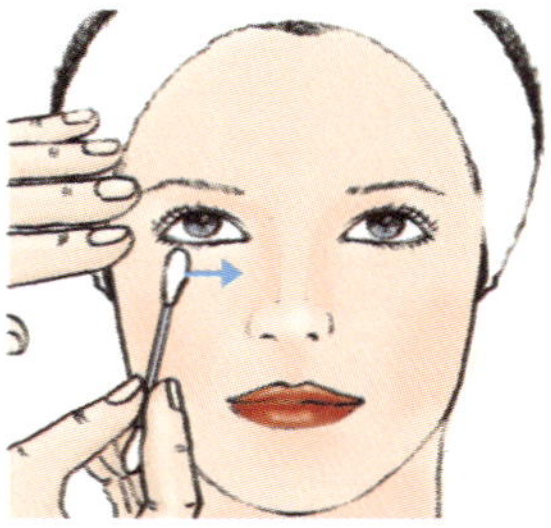

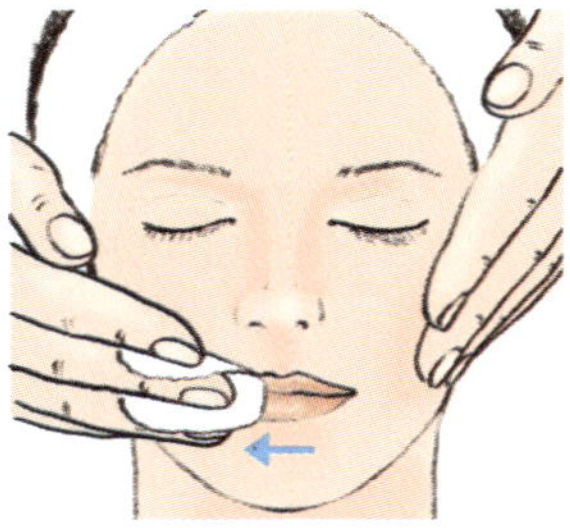

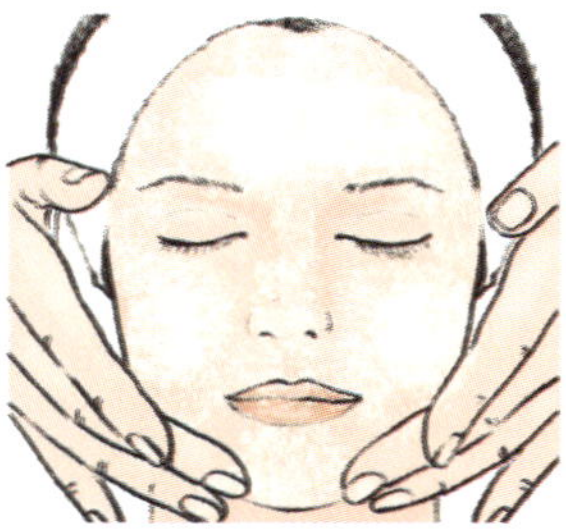

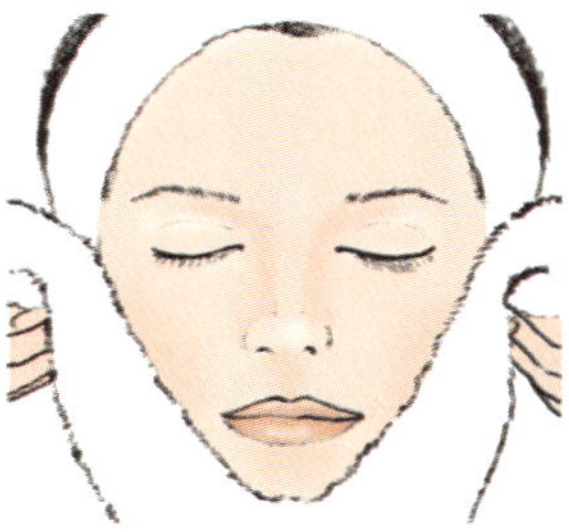

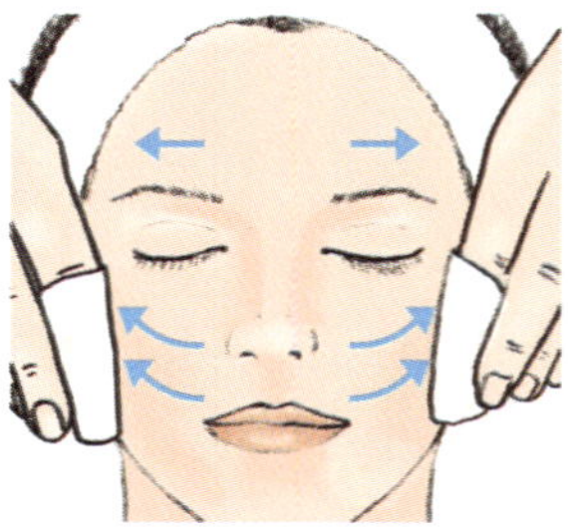

Name ______________________ Klasse ______________ Datum ______________

8 Kosmetische Gesichtsmassage

8.1 Die Gesichtsmassage wird überwiegend manuell (mit den Händen) ausgeführt. Begründen Sie das.

____

____

8.2 Worauf ist bei der Gesichtsmassage besonders zu achten?

____

____

8.3 Welche allgemeinen Zwecke soll die kosmetische Massage erfüllen?

– ____

– ____

– ____

– ____

8.4 Wie werden die im Folgenden beschriebenen Massagearten genannt und welche Wirkungen haben sie?

Massagearten	Wirkungen
Streichen parallel zur Hautoberfläche:	
Reiben in kleinen Kreisbewegungen unter Druck:	
Leichtes Trommeln mit den Fingerkuppen:	
Anheben und Verschieben von Haut und Muskulatur:	
Verschieben der Haut mit den Fingerkuppen:	
Druck auf die Austrittstellen der Nervenäste:	

8.5 Zeichnen Sie die Massagegriffe ein.

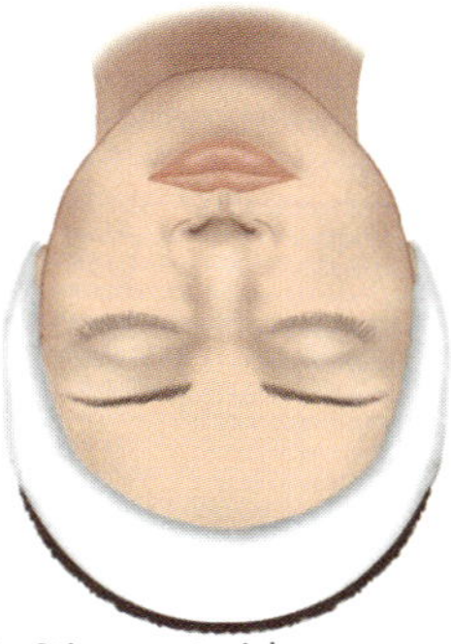

1. Stirn ausstreichen

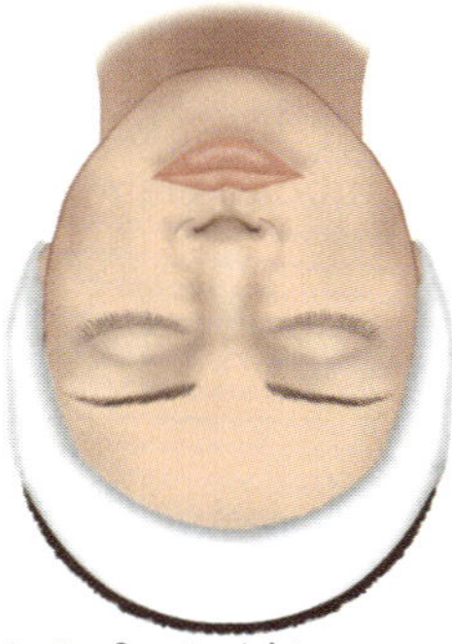

2. Großer Gesichtsausstreichgriff

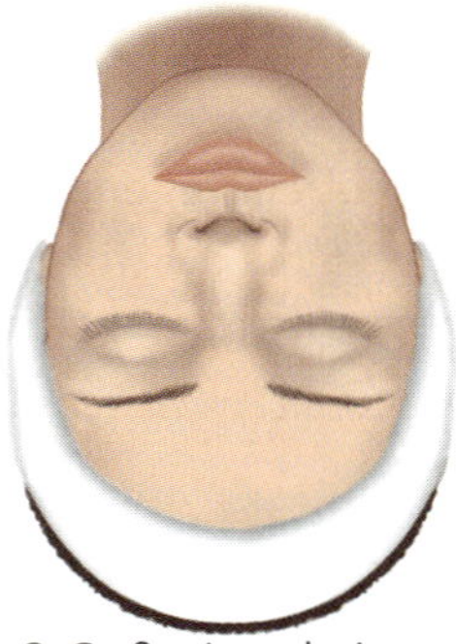

3. Großer Augenkreis

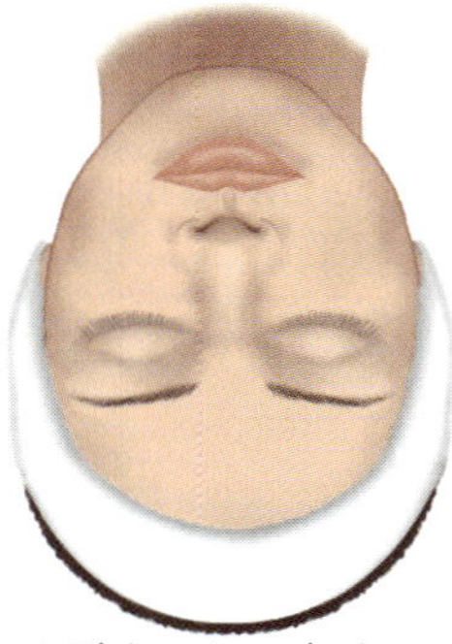

4. Kleiner Augenkreis

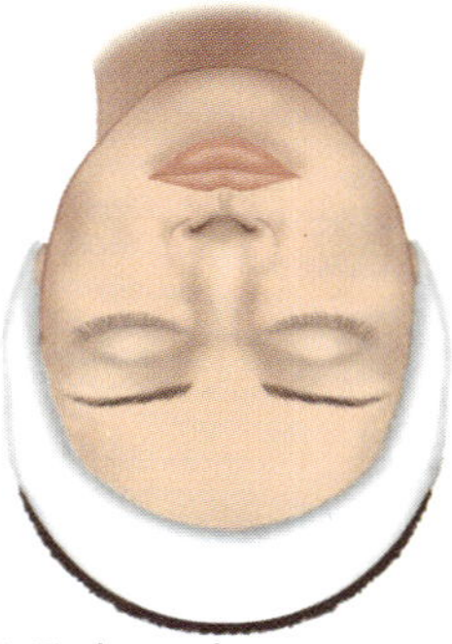

5. Bindegewebsmassage am Jochbeinrand

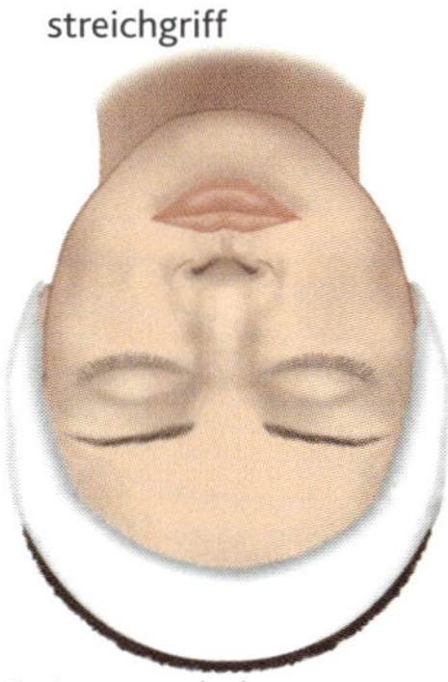

6. Augen zuhalten

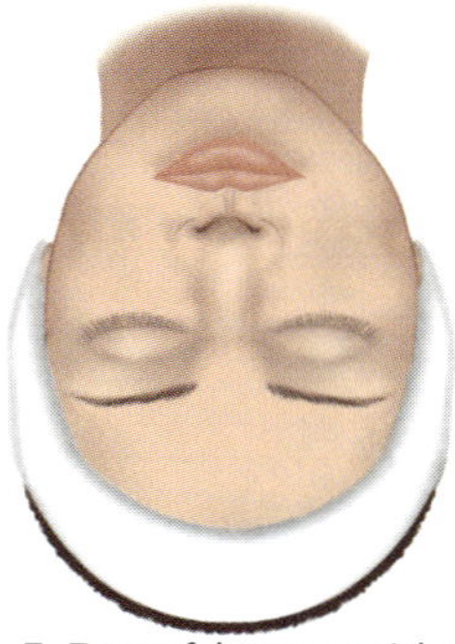

7. Zornesfalte ausstreichen

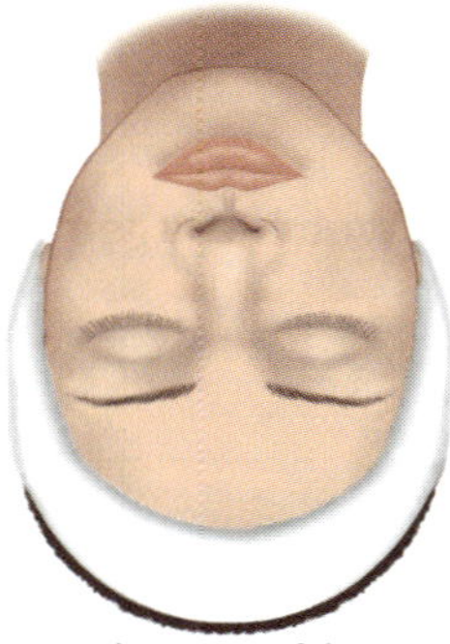

8. Friktionen auf der Stirn

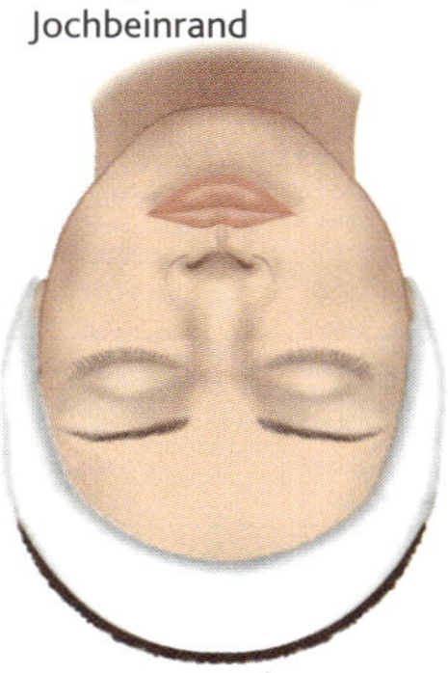

9. Stirn ausstreichen von Schläfe zu Schläfe

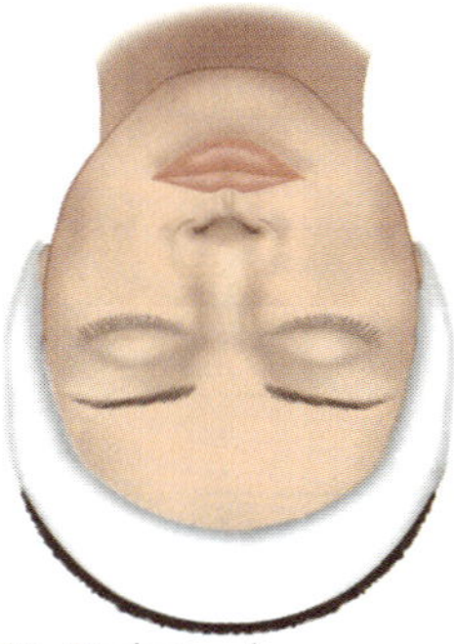

10. Bindegewebsmassage von Nasolabialfalte zu Schläfen

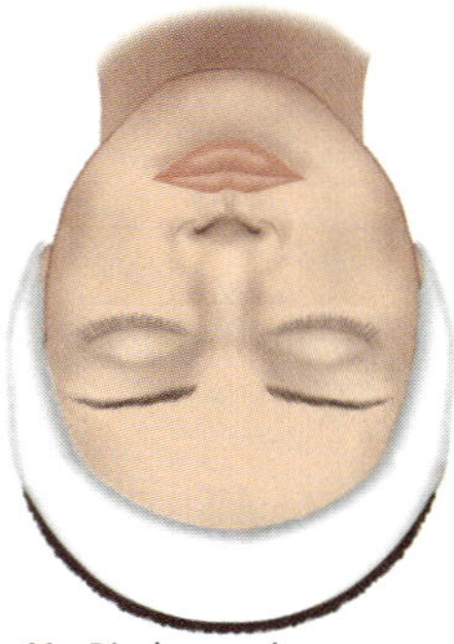

11. Bindegewebsmassage vom Kinn zu den Ohren

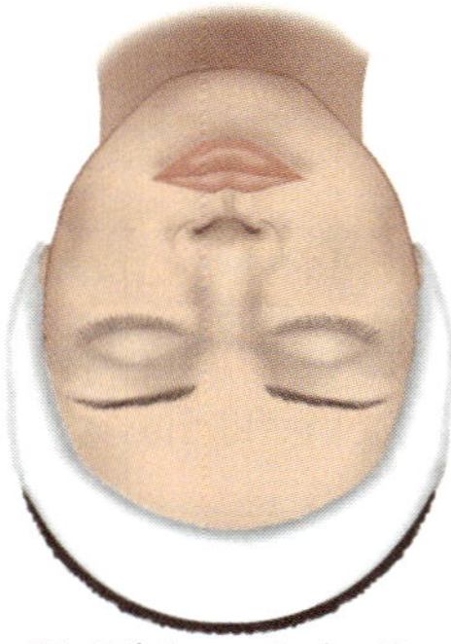

12. Friktionen in der Kinnrille und an der Nase

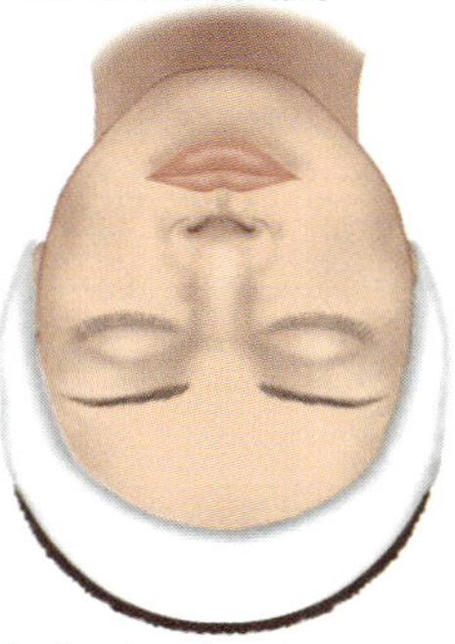

13. Ausstreichen des Mundringmuskels

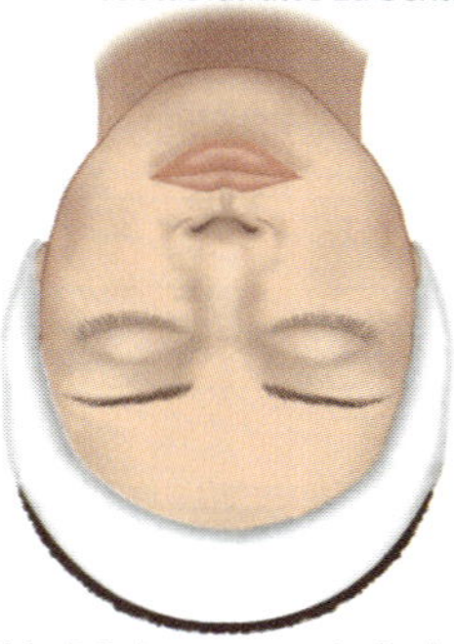

14. Friktionen unterhalb des Kinns

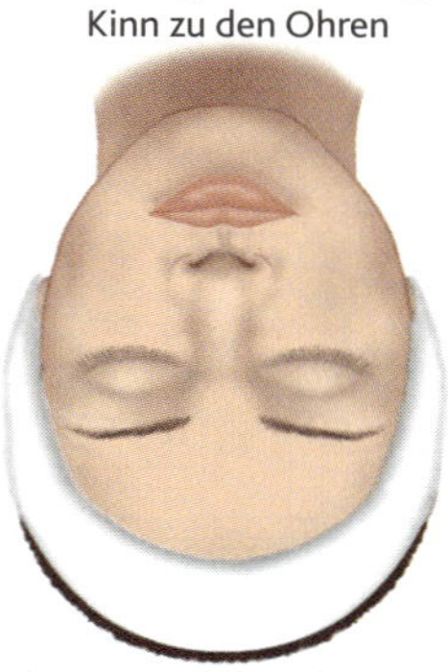

15. Ausstreichen der Kinnpartie von Ohr zu Ohr

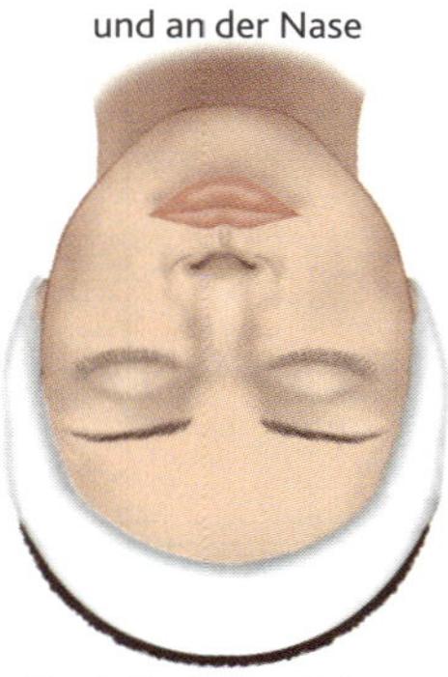

16. Seitlich den Hals von oben nach unten ausstreichen

8.6 Nennen Sie Massagegeräte, die auch bei der Gesichtsbehandlung verwendet werden.

____

8.7 Womit kann die Haut nach der Massage adstringiert werden?

____

M *Bei der Gesichtsmassage ist darauf zu achten, dass die Griffe in einem bestimmten ______________ ablaufen und ______________ ineinander übergehen.*

Name ______________________ Klasse ______________ Datum ______________

9 Hautpflegemittel und -maßnahmen

9.1 **Packungen dienen zum Teil der Reinigung, vor allem aber der Pflege der Gesichtshaut. Von welchen Faktoren hängt ihre Pflegewirkung ab?**

____

____

9.2 **Warum ist eine klare Unterscheidung zwischen Packungen und Masken heute recht schwierig?**

____

____

____

9.3 **Ergänzen Sie die vergleichende Übersicht.**

	Packungen	Masken
Durchlässigkeit	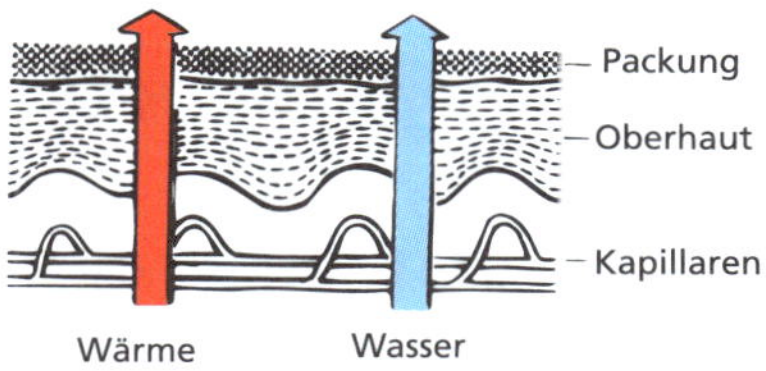 Für Körperwärme und Hautausdünstungen überwiegend ___________ .	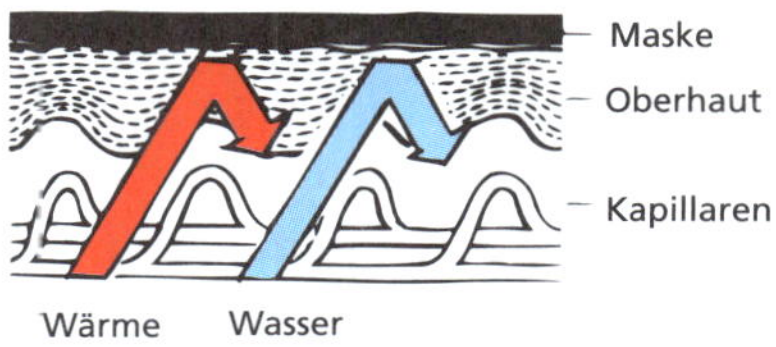 Für Körperwärme und Hautausdünstungen überwiegend ___________ .
Hautreaktionen	Saugwirkung ermöglicht ___________ ________ . Poren werden ___________ . Verdunstungskälte bewirkt ___________ ___________ . Haut wird ___________ durch verengte Kapillaren. Packungen ___________ die Hautfunktion und wirken ___________ .	Feuchtigkeitsstau bewirkt ___________ . Poren werden ___________ . Abdeckschicht bewirkt ___________ ________ . Haut wird ___________ durch erweiterte Kapillaren. Masken ___________ ________ die Hautfunktion und wirken ___________ .

9.4 **Nennen Sie Beispiele für Grundstoffe von a) pulverförmigen und b) gebrauchsfertigen Präparaten.**

a) ______________________ b) ______________________

9.5 **Nennen Sie Arten von Packungen oder Masken und ihren Anwendungszweck.**

Art ______________________ Anwendung

– ______________________

– ______________________

– ______________________

9.6 Mit Kompressen können je nach ihrer Anwendung unterschiedliche Wirkungen erzielt werden. Wie wirken die folgenden Kompressenarten?

Kalte Kompressen: ____________________

Warme Kompressen: ____________________

Wechselkompressen: ____________________

9.7 In welchen Fällen sollten warme Kompressen nicht angewendet werden? (2)

- [ ] a) Bei normaler Haut
- [ ] b) Bei fettiger, großporiger Haut
- [ ] c) Bei schuppiger, trockener Haut
- [ ] d) Bei trockener, alternder Haut
- [ ] e) Bei unempfindlicher, leicht fettiger Haut

9.8 Wann wird die Anwendung einer Wechselkompresse mit einer warmen Kompresse abgeschlossen (Begründung)?

____

____

____

9.9 Die Pflegecremes können grob in Tages- und Nachtcremes unterteilt werden. Nennen Sie weitere Bezeichnungen und den Emulsionstyp dieser Cremes und führen Sie die wichtigsten Inhaltsstoffe an.

Bezeichnungen	Emulsionstyp	Typische Inhaltsstoffe	Zweck
Tagescremes			
Nachtcremes			

9.10 Welche pflanzlichen Kosmetikwirkstoffe werden häufig verwendet?

____

____

9.11 Nennen Sie die wichtigsten Eigenschaften dieser Kräuterextrakte.

____

____

9.12 Welche besondere Wirkung wird den Liposomen nachgesagt?

____

____

Name ______________________ Klasse ____________ Datum ____________

10 Besondere Möglichkeiten der apparativen Kosmetik

10.1 Was sind wichtige Voraussetzungen für eine erfolgreiche apparative Kosmetik?

10.2 Nennen Sie zu jeder dieser Gerätegruppen Beispiele.

Geräte, die eine manuelle Behandlung unterstützen oder ersetzen:	Geräte, deren kosmetische Wirkungen durch manuelle Behandlungen nur unzureichend zu erzielen sind:	Geräte, die neue Möglichkeiten bieten:

10.3 Welche kosmetischen Wirkungen erzielt man mit Dampfbehandlungen?

–

–

–

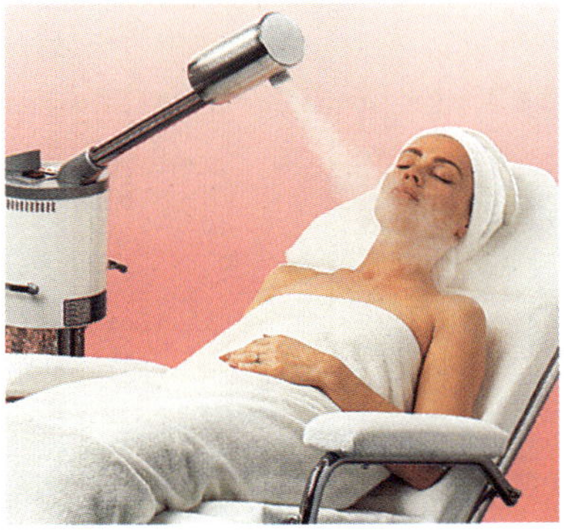

10.4 In welchen Fällen sollten keine Dampfbehandlungen erfolgen?

–

–

–

10.5 Welche weiteren Behandlungsmöglichkeiten bieten Bedampfungsgeräte?

–

–

10.6 Die ultravioletten Strahlen (UV-Strahlen) lassen sich nach ihrer Wellenlänge und ihrer Wirkung auf die Haut in drei Bereiche unterteilen. Welche speziellen Wirkungen haben die einzelnen Strahlenarten?

UV-A-Strahlen	UV-B-Strahlen	UV-C-Strahlen

11 Allgemeine Prinzipien für das Make-up

11.1 Nennen Sie die Aufgaben und die Zielsetzung der dekorativen Kosmetik.

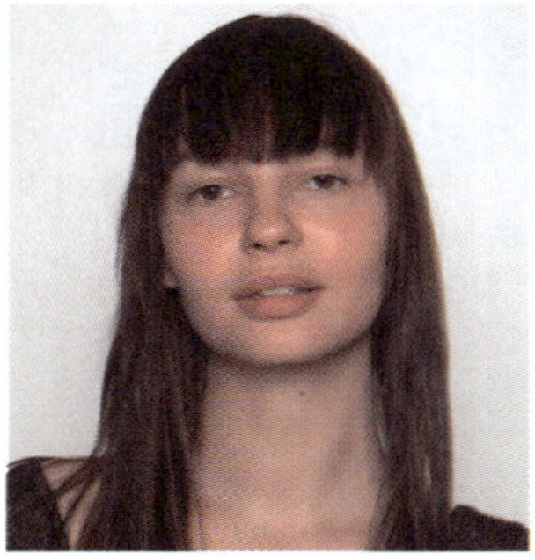

11.2 Was gilt als Grundsatz für das Make-up?

11.3 Nennen Sie Umstände und Gegebenheiten, die bei der Gestaltung eines Make-ups zu berücksichtigen sind.

11.4 Welche allgemeinen Richtlinien treffen zu? (3)

- ☐ a) Die Rundform eines Gesichts wird durch rundlich geformte Augenbrauen noch mehr betont.
- ☐ b) Die Farbe der Kleidung ist für das Make-up ohne Bedeutung.
- ☐ c) Ein heller Teint gibt bei dunklen Typen immer einen harmonischen Kontrast.
- ☐ d) Ein betontes Augen-Make-up ist besonders für den Abend angebracht.
- ☐ e) Farben und Farbübergänge fallen im hellen Tageslicht weniger auf, deshalb sind für das Tages-Make-up intensive Farben nötig.
- ☐ f) Je älter die Kundin ist, umso kräftiger muss das Make-up sein.
- ☐ g) Eine Sekretärin und eine Friseurin können sich bei ihrer beruflichen Tätigkeit ein auffälligeres Make-up leisten als z. B. eine Krankenschwester.

11.5 Warum muss sich eine Friseurin mit den unterschiedlichen Stiltypen vertraut machen?

M *Hauptzweck des Make-ups ist die* ______________________________ .

Name ______________________ Klasse ____________ Datum ____________

11.6 **Stil ist ein äußerlich erkennbares und individuelles Merkmal jedes Menschen. Ordnen Sie die unterschiedlichen Stilpersönlichkeiten in Bezug auf Frisur, Make-up und Kleidung in die Tabelle ein.**

Stilpersönlichkeit	Beschreibung	Frisur/Make-up	Kleidung
 Klassisch-eleganter Typ			
 Femininer Typ			
 Extravaganter Typ			
 Romantischer Typ			
 Sportlicher Typ			

12 Erstellen eines Make-ups

12.1 Nennen Sie die Funktion einer Grundierung durch Make-up.

12.2 Welche kundenspezifischen Gegebenheiten müssen beim Erstellen eines typgerechten Make-ups beachtet werden?

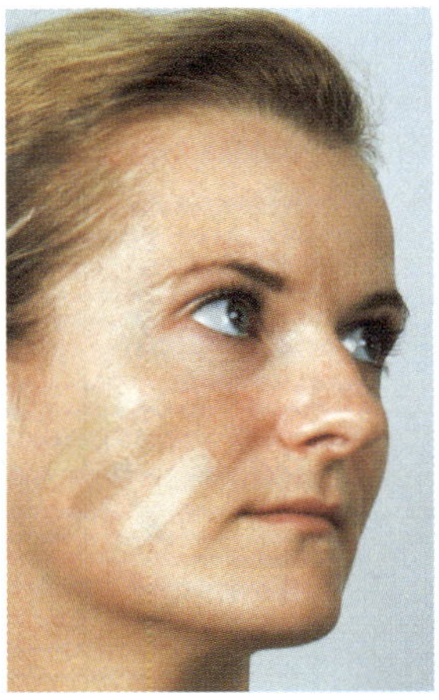

12.3 Wovon hängt die Farbauswahl der Grundierung ab?

12.4 Welcher Grundsatz gilt bei der Farbauswahl für eine Grundierung?

a) Nennen Sie Faktoren, an denen man eine fachlich richtig aufgetragene Make-up-Grundierung erkennen kann.

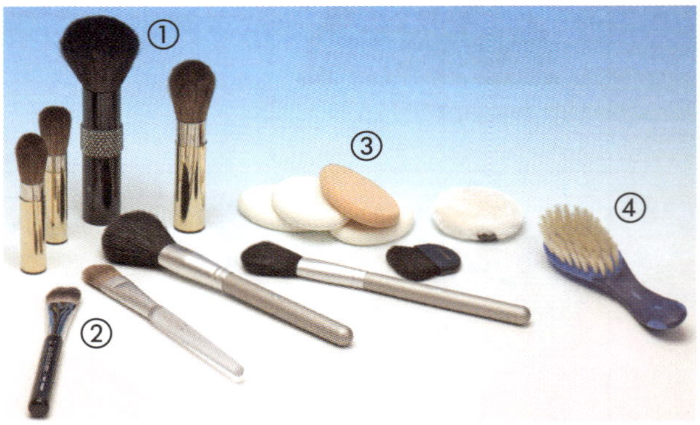

b) Ordnen Sie die Arbeitsmaterialien für eine Make-up-Grundierung und beschreiben Sie ihre Verwendungsmöglichkeiten.

Arbeitsmaterial	Verwendung
1. Puder- und Rougepinsel	
2. Make-up-Pinsel	
3. Make-up-Schwämmchen	
4. Make-up-Bürste	

Name ______________________ Klasse ______________ Datum ______________

12.5 Produktübersicht zur Gestaltung einer Make-up Grundierung.

Unterscheiden Sie die verschiedenen Make-up-Präparate und tragen Sie die Ergebnisse in die Tabelle ein.

Produkte für eine Grundierung:	Beschreibung und Anwendung	
Getönte Tagescreme		
Flüssiges Make-up		
Lang haftende Grundierung		
Kompakt-Make-up		
Puder-Creme-Make-up		
Camouflage-Make-up		
Spezielle Abdeckstifte		

12.6 Eine Kundin beklagt sich während eines Beratungsgesprächs über ihre Schatten unter den Augen und über die Äderchenzeichnung auf den Wangen. Welche speziellen Produkte zum Abdecken der Hautmängel bieten Sie der Kundin an?

12.7 Welche Inhaltsstoffe besitzen Abdeckstifte?

12.8 Wovon hängt die Deckkraft dieser speziellen Abdeckstifte ab?

12.9 Sie bieten Ihrer Kundin nach einem Frisurenstyling noch ein Tages-Make-up zu ihrer neuen Frisur an. Die Kundin reagiert verunsichert: „Ist so ein Make-up nicht schädlich für meine Haut?"

Beantworten Sie die Frage der Kundin, indem Sie ihr die Aufgaben der Make-up-Grundierung erklären.

12.10 Ordnen Sie den Inhaltsstoffen eines Make-ups die entsprechenden Aufgaben zu:

Machen das Make-up geschmeidig – schützen das Make-up vor Zersetzung und Verderben – bestimmen die Deckkraft eines Make-ups – verhindern das Austrocknen des Make-ups – erhält die Konsistenz und verhindert, dass sich die Pigmente absetzen – halten die Emulsion stabil

Inhaltsstoff	Aufgaben
Weiß- und Farbpigmente	
Fette und Öle	
Feuchthaltemittel	
Konservierungsmittel	
Verdickungsmittel	
Emulgatoren	

Name ______________________ Klasse ____________ Datum ____________

12.11 Welche Produkte sind zum Fixieren eines Make-ups besonders geeignet?

____

12.12 Woran lässt sich ein qualitativ hochwertiger Puder erkennen?

____

____

____

12.13 Unterscheiden Sie die Puderarten in ihren Eigenschaften:

Eigenschaften der Puderarten		

____________	____________	____________

12.14 Während Sie bei einer Kundin ein Tages-Make-up erstellen, berichtet Ihnen Ihre Kundin, dass trotz der richtigen Make-up-Grundierung nach kurzer Zeit die Gesichtshaut stark glänzt. Beraten Sie die Kundin, indem Sie ihr die Vorzüge und Aufgaben von Puder erläutern.

____

____

____

____

12.15 Durch Auftragen von Grundierung können auch bestimmte Partien im Gesicht ausgeglichen werden. Durch welche Grundiertechnik kann man

a) eine zu lange Nase kürzer erscheinen lassen? ______________________________

b) eine zu breite Nase schmaler erscheinen lassen? ______________________________

c) eine zu kurze Nase länger erscheinen lassen? ______________________________

M *Die Grundierung muss ______________________________.*
Das Make-up sollte unter der Kinnlinie und im Haaransatz verlaufen, da sonst das Gesicht ______________ und ______________ wirkt.

13 Augleichsmöglichkeiten der Gesichtsform durch Abschattieren mit Grundierung

13.1 Korrigieren Sie die unterschiedlichen Gesichtsformen durch Schattieren und orientieren Sie sich dabei an der ovalen Gesichtsform:

Benutzen Sie zum Schattieren einen hellbraunen Buntstift.

Ausgangssituation	Beschreibung des Ausgleichs durch Schattieren	Ausgeglichene Gesichtsform
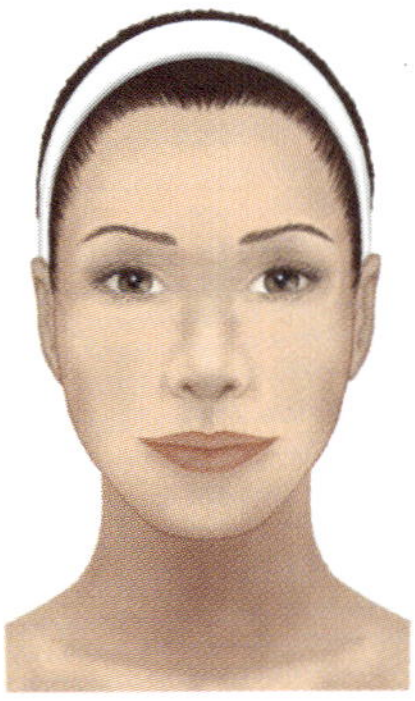		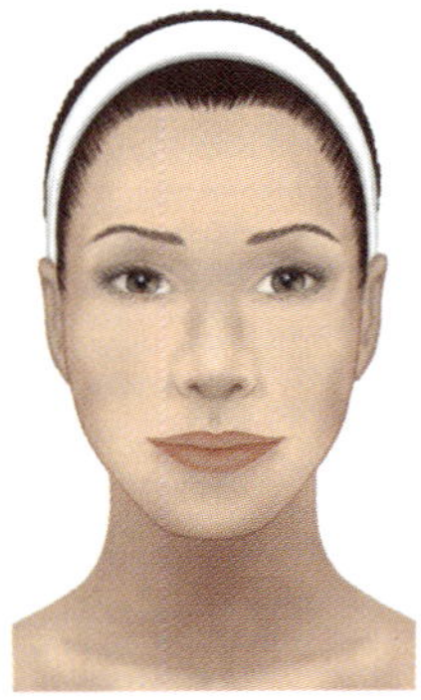
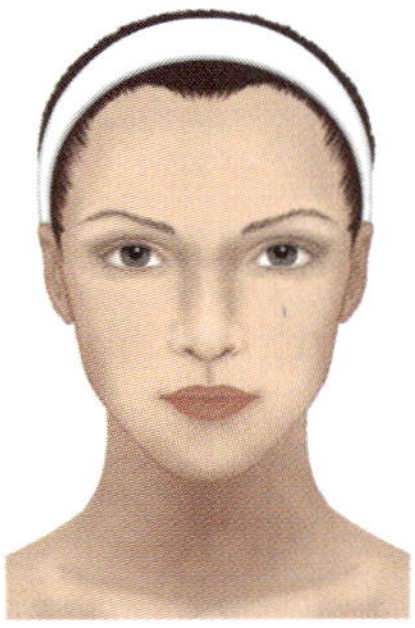		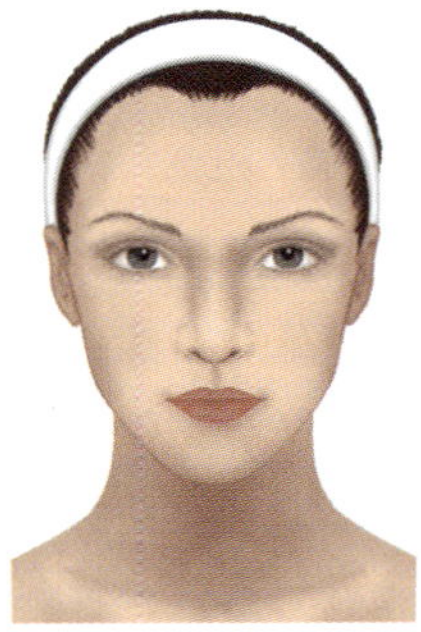
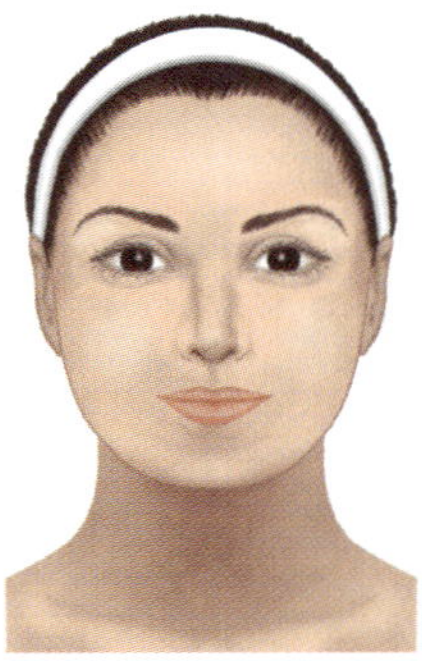		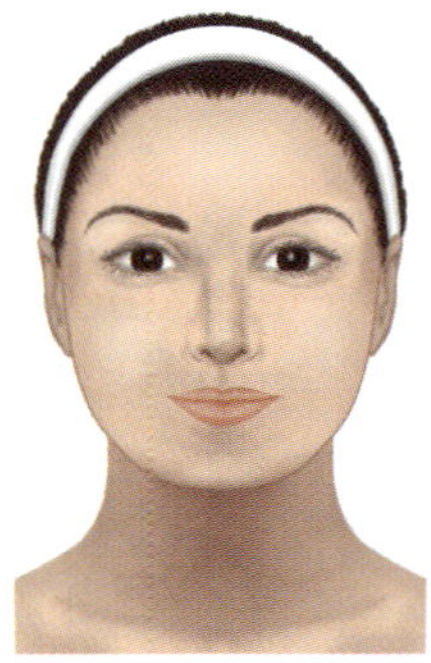
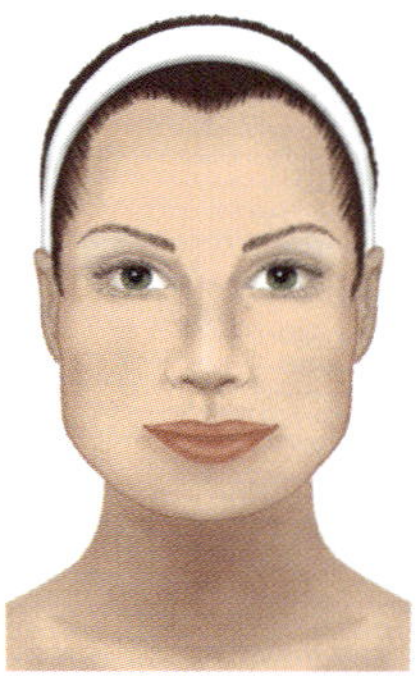		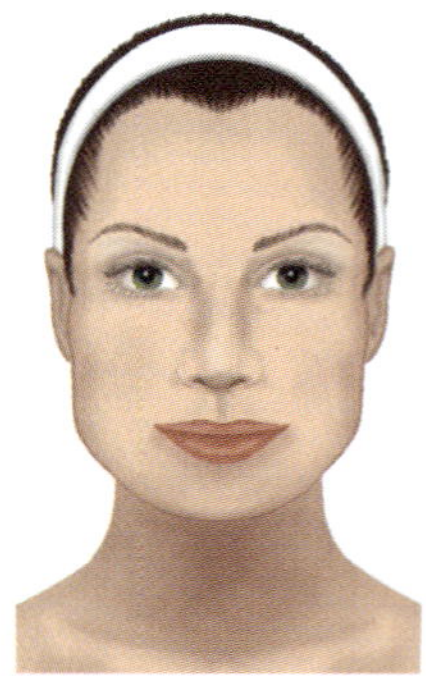

Name ______________________ Klasse ____________ Datum ____________

14 Augenbrauen formen

14.1 Beim Mienenspiel des Gesichts erfüllen die Augenbrauen eine wichtige Funktion. Was können Augenbrauen ausdrücken?

14.2 Augenbrauen werden in der Regel durch Zupfen korrigiert. Beschreiben Sie die richtige Vorgehensweise beim Augenbrauen Zupfen.

14.3 Wie sollten die Augenbrauen im Idealfall platziert sein? Zeichnen Sie Hilfslinien in die Skizze ein und bestimmen Sie den höchsten Punkt der Augenbraue.

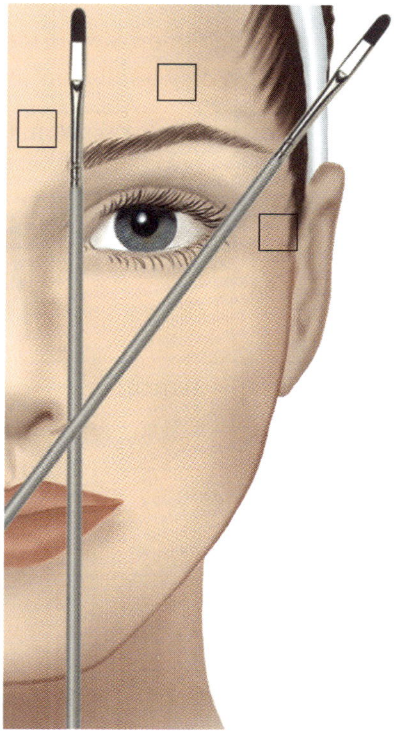

14.4 Zählen Sie die häufigsten Fehler bei der Korrektur der Augenbrauen auf.

Fehler	Ergebnis

14.5 Bei der Formgebung der Augenbrauen ist der Augenabstand zu berücksichtigen. Zeichnen Sie die Korrekturlinien in die Abbildungen ein.

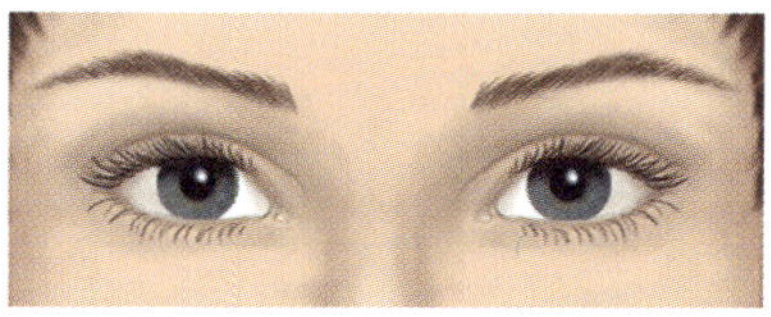

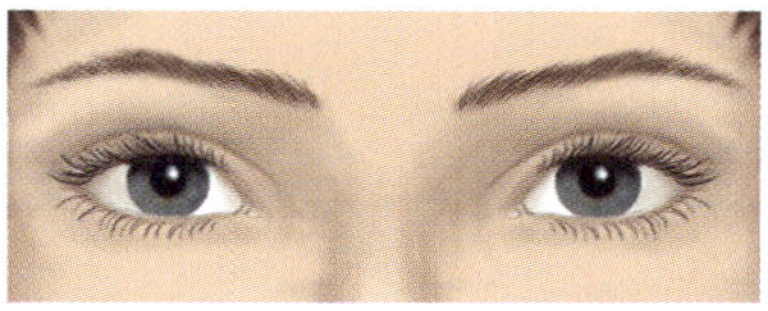

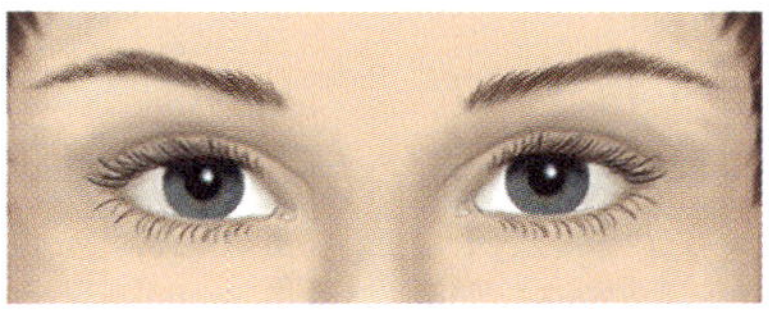

14.6 Welche Grundregel gilt für die Wahl der Augenbrauenfarbe?

15 Das Augen-Make-up

15.1 Beschriften Sie die unterschiedlichen Bereiche des Auges.

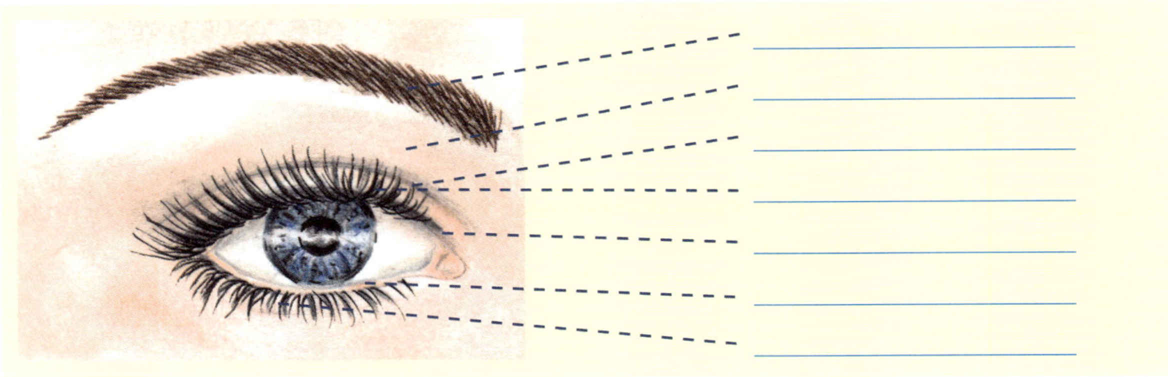

15.2 Unterscheiden Sie die verschiedenen Lidschatten nach Inhaltsstoffen und tragen Sie die Ergebnisse in die Tabelle ein:

Lidschattenart	Inhaltsstoffe	Gemeinsamkeiten
Kompaktpuder		
Lidschattenstifte/ Fettstifte		
Emulsionen		

15.3 Nennen Sie Qualitätsmerkmale von gutem Lidschatten.

15.4 Tragen Sie die Produkte ein, die zur Erstellung eines Augen-Make-ups benötigt werden.

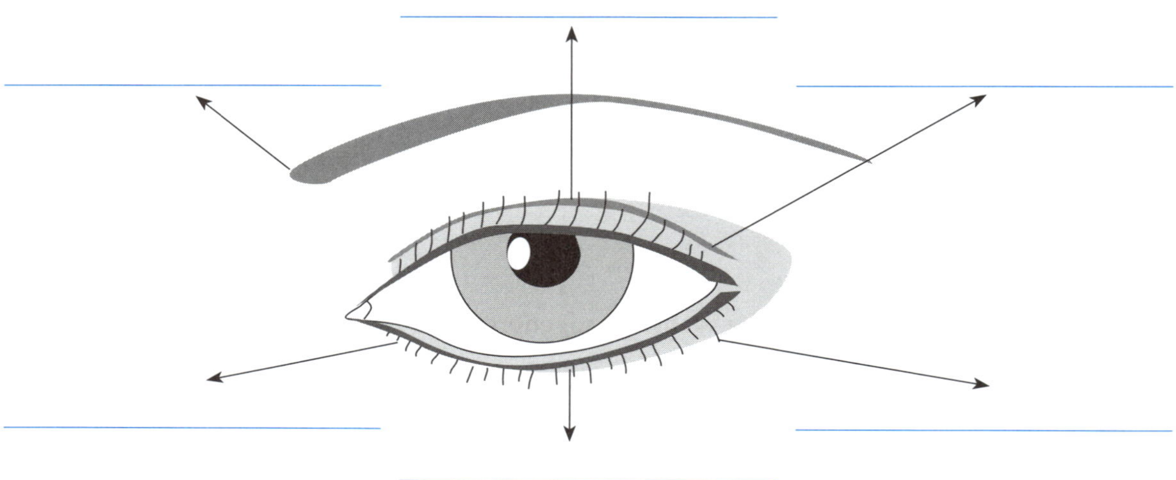

Name ______________________ Klasse ______________ Datum ______________

15.5 Welchen Zweck erfüllen Kajal, Eyeliner und Faserstifte beim Augen-Make-up?

____

____

____

15.6 Unterscheiden Sie Kajal, flüssigen Eyeliner und Faserstifte in ihren Eigenschaften und Verwendungsmöglichkeiten und tragen Sie die Ergebnisse in die Tabelle ein.

Produkte für den Lidrand

	Kajalstifte	Flüssiger Eye-Liner	Faserstifte
Eigenschaften/ Verwendungsmöglichkeiten			

Welche Hygienemaßnahmen müssen bei diesen Produkten unbedingt eingehalten werden?

____

____

15.7 Wimpertusche (Mascara) gibt es für unterschiedliche Bedürfnisse. Welche Qualitätsmerkmale zeichnen eine qualitativ gute Wimperntusche aus?

____

____

15.8 Wie lassen sich unschöne „Fliegenbeine" und ein Verklumpen der Wimpern beim Auftragen von Wimperntusche vermeiden?

____

____

15.9 Ergänzen Sie den Lückentext.

Zum farbigen Gestalten des Augenlids werden verschiedene Arten von Lidschatten genutzt, wie ______________________________. Kajalstifte werden zur ______________ der Augenlider eingesetzt. Sie unterstreichen die ______________ der Lidränder. Intensivere Effekte werden mit ______________________ erzielt. Durch einen fein gezeichneten Lidstrich erscheint der Wimpernansatz ______________ und das Auge wirkt ______________________. Wimpertusche (Mascara) dient zur farbigen Gestaltung, zur ______________ und zur ______________ der Wimpern. Sollten nach dem Auftragen von Wimperntusche die Wimpern verkleben, so lassen sie sich mit einem ______________ ______________ wieder trennen. Nach oben geschwungene Wimpern erzielt man durch den vorsichtigen Einsatz einer ______________________.

16 Schminktechniken zum Ausgleich der Augenpartie

Führen Sie unter Verwendung von farbigen Stiften einen optischen Ausgleich der Augenpartien durch und begründen Sie Ihre angewendete Technik.

Auge ungeschminkt	Vorschlag zur Schminktechnik	Mögliches Schminkergebnis
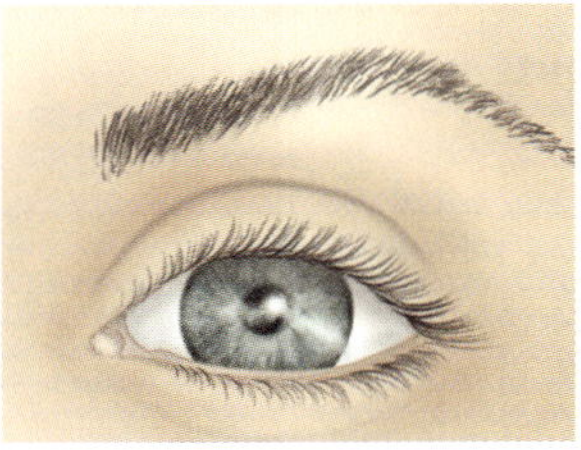 **Hervorstehende Augen** Angestrebter Ausgleich:		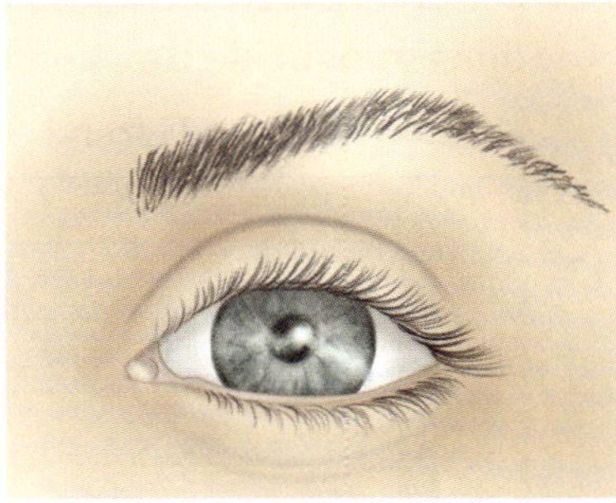
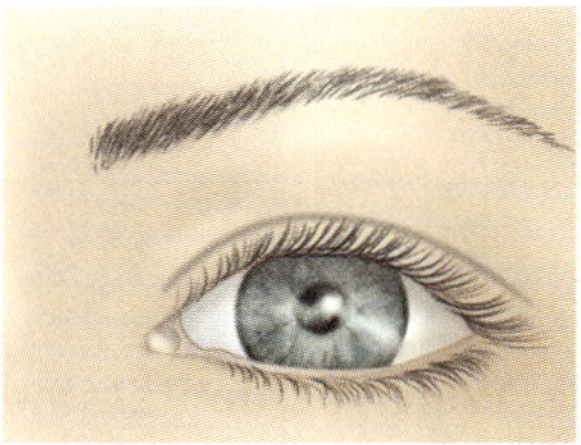 **Weit auseinander-stehende Augen** Angestrebter Ausgleich:		
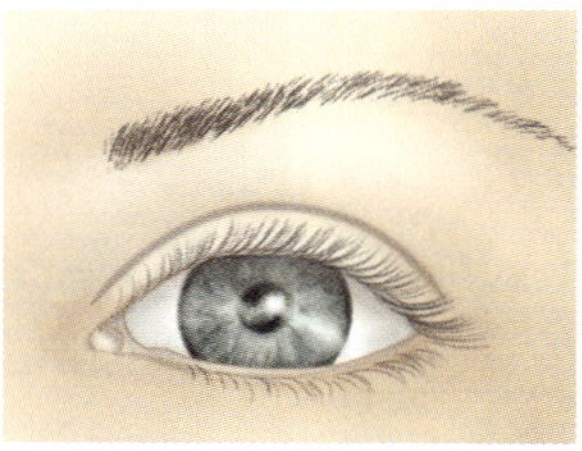 **Eng zusammenstehende Augen** Angestrebter Ausgleich:		

Name ______________________ Klasse ____________ Datum ____________

Auge ungeschminkt	Vorschlag zur Schminktechnik	Mögliches Schminkergebnis
 **Zu kleine Augen** Angestrebter Ausgleich:		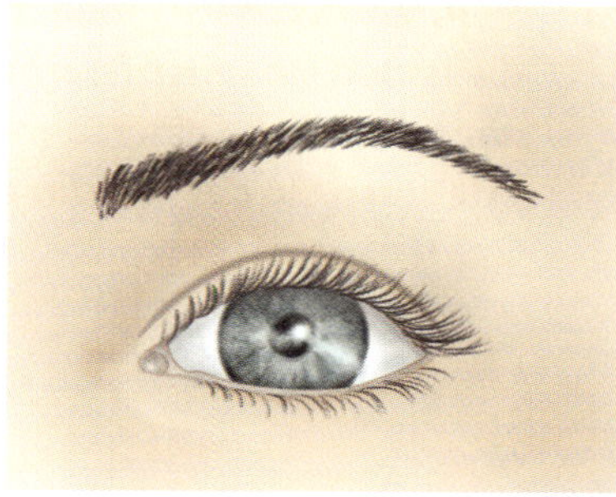
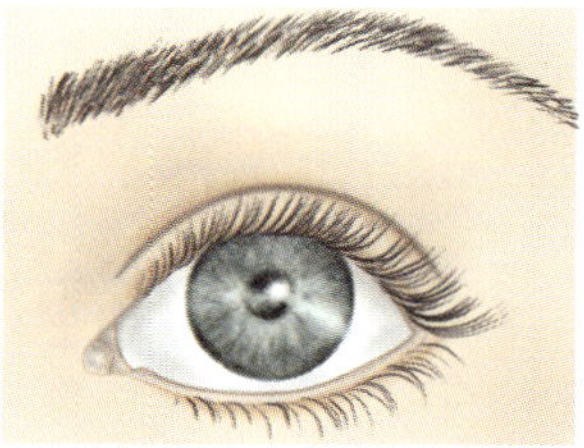 **Zu runde Augen** Angestrebter Ausgleich:		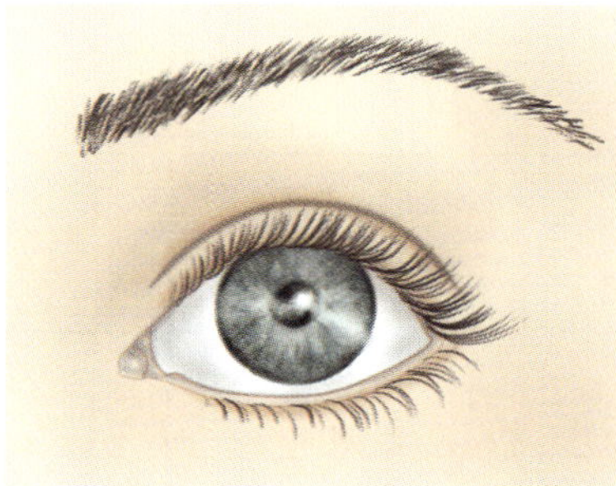
 **Schlupflider** Angestrebter Ausgleich:		

17 Das Lippen-Make-up

17.1 Während Sie nach einem Frisurenstyling Ihrer Kundin ein Tages-Make-up erstellen, weisen Sie auf die neuen Lippenstiftfarben hin. Die Kundin findet die ausgesuchte Farbe zwar sehr schön, meint aber, sie würde einen ähnlichen Lippenstift in einem Drogeriemarkt viel billiger bekommen. Erläutern Sie der Kundin die Qualitätsmerkmale eines hochwertigen Lippenstifts.

17.2 Führen Sie zu den folgenden Bestandteilgruppen von Lippenstiften Beispiele für entsprechende Stoffe auf und nennen Sie deren Aufgaben.

Hauptbestandteile:		Aufgaben:
Grundmasse:		–
		–
		–
Farbstoffe:		–
		–

17.3 Eine Kollegin im zweiten Ausbildungsjahr möchte von Ihnen wissen, worin sich der klassische Lippenstift und der lang haftende Lippenstift vom Lipgloss unterscheiden.

17.4 Was ist beim Schminken der Lippen im Rahmen einer kosmetischen Behandlung zu beachten?

Name ______________________ Klasse ______________ Datum ______________

17.5 Schminktechniken zum Ausgleich der Lippen

Führen Sie unter Verwendung von farbigen Stiften einen optischen Ausgleich der Lippenkonturen durch und begründen Sie Ihre angewendete Technik.

Lippen ungeschminkt	Vorschlag zur Schminktechnik	Mögliches Schminkergebnis
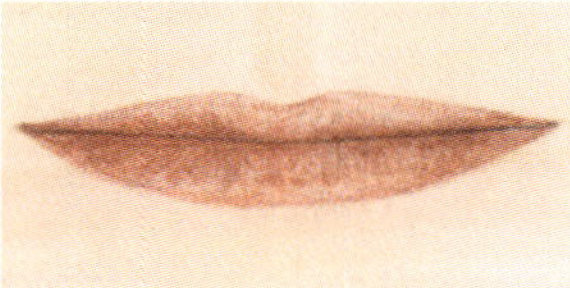 Zu schmale Lippen		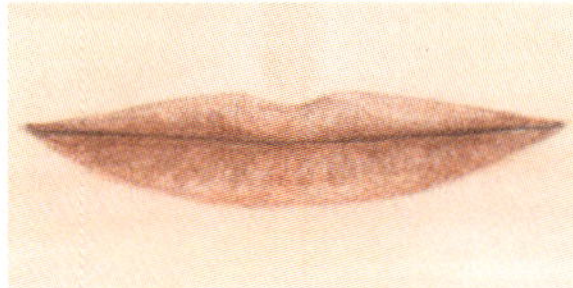
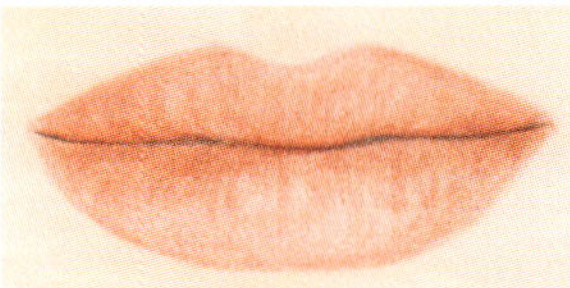 Zu volle Lippen		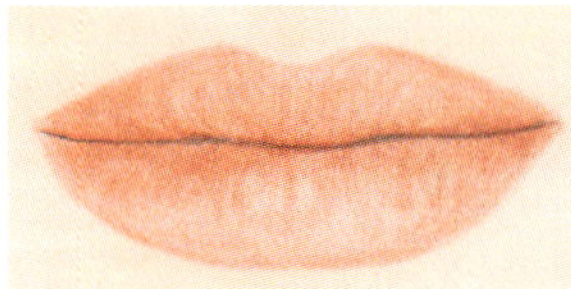
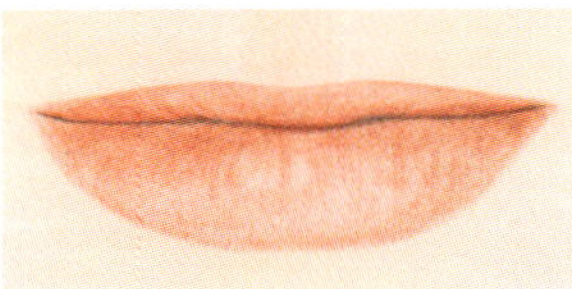 Volle Unterlippe, schmale Oberlippe		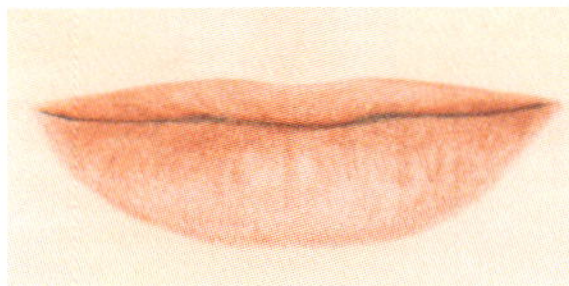
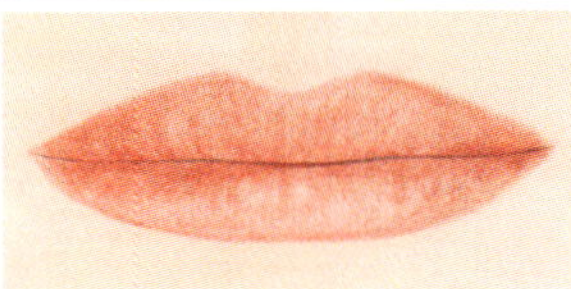 Volle Oberlippe, schmale Unterlippe		
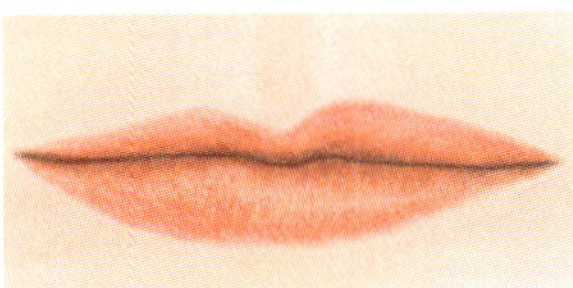 Ungleiches Lippenpaar		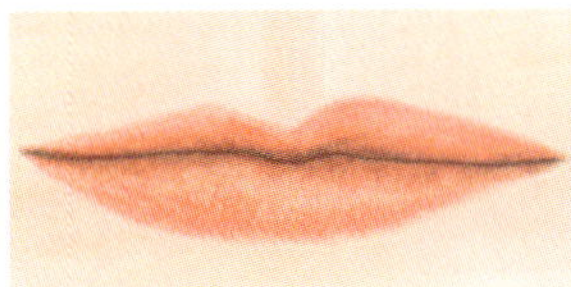
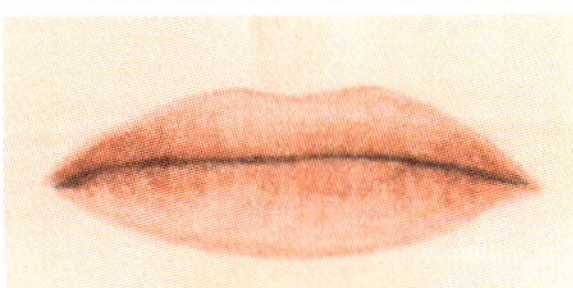 Abfallende Mundwinkel		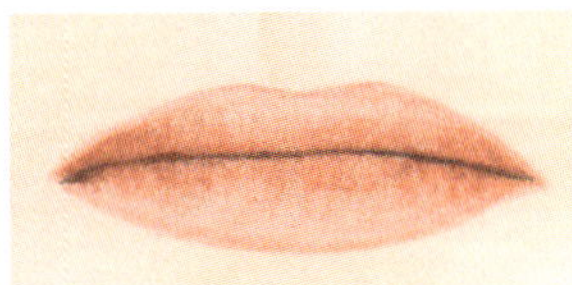

18 Auftragen von Rouge

Nein, danke,
ich möchte kein Rouge.
Das habe ich noch nie benutzt.
Ich möchte nicht so bunt aussehen
und rote Wangen haben.

18.1 Beziehen Sie Stellung zu der Äußerung der Kundin, indem Sie auf die Wirkung von Rouge hinweisen.

18.2 Ergänzen Sie die folgende Tabelle über unterschiedliche Rougeprodukte und ihre Inhaltsstoffe sowie Eigenschaften.

	Puderrouge	Cremerouge
Allgemeine Eigenschaften		
Inhaltsstoffe		
Besonderheiten/ Auftragetechnik		

Ein gutes Rouge muss sich ____________ und ____________ verteilen lassen und sollte stets mit der Nuance des ____________ harmonieren.
Die individuellen Kundenwünsche bei der Farbauswahl sollten grundsätzlich mit ____________ ____________.

Name ______________________ Klasse ______________ Datum ______________

19 Ausgleich der Gesichtsform durch Auftragen von Rouge

19.1 Führen Sie einen Ausgleich der Gesichtsform durch, indem Sie die unterschiedlichen Gesichtsformen mit einem farbigen Stift rougieren. Begründen Sie Ihre angewandte Technik.

Grundiertes Gesicht	Technik: Rouge-Auftrag	Fertiges Schminkergebnis
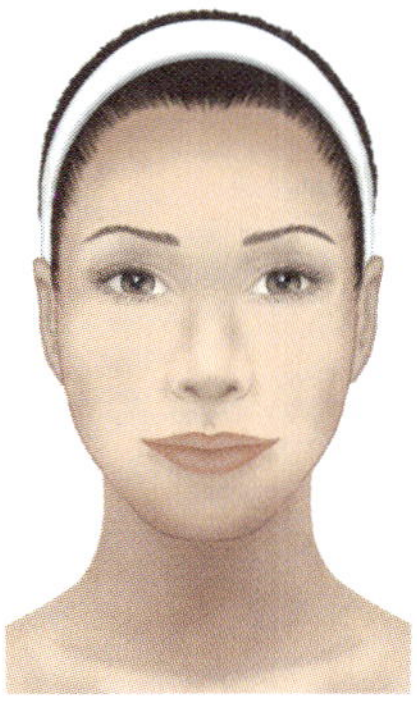	Die längliche Gesichtsform	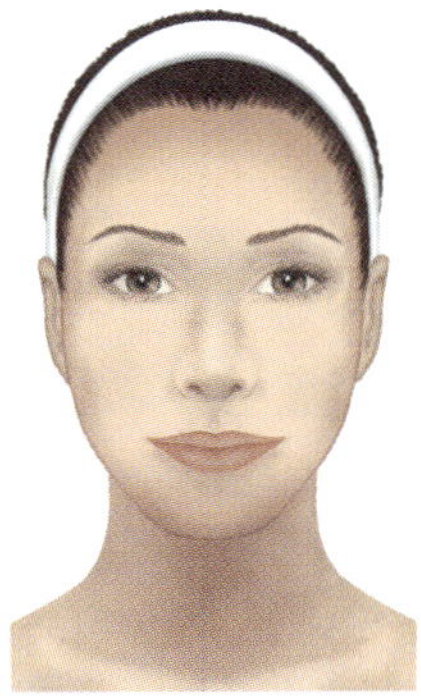
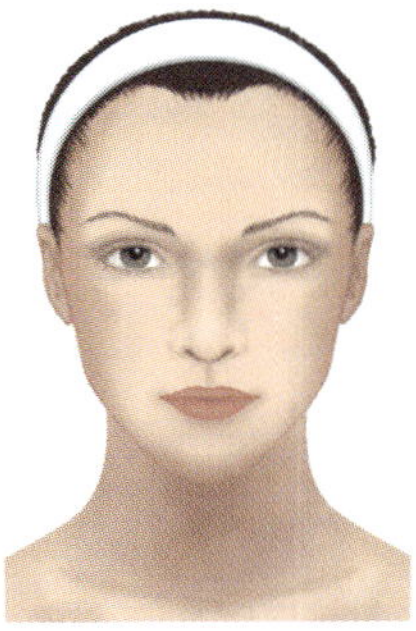	Die dreieckige Gesichtsform	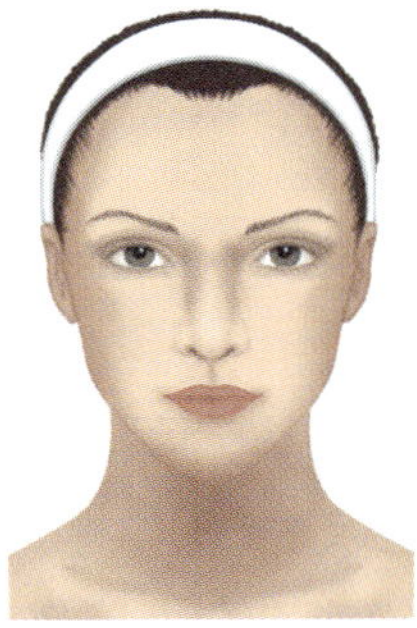
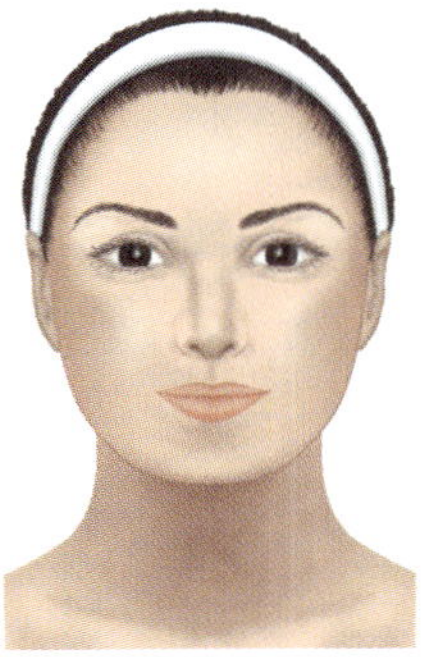	Die rundliche Gesichtsform	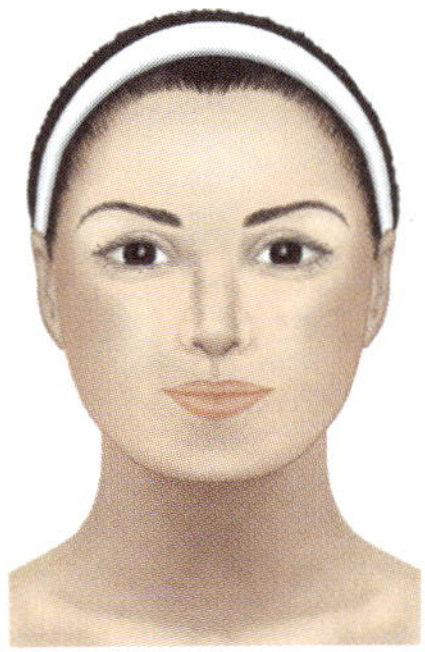
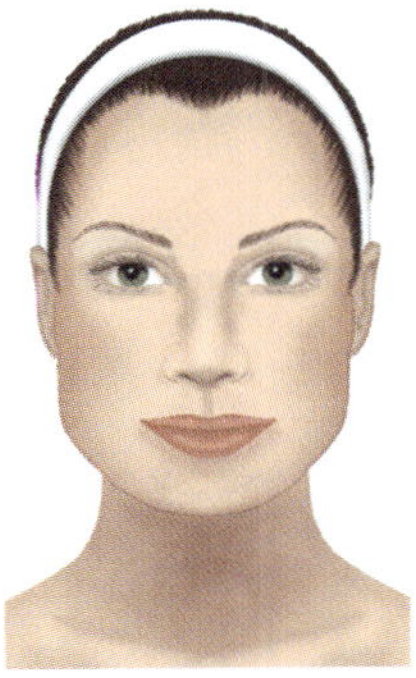	Die viereckige Gesichtsform	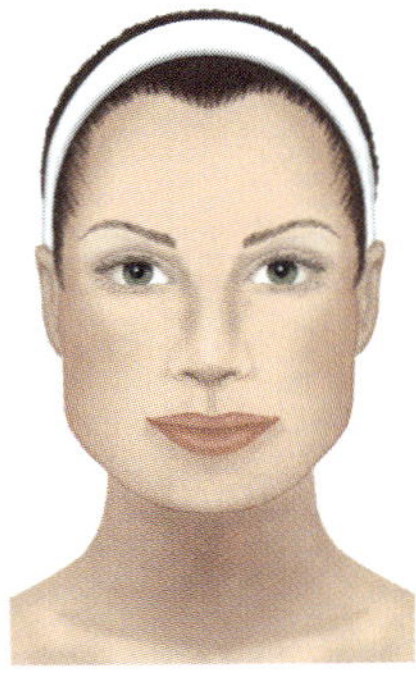

20 Die farbliche Veränderung von Augenbrauen und Wimpern

Kundin: „Nächste Woche fahren wir in den Urlaub ans Meer. Mich stört das ewige Tuschen der Wimpern und im Wasser verläuft die ganze Tusche ...“

20.1 Erläutern Sie einer Kundin die Vorteile des Färbens von Wimpern und Augenbrauen.

20.2 Beschreiben Sie die Arbeitsschritte beim Färben der Wimpern.

–
–
–
–
–
–
–

Kennzeichnen Sie die Richtung, wie die Wimpernfarbe aufgetragen werden muss. Begründen Sie Ihre Vorgehensweise.

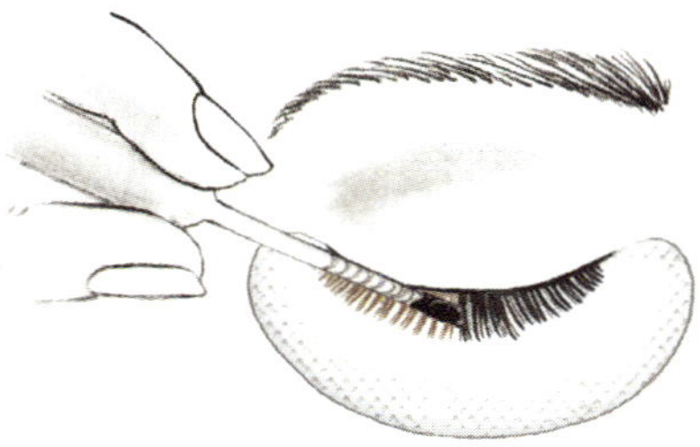

20.3 Beschreiben Sie die Arbeitsschritte beim Färben der Augenbrauen.

Kennzeichnen Sie die Richtung, wie die Augenbrauenfarbe aufgetragen werden muss. Begründen Sie Ihre Aussage.

Name ______________________ Klasse ______________ Datum ______________

1 Das Salonkonzept

1.1 Erklären Sie Ihrer Kollegin im zweiten Ausbildungsjahr, warum heute der Erfolg eines Friseursalons nicht nur allein von der handwerklichen Leistung abhängig ist.

1.2 Erarbeiten Sie Leitlinien zur Erstellung eines Salonkonzepts.

Leitlinien	Beispiele
Wer sind wir?	
Welches Ziel verfolgen wir?	
Wer sind die Mitbewerber und wo sind sie ansässig?	
Was können wir unseren Kunden bieten?	
Was sind unsere Stärken?	
Mit welchen Firmen und Produkten arbeiten wir?	
Wo sind unsere Schwächen, was muss verändert werden?	

1.3 Stellen Sie sich vor, dass Sie gleich nach Ihrer bestandenen Gesellenprüfung die Meisterprüfung ablegen und sich selbstständig machen. Erstellen Sie Ihr eigenes Salonkonzept und die sich daraus ergebende Salonphilosophie auf einem Extrablatt.

1.4 Welche Punkte muss ein Businessplan enthalten?

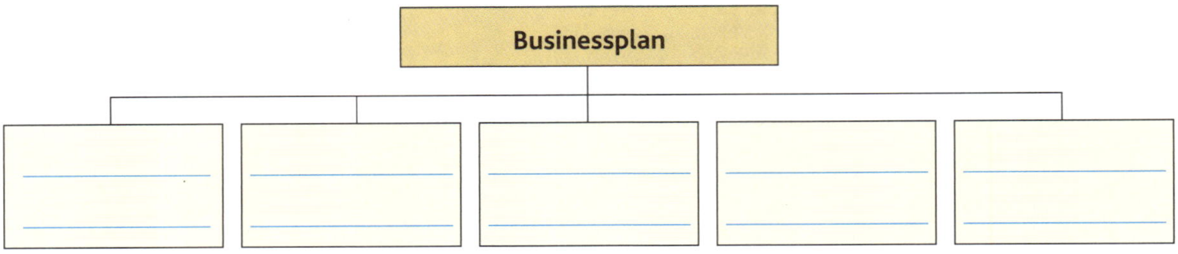

1.5 Warum spielt die Wahl des Standortes beim Erfolg eines Friseursalons eine große Rolle?

1.6 Erstellen Sie für Ihren Ausbildungsbetrieb eine Standortanalyse und berücksichtigen Sie dabei die Leitlinien aus dem Businessplan.

1.7 Was ist unter einem „Mischkonzept" zu verstehen?

1.8 Diskutieren Sie in Ihrer Gruppe, welcher Zielgruppe Sie sich zugehörig fühlen und nach welchen Gesichtspunkten Sie zu welchem Friseur gehen würden.

Zu welchem Friseur geh ich nur?

Name ______________________ *Klasse* ____________ *Datum* ____________

1.9 Teilen Sie die unterschiedlichen Kunden in Zielgruppen ein und beschreiben Sie diese. Geben Sie an, worauf Sie bei der Bedienung der unterschiedlichen Kunden achten sollten.

Zielgruppe	Beschreibung/Merkmale	Worauf ist bei der Bedienung zu achten?
 Modebewusst		
 Unauffällig		
 Individualist		
 Konservativ		
 Öko		
 Prestigekunde		

1.10 Diskutieren Sie in Ihrer Gruppe die folgenden Fragen:

a) Mit welcher Zielgruppe haben Sie es in Ihrem Ausbildungsbetrieb am meisten zu tun?

b) Bei welchen der Zielgruppen könnten sich Ihrer Meinung nach im Umgang Probleme ergeben und welche Zielgruppe stufen Sie als unproblematisch im Umgang ein?

c) Mit welcher der Zielgruppen in Ihrem Salon haben Sie ganz persönlich am liebsten Umgang und mit welchen am ehesten Probleme?

a) ______________________ b) ______________________ c) ______________________

______________________ ______________________ ______________________

______________________ ______________________ ______________________

1.11 Im unternehmerischen Denken stehen Rentabilität und Liquidität mit im Vordergrund. Erklären Sie Ihrer Kollegin im zweiten Ausbildungsjahr diese Begriffe anhand eines Beispiels.

____

____

____

____

____

1.12 Kreuzworträtsel

Füllen Sie das Kreuzworträtsel aus. Die markierten Buchstaben ergeben in der angegebenen Reihenfolge ein Lösungswort.

1. Wie bezeichnet man Kunden, die in der Regel nur einmalig in den Salon kommen?
2. Was sollte grundsätzlich vor der Eröffnung eines Salons erstellt werden?
3. Wie bezeichnet man Kunden, die mehr als sparsam sind?
4. Kunden mit einem hohen Umweltbewusstsein bezeichnet man als ...
5. Eine Kundin, die jeden Trend gern mitmacht, ist ...
6. Kunden, die jede Woche zum Waschen und Föhnen kommen, sind ...
7. Was sollte in einem Businessplan immer Berücksichtigung finden?
8. Wenn Sie viele Zielgruppen ansprechen wollen, entscheidet man sich für ein ...
9. Dass jeder Salon sein eigenes Konzept besitzt, nennt man ...
10. Mit welchem Begriff werden Kunden unterteilt?
11. Ein Friseurbetrieb sollte immer kostendeckend arbeiten. Dies nennt man ...
12. Das Gegenteil von Eigenkapital nennt man ...

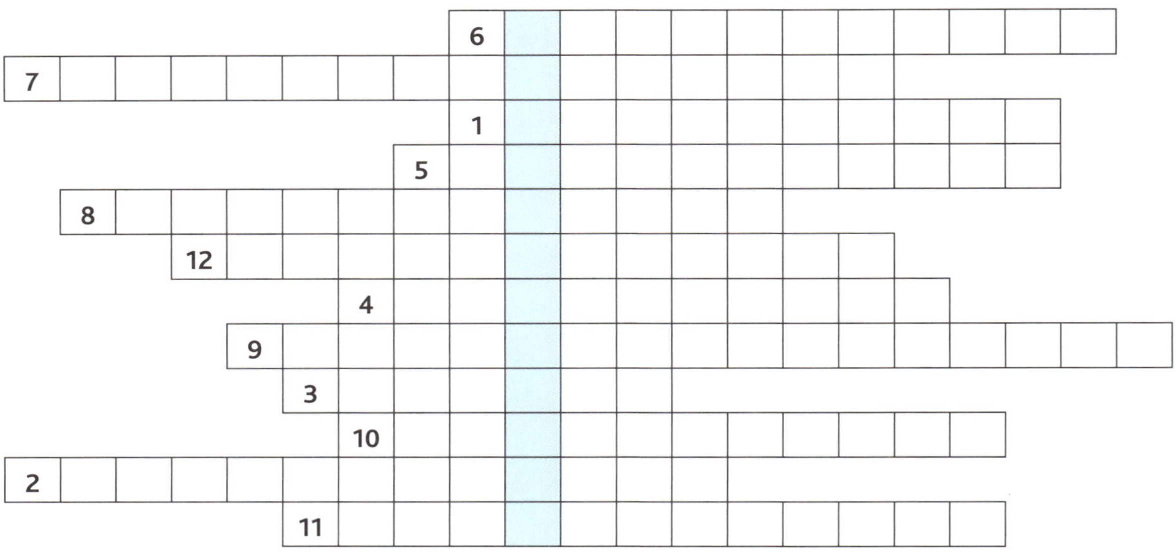

Name ______________________ Klasse ______________ Datum ______________

2 Marketing

2.1 Ergänzen Sie die Tabelle duch die klassischen Instrumente des Marketings.

Klassische Instrumente des Marketings

Preispolitik	Produktpolitik	Distributionspolitik	Kommunikationspolitik

Zusätzliche Instrumente im Bereich der Dienstleistung

Ausstattungspolitik	Qualitätspolitik	Mitarbeiterpolitik

Sämtlichen Instrumenten sollten folgende Tätigkeiten als Entscheidungsgrundlage dienen

Analyse Welche …	Planung Was …	Umsetzung Wie …	Kontrolle Ziel erreicht …

Marketingmix

2.2 Die Preispolitik ist ein wichtiges Instrument des Marketings. Was ist darunter zu verstehen?

2.3 Im Rahmen einer Teamsitzung im Salon bittet Ihr Chef Sie, einmal alle anfallenden Kosten im Friseursalon aufzulisten. Zählen Sie die wichtigsten Kosten auf:

Anfallende Kosten im Friseursalon
–
–
–
–
–
–
–
–
–
–
–
–

2.4 Erläutern Sie, warum es für den Betrieb wichtig ist, alle anfallenden Kosten zu erfassen.

„Oh je, so viele Kosten fallen an?"

2.5 „Warum hat eigentlich jeder Salon einen anderen Bedienungspreis"? Diese Frage stellt Ihre Mitschülerin in der Berufsschule. Diskutieren Sie über die Signalwirkung und über die unterschiedlichen Preisstrategien. Fassen Sie anschließend die Vor- und Nachteile in der Tabelle zusammen.

Niedrigpreis	Mittelpreis	Hochpreis

Name ______________________ Klasse ______________ Datum ______________

2.6 Ein weiteres wichtiges Instrument der Preispolitik ist die Preisdifferenzierung. Was bedeutet Preisdifferenzierung und welche Möglichkeiten der Preisdifferenzierung können in einem Salon angewendet werden?

______ Preisdifferenzierung	______ Preisdifferenzierung	______ Preisdifferenzierung

M *Die gesamte ______________ ist eine sehr sensible Aufgabe, die ______________ werden muss und nicht ______________ entschieden werden sollte. Ob etwas teuer oder preiswert ist, entscheidet letztlich immer ______________. Dafür braucht er aber klare Informationen über das ______________ und über die Höhe der ______________.*

2.7 Erläutern Sie, was unter Produktpolitik zu verstehen ist.

2.8 Warum ist es wichtig, sich für ein bestimmtes Warenangebot (Sortiment) zu entscheiden?

2.9 Kommunikationspolitik und Werbung stehen in einem engen Zusammenhang. Was verstehen Sie unter Werbung?

2.10 Werbefachleute richten sich nach der AIDA-Formel. Was besagt diese Formel und welchen Zweck soll sie erfüllen?

A =	
I =	
D =	
A =	

2.11 Im Rahmen einer Teambesprechung in Ihrem Salon möchten Sie einen Werbeplan für eine neue Färbetechnik erstellen, um anschließend die anfallenden Kosten für ein Werbebudget zu ermitteln. Welche Fragen sollten Sie im Salonteam klären?

Wo	
Wie	
Welche	
Wann	
Was	

2.12 Entwerfen Sie in Ihrer Gruppe einen Werbeplan, in dem Sie ein neues Produkt oder eine besondere Dienstleistung aus Ihrem Salon herausstellen.

2.13 Wo sind der Werbung Grenzen gesetzt und was darf Werbung nicht?

Finden Sie ein Beispiel für einen Verstoß gegen das UWG.

„Mit diesem Haarwasser mache ich Ihre Glatze weg."

Name ______________________ Klasse ______________ Datum ______________

2.14 Führen Sie unterschiedliche verkaufsfördernde und gewinnbringende Werbemaßnahmen auf und erläutern Sie diese.

Werbemaßnahme	Erklärung
Empfehlungsmarketing	
Postwurfsendungen	

2.15 Welchen Zweck in Bezug auf Kundenbindung erfüllt die Kundenkartei?

2.16 Entwerfen Sie in Gruppenarbeit eine Postwurfsendung, in der Sie auf Ihren Salon aufmerksam machen möchten. Berücksichtigen Sie dabei die Werbegrundsätze.

M

______________ Kunden sind die beste Werbung, weil immer die ______________ eines Friseurs über Erfolg oder Misserfolg entscheidet. Jedoch lässt sich durch eine gezielt eingesetzte und gut ______________ die Wirtschaftlichkeit und damit der Gewinn eines Salons entscheidend beeinflussen.

2.17 **Die Kundenbefragung ist ein wichtiges Instrument der Kundenanalyse. Zu welchem Zweck kann eine Kundenbefragung durchgeführt werden?**

- ________________
- ________________
- ________________
- ________________
- ________________
- ________________
- ________________

2.18 **Nennen Sie die Ziele einer einladenden und ansprechenden Warenpräsentation im Salon.**

2.19 **Verkaufsregale werden nach einem bestimmten Prinzip aufgebaut. Erläutern Sie die unterschiedliche Wirksamkeit der Regalzonen.**

Reckzone	
Sichtzone	
Greifzone	
Bückzone	

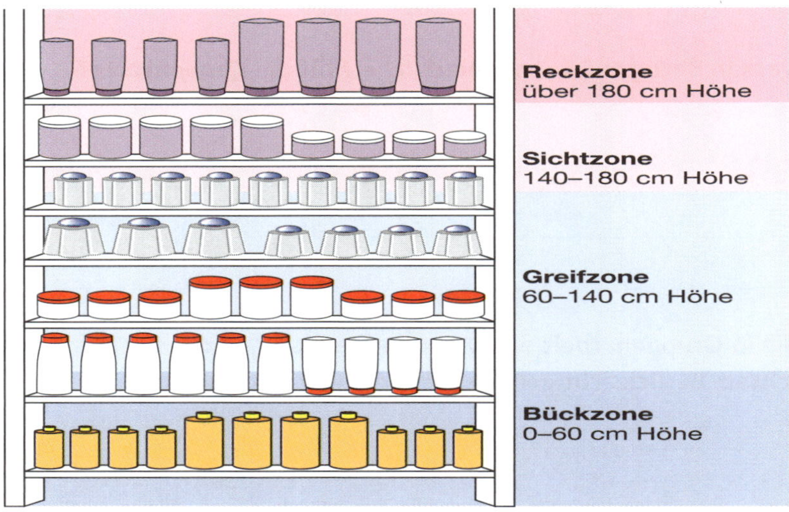

2.20 **Erklären Sie, warum es sich beim Warenverkauf im Salon in der Regel immer um einen Beratungsverkauf handelt.**

Name ______________________ Klasse ______________ Datum ______________

3 Betriebsführung im Friseursalon

3.1 In einem Salon arbeitet man im Regelfall in einem Team mit dem Saloninhaber. Damit sich ein Teamgeist entwickeln kann, können verschiedene Führungsstile anwendet werden.

Stellen Sie in der Tabelle die unterschiedlichen Führungsstile dar und diskutieren Sie in der Gruppe die Auswirkungen der verschiedenen Führungsstile auf die Arbeit im Team. Welchen Führungsstil finden Sie am sinnvollsten?

„Ich erwarte von euch umgehend mehr Umsatz, saubere Arbeitsplätze und meine Arbeit macht ihr auch noch mit... Ist das klar?"

Führungsstil	Zielsetzung	Auswirkung auf das Team
Autoritärer Führungsstil		
Demokratischer Führungsstil		
Laisser-faire Führungsstil		

Stellen Sie sich vor, Sie hätten einen eigenen Salon mit drei Mitarbeiterinnen. Welchen Führungsstil halten Sie für geeignet? Begründen Sie Ihre Aussage.

3.2 Softwareprogramme bieten in Bezug auf Verwaltungsaufgaben viele Vorteile. Zählen Sie die wichtigsten Einsatzmöglichkeiten von Softwareprogrammen auf.

3.4 **Warenbeschaffung**
In welche zwei Gruppen werden die Waren im Friseursalon unterteilt? Nennen Sie die Unterscheidungsmerkmale.

1. ______________________________
____

2. ______________________________
____

3.5 Im Rahmen einer Salonschulung informiert Sie ein Außendienstmitarbeiter einer haarkosmetischen Firma über neue Produkte. Im Anschluss bittet Sie Ihre Chefin, Kriterien aufzustellen, um abzuklären, ob ein Produktwechsel sinnvoll ist.
Welche Fragen sollten Sie im Team im Vorfeld klären?

Checkliste – Kriterien zur Produktauswahl:
–
–
–
–
–
–

3.6 Sie haben sich im Salonteam für ein Warensortiment entschieden und wundern sich, warum Ihr Saloninhaber nur kleine Mengen von den neuen Produkten bestellt. Für Sie ist es logisch, gleich für das ganze Jahr die Produkte zu bestellen. Das Team und Ihr Chef sehen das aber ganz anders.
Stellen Sie die Vor- und Nachteile einer großen Bevorratung gegenüber.

Vorteile einer großen Bevorratung	Nachteile einer großen Bevorratung
–	–
	–
–	–
–	–
–	

M *Das Team muss immer ______________ planen, und es dürfen keine Engpässe in der ______________ entstehen. Es besteht sonst die Gefahr, dass die Kunden das Produkt ______________. Man muss also immer die richtige ______________ zum richtigen ______________ zur Verfügung haben.*

3.7 Zum Jahresende bittet Sie Ihr Saloninhaber, mit Ihrer Kollegin im zweiten Ausbildungsjahr alle im Salon vorhandenen Waren zu zählen. Ihre Kollegin möchte von Ihnen wissen, warum sie alle Waren zählen muss.
Erklären Sie Ihrer Kollegin den Sinn und Zweck einer Warenbestandsinventur.

Name ______________________ Klasse ______________ Datum ______________

1 Grundlagen der Stil- und Modekunde

1.1 „Das ist nicht mein Stil ..." Was soll dieser Satz zum Ausdruck bringen?

1.2 Heute wird dieser Satz häufig in Bezug auf die aktuelle Frisurenmode gebraucht. Was soll damit ausgedrückt werden?

1.3 Was ist unter dem Begriff Mode zu verstehen?

1.4 In der Stil- und Modekunde werden die Stilrichtungen Regionalstil, Personalstil und Epochalstil unterschieden. Nennen Sie die wichtigsten Unterscheidungsmerkmale und fassen Sie diese in der Tabelle zusammen.

1.5 Nennen Sie 4 Stichworte, die Sie persönlich mit dem Begriff Mode und Schönheit verbinden.

Victoria Beckham mit Trendfisur

Rahotep und Nofret, 2584 v. Chr

Auguste Victoria, Gattin Kaiser Wilhelm II., 1914

Neuzeit

Luciano-Ballett, 1920er-Jahre

Mittelalter

Renaissance

Römer

Barock

Empire

1.6 Mode unterliegt einem ständigen Wandel und ist nicht immer neu. Suchen Sie Bildmaterial von heutigen Frisuren aus Zeitschriften und finden Sie heraus, inwieweit sich die Frisurenmode wiederholt.

1.7 Heute sind Modetrends nicht mehr nur auf Kleidung, Haare und Make-up begrenzt. Teenager lassen sich die Brüste vergrößern, reifere Frauen lassen sich liften und die Lippen aufspritzen, um ihren beruflichen Erfolg abzusichern oder dem Alter zu trotzen. Heute hätte eine ca. fünfzig Jahre alte Frau – wenn sie alle Modeströmung der letzten Jahre mitgemachte hätte – während ihres Lebens allein ihren Busen mehrfach verkleinern und vergrößern lassen müssen, um der jeweils gültigen Norm von Schönheit und Mode zu genügen.

Diskutieren Sie in Ihrem Klassenverband, inwieweit modische Leitbilder richtig und wann sie Ihrer Meinung nach abzulehnen sind.

Name ______________________ Klasse ______________ Datum ______________

2 Planen von Frisuren und Make-up für besondere Anlässe

2.1 Was ist unter einem „Friseurbesuch zu einem besonderen Anlass" zu verstehen und was erwarten die Kunden von ihrem Friseur?

2.2 Die Planung einer Frisur für einen besonderen Anlass beginnt mit der Ermittlung des Kundenwunsches. Wie ermitteln Sie den Kundenwunsch?

2.3 Um einen reibungslosen Ablauf zu gewährleisten, sollte ein Beratungskonzept erstellt werden. Benennen und erläutern Sie im Folgenden die erforderlichen Arbeitsschritte für ein Beratungskonzept.

1. Informieren ↓	
2. Planen ↓	
3. Entscheiden ↓	
4. Ausführen ↓	
5. Kontrollieren ↓	
6. Bewerten	

2.4 **Frau Wiedenroth wünscht anlässlich ihrer Hochzeit eine Beratung für ein komplettes Styling. Was erwartet Frau Wiedenroth von Ihnen?**

2.5 **Welche Kriterien sollten Sie bei einem kompletten Styling anlässlich einer Hochzeit beachten?**

Die Frisurengestaltung/das Make-up einer Braut soll folgende Kriterien erfüllen:	

2.6 **Führen Sie bei Frau Wiedenroth eine Beratung in Bezug auf Frisur, Make-up und Nageldesign durch.**

2.7 **Warum ist es ratsam, Ihrer Kundin eine „Generalprobe" zu ihrem besonderen Anlass anzubieten?**

2.8 **In Ihrer Planung sollten Sie auch berücksichtigen, dass bestimmte Arbeiten einige Tage vor der Hochzeit durchgeführt werden müssen. Welche sind das?**

Name ______________________ Klasse ______________ Datum ______________

2.9 Ihre Kundin Frau Müller, 25 Jahre alt, möchte zum Opernball. Beraten Sie Frau Müller und planen Sie für diesen besonderen Anlass das komplette Styling.

Vorschlag für die Ballfrisur: ______________________

Make-up Vorschlag: ______________________

Vorschlag für ein Nageldesign: ______________________

2.10 Häufig wird bei einem Make-up für einen besonderen Anlass das Einkleben von Ersatzwimpern gewünscht. Nennen Sie die unterschiedlichen Arten von Ersatzwimpern und zeigen Sie ihre Einsatzmöglichkeit auf.

Arten von Ersatzwimpern	Anwendung und Einsatzmöglichkeiten
Einzelwimpern	
Wimpernbänder	
Effektwimpern	

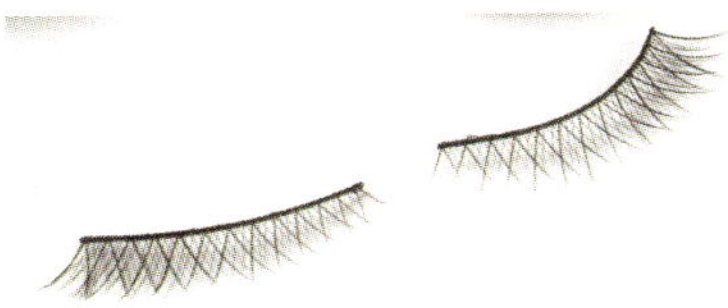

Wimpernbänder

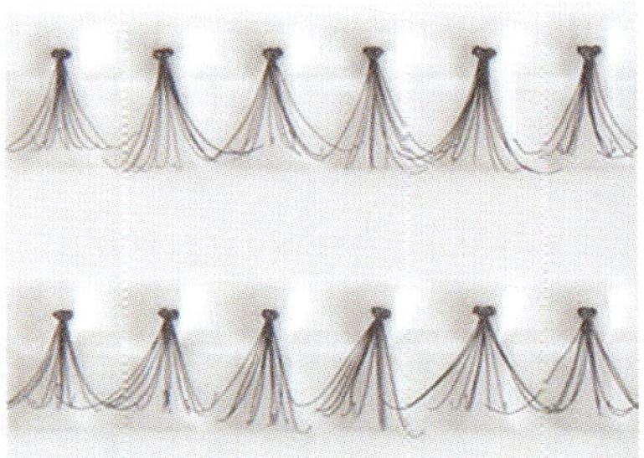

Einzelwimpern

Kleben von Einzelwimpern

2.11 Um Wimpern dauerhaft zu verlängern, gibt es die Möglichkeit, Eyelash Extensions anzubringen. Welche Vor- und Nachteile ergeben sich aus dieser Methode?

Vorteile:

Nachteile:

2.12 Ihre Kundin Frau Rode, 45 Jahre alt, hat am Nachmittag eine offizielle Einladung und möchte gern zu diesem Anlass eine Beratung. Welche Empfehlung in Bezug auf Frisur, Make-up und Nageldesign geben Sie?

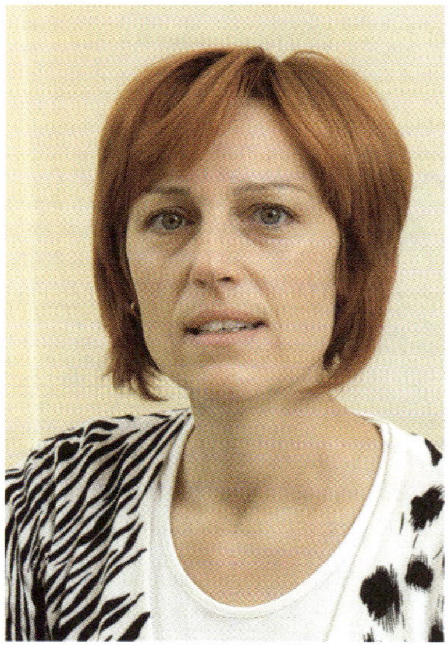

Frisur:

Make-up:

Nageldesign:

2.13 Eine wichtige Zielgruppe stellen Senioren dar. Zu besonderen Anlässen wünscht sich eine Seniorin eine individuelle Beratung in Bezug auf ihr Make-up. Was ist bei der Make-up-Gestaltung zu beachten?

Name ______________________ *Klasse* ______________ *Datum* ______________

3 Dekorative Nagelgestaltung (Nail Art)

3.1 Zu welchen besonderen Anlässen bieten Sie einer Kundin eine dekorative Nagelgestaltung an?

3.2 Welche Vorarbeiten müssen vor einer dekorativen Nagelgestaltung durchgeführt werden?

3.3 Welche Materialien kommen für die dekorative Nagelgestaltung zum Einsatz?

3.4 Erklären Sie die unterschiedlichen Techniken der dekorativen Nagelgestaltung:

Technik	Durchführung/Arbeitsweise
Marmorier-technik	
Ziehtechnik	
Applikations-technik	
Trenntechnik	
French-Technik	

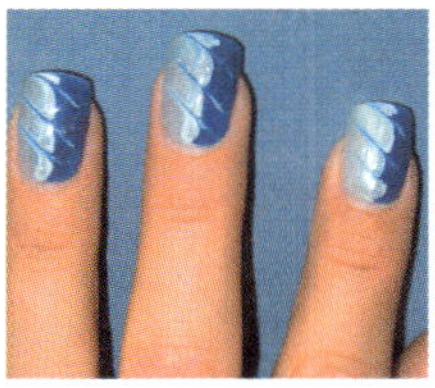

Für die ______________________ sind der Fantasie keine Grenzen gesetzt. Es gibt unendlich viele Möglichkeiten und ebenso viele Produkte. Es sollte jedoch vorher immer ein ______________________ stattfinden, um das Nageldesign auf den entsprechenden ______________ abzustimmen.

4 Behandlungsplan für einen besonderen Anlass

Kundin/Kunde:	Adresse:	Telefon:
Anlass:		am:
Gewünschtes Styling		
Frisur	**Make-up**	**Dekorative Nagelgestaltung**
Beschreibung:	Beschreibung:	Beschreibung:
Technik/Besonderheiten ❐ ❐ ❐	Technik/Besonderheiten ❐ ❐ ❐	Lackiertechnik/Besonderheiten ❐ ❐ ❐
Benötigte Materialien für den besonderen Anlass		
❐ Volumenwickler ❐ Clips ❐ Föhn ❐ Trockenhaube ❐ Lockenstab/Glätteisen ❐ Bürsten ❐ Kamm ❐ Stylingprodukte ❐ Sonstiges	❐ Grundierung ❐ Puder ❐ Camouflage ❐ Augenbrauenstift ❐ Lidschatten ❐ künstl. Wimpern ❐ Eyeliner/Mascara ❐ Lipliner/Lippenstift/Lipgloss ❐ Rouge ❐ Sonstiges	❐ Maniküreset ❐ Nageltips ❐ Klarlack ❐ Nagelweißstift ❐ Farblack ❐ Holzstäbchen ❐ Strasssteine ❐ Sonstiges
Die Frisurengestaltung findet statt:		
❐ im Salon	❐ bei der Kundin zu Hause	
Uhrzeit:	Bedient von:	

Name ______________________ Klasse ____________ Datum ____________

5 Haarergänzung und Haarersatz

5.1 Haarmaterial und Haarteile

Die folgende Übersicht dient zur Orientierung bei der Qualitätsbeurteilung.

a) Menschenhaar (Echthaar, Humanhaar)

Sorte		
Herkunft		
Eigenschaften		

b) Tierhaare

Sorte		
Herkunft		
Eigenschaften		
Verwendung		

c) Synthetikhaar

Material	
Eigenschaften	

5.2 Nennen Sie die wichtigsten Tressenarten.

____

5.3 Welche anderen Techniken gibt es zur Befestigung der Haare auf einer Montur a) aus Bespannstoff, b) aus Kunststoff-Folie?

a) ______________________________

b) ______________________________

M *Die wichtigsten Haarsorten für Haarersatz und Haarteile sind* ______________________________

______________________________.

5.4 Zählen Sie Gründe auf, warum eine Haarverlängerung/Haarverdichtung ein gutes Zusatzgeschäft verspricht.

5.5 Durch welche Techniken lassen sich Extensions befestigen?

Beispiel: Bonding mittels Luftdruck (air pressure). Erklären Sie das Bondingverfahren.

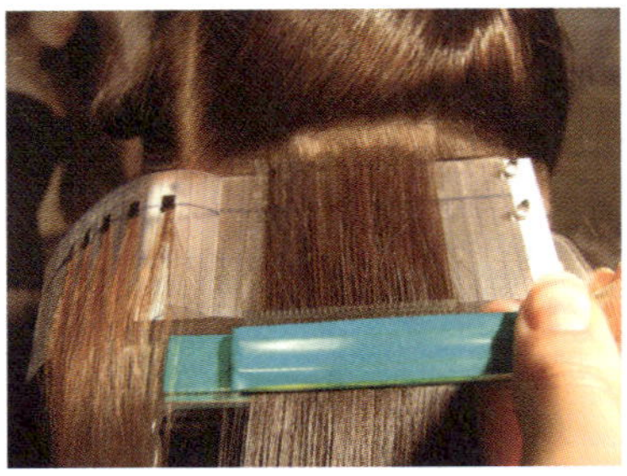

Es werden bis zu 10 Strähnen am eigenen Haar fixiert

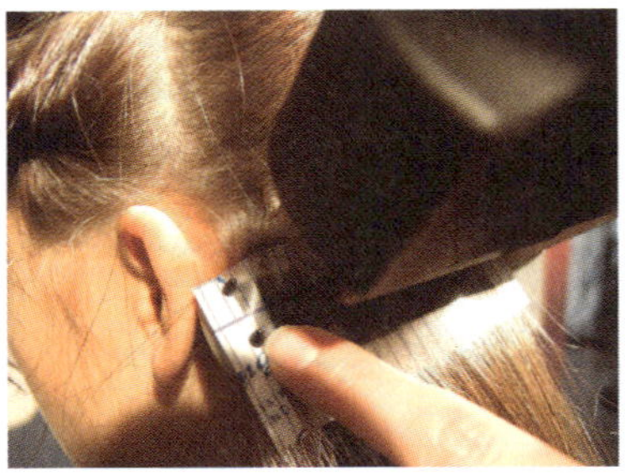

Die Strähnen werden mittels Luftdruck am Haar befestigt

Durch die flachen Verbindungsstellen wird jedes Styling möglich

5.6 Warum ist die Haltbarkeit von Extensions auf ca. drei Monate begrenzt?

5.7 Welche Haarqualitäten sollten gute Extensions aufweisen?

5.8 Sie haben eine Haarverlängerung durchgeführt. Welche Pflegehinweise geben Sie Ihrer Kundin?

Name ______________________ Klasse ______________ Datum ______________

6 Reinigungs- und Pflegemaßnahmen

6.1 Bei Haarteilen und Perücken ist alle paar Wochen eine Nassreinigung notwendig. Ergänzen Sie die Beschreibung der wichtigsten Arbeitsschritte.

a) Toupets auf ______________, Perücken auf ______________ aufspannen und feststecken. Haare in ______________ - bzw. ______________ -richtung durchbürsten, bei stärkerer Verfilzung spezielles Mittel zum ______________ anwenden.

b) Waschlösung aus ________ Liter handwarmem Wasser und ________ ml Shampoo je Liter Wasser oder mit Spezialwaschmittel nach ______________ zubereiten.

c) Bei geknüpften Haarteilen Waschlösung mit ______________ oder ______________ in ______________ auftragen. Tressierte Teile und Teile mit eingeschweißten Haaren im aufgespannten Zustand in der Waschlösung ______________.

d) Haarteil mit lauwarmem Wasser in ______________ - bzw. ______________ -richtung ausspülen.

e) Ins feuchte Haar ______________ verteilen. Überschüssiges Pflegemittel mit ______________ ausdrücken.

f) Beim Trocknen können bei Echthaar ______________ und ______________ benutzt werden, nicht aber bei ______________. Das Haarteil bleibt dabei ______________.

6.2 Welche Besonderheiten sind bei der Farbtonauffrischung bzw. Farbkorrektur a) bei Echthaarteilen, b) bei Teilen aus Synthetikhaar zu beachten?

a) ______________________________

____

b) ______________________________

____

6.3 Wie kann bei Haarteilen a) Echthaar, b) Synthetikhaar gewellt werden?

a) ______________________________

b) ______________________________

6.4 Warum sollten sich Friseure mit dem Haarteilservice beschäftigen?

____

____

____

M

Bei der Haarteilreinigung und -pflege ist zu beachten, dass die ______________ Materialien und Präparate oft eine ______________ als die gewohnte Arbeitsweise erfordern. Daher müssen die ______________ beachtet werden.

7 Die Friseurarbeit zu einem besonderen Anlass

Wirklich an alles gedacht? Checkliste zur Vorbereitung auf die Gesellenprüfung.

Tätigkeit	Material	Vorbereitung
Haarschnitt	■ Haarschneideumhang, Halskrause ■ Waschumhang, Handtücher, Shampoo, Pflege ■ Haarschneidescheren, Modellierschere, Sifter ■ Haarschneidekamm ■ Wasserflasche ■ Abteilklammern, Nackenpinsel	■ Beratung durchgeführt? ■ Individuelle Gegebenheiten ermittelt? ■ Haarschneidetechniken geübt? ■ Schneidesystem festgelegt? ■ Haarlängen bestimmt? ■ Haarreinigungs- und Pflegeprodukte ausgewählt?
Farbverändernde Haarbehandlung	■ Waage, Messbecher, Umhang ■ Farbschale und Pinsel ■ Weitzahniger Kamm ■ Stoppuhr zur Erinnerung an die Zeit ■ Hautschutzmittel, Handschuhe ■ Färbeprodukt, Vorbehandlung ■ Wasserstoffperoxid ■ Eventuell weitere Hilfsmittel für diverse Strähnentechniken ■ Produkt zum Farbausgleich ■ Nachbehandlungsprodukt	■ Beratung durchgeführt? ■ Naturfarbe bestimmt? ■ Farbziel festgelegt? ■ Rezeptur durchdacht? ■ Auftragetechnik geübt? ■ Farbrezeptur erprobt? ■ Einwirkzeit klar? ■ Wärmequelle? ■ Eventuell nötigen Farbausgleich durchdacht?
Gestalten der Frisur	■ Frisierumhang ■ Styling- und Festigungsprodukte ■ Föhn, Bürsten, geeignete Kämme ■ Eventuell Lockenstab oder Kreppeisen ■ Volumen- oder andere Wickler ■ Eventuell Haarnadeln zum Aufstecken ■ Haarschmuck	■ Beratung durchgeführt? ■ Föhn- oder Einlegetechniken geübt? ■ Finishprodukte ausgewählt? ■ Toupiertechniken durchdacht? ■ Finishtechniken geübt?
Gestalten mit Make-up	■ Stirnband ■ Reinigungsprodukte ■ Feuchtigkeitshaltige Tagescreme ■ Make-up-Schwämmchen ■ Verschiedene Pinsel ■ Augenbrauen und Wimpernbürsten, Wimpernformer ■ Make-up, Abdeckstift, Puder, Rouge ■ Lidschatten ■ Augenbrauenstift, Kajalstift, Eyeliner ■ Wimperntusche ■ Eventuell künstliche Wimpern ■ Dekoration (Glitter o. Ä.) ■ Lippenstift, Lippenkonturenstift ■ Lipgloss	■ Pflegende Gesichtsbehandlung (eventuell mit Peeling) durchgeführt? ■ Beratung durchgeführt? ■ Reinigungs- und Pflegeprodukte ausgewählt? ■ Typgerechte Grundierung bedacht? ■ Rougeplatzierung festgelegt? ■ Augen-Make-up entworfen und geübt? ■ Lippengestaltung geübt? ■ Dekorationen (Glitter, Bindi, Strasssteine, Tattoos) geübt?
Nageldesign (Wahlmodul)	■ Nagellacke, verschiedene Farben ■ Unter- und Überlack ■ Korrekturstift, Nagellackentferner ■ Wattestäbchen, Wattepads ■ Geeignete Pinsel, Verzierungsgeräte ■ Dekorationsmaterial	■ Beratung durchgeführt? ■ Nägel vorbereitet? ■ Nägel grundiert? ■ Nagel- und Überlacke ausgewählt? ■ Techniken geübt?

Name ______________________ Klasse ____________ Datum ____________

1 Aufbau der Haut

1.1 „Ich fühle mich wohl in meiner Haut."

Wenn das jemand von sich sagt, kann das Verschiedenes bedeuten, z. B.:

– ______________________________

____

– ______________________________

____

– ______________________________

____

– ______________________________

1.2 Als Friseurin oder Friseur können auch Sie Ihren Teil dazu beitragen, dass sich möglichst viele Ihrer Kunden in ihrer Haut wohl fühlen. Nennen Sie dafür einige Voraussetzungen.

____

____

____

1.3 Die Haut hat viele, zum größten Teil lebenswichtige Aufgaben. Finden Sie zu den folgenden Stichwörtern Erklärungen und Beispiele.

Warnsystem: ______________________________

Schutzsystem: ______________________________

Klimaanlage: ______________________________

Nahrungsspeicher: ______________________________

Stoffwechselorgan: ______________________________

1.4 Die Haut ist das größte Organ des Menschen.

Welche Fläche hat sie etwa?

____

1.5 Nennen Sie die Gestaltungselemente der Haut.

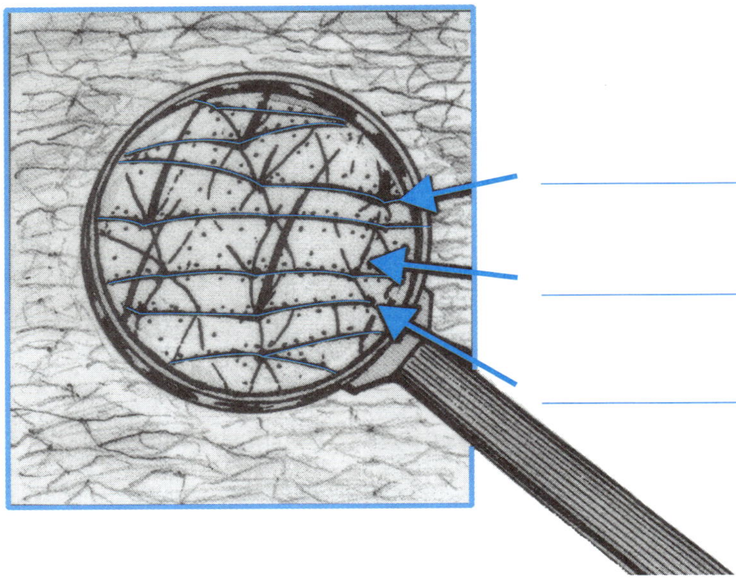

____

____

____

1.6 Wie wird die aus Längsfurchen, Querfurchen und Poren entstehende Oberflächengestalt der Haut genannt?

____

1.7 Die jugendliche Haut zeigt nur eine schwach ausgeprägte Felderung, d. h. sie ist glatter. Begründen Sie das.

____

____

____

1.8 Ordnen Sie die Begriffe Turgor und Tonus richtig zu.

Der Wassergehalt der Haut wird ______________ genannt.

Mit ______________ meint man den Spannungszustand.

1.9 Von welchen Faktoren wird die Hautfarbe bestimmt?

____

____

M *Die Haut ist das ______________ Organ des Menschen. Sie hat ______________ Aufgaben. Das Hautrelief ergibt sich aus ______________, ______________. Die Hautfarbe ergibt sich aus ______________.*

Name ________________ Klasse ________ Datum ________

2 Oberhaut (Epidermis)

2.1 Benennen Sie in der Übersicht die Hautschichten:

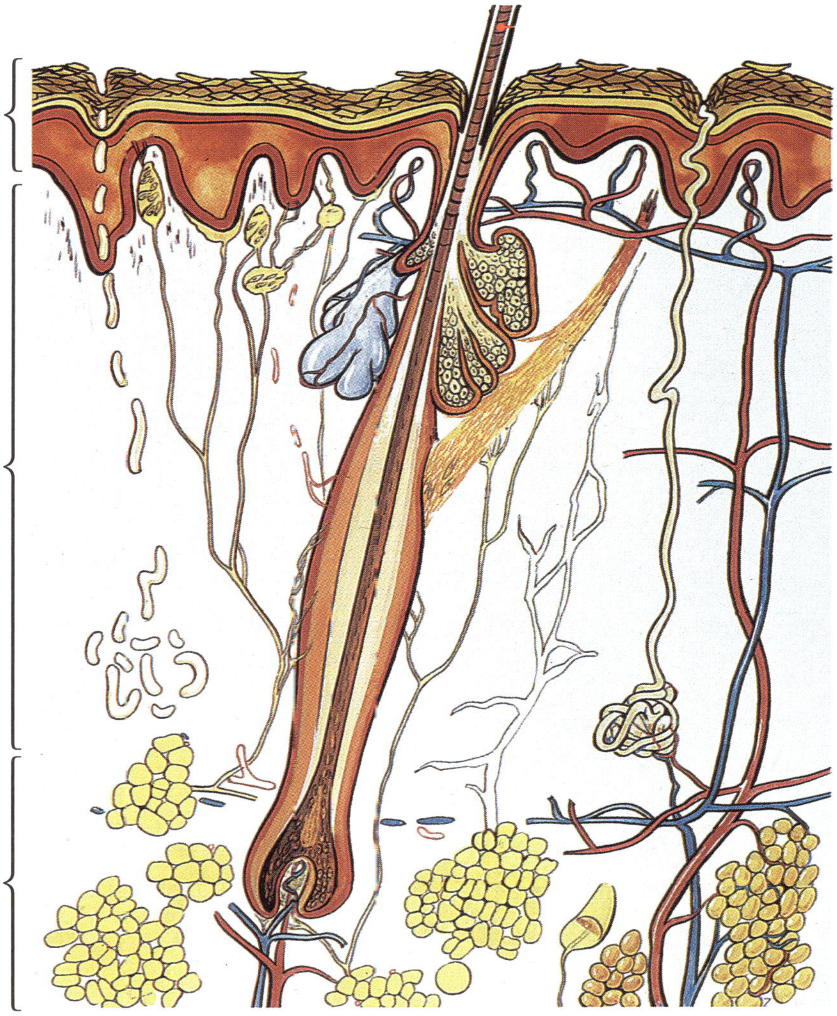

2.2 Bezeichnen Sie links die Schichten, rechts die Zonen und unten die beiden Zellenarten der Oberhaut.

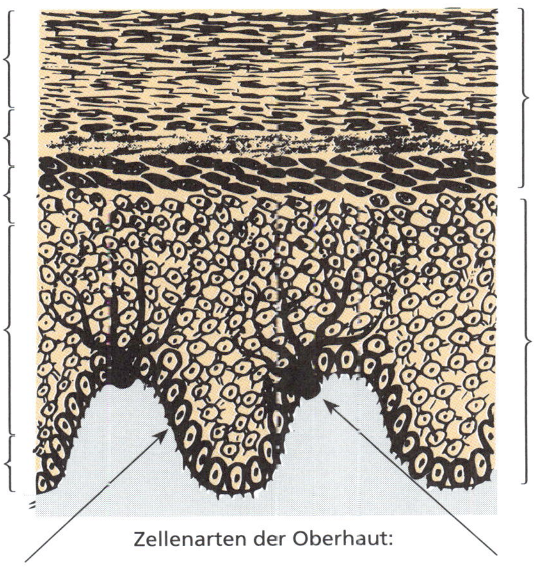

Zellenarten der Oberhaut:

2.3 Beschreiben Sie die Wachstums- und Verhornungsvorgänge in der Oberhaut.

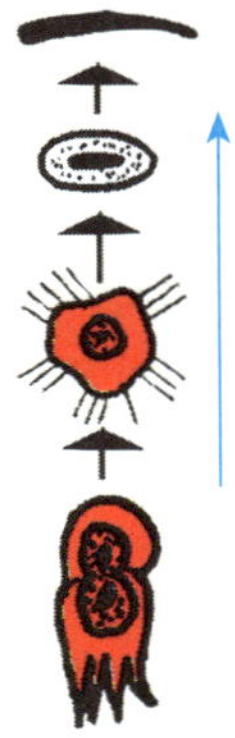

Die Zellen der Oberhaut werden in der ____________________
gebildet. Auf dem Weg nach oben zur Hornschicht ____________________
sie immer mehr, bis sie als feine ____________________
abgestoßen werden. Dieser Vorgang dauert ca. ____________________.

2.4 Wie erfolgt die Pigmentierung der Haut?

Die ____________________ in der Basalzellenschicht
erzeugen den Hautfarbstoff, das ____________________. Teilchen dieses Farbstoffes,
die ____________________, lagern sich an die Zellen an und ____________________ sie dadurch.

2.5 Auf welche Weise wirkt die Oberhaut als Abwehrschranke (sogenannte Barriere) a) gegen Wasser, b) gegen Fettstoffe?

a) ____________________

b) ____________________

____

2.6 Wodurch kann der Wasser- und Fettgehalt der Oberhaut verringert werden? (4)

- ☐ a) Durch Sonnenbaden
- ☐ b) Durch starkes Schwitzen bei körperlicher Anstrengung
- ☐ c) Durch trockene Luft
- ☐ d) Durch Hautalterung
- ☐ e) Durch hygroskopische Hautcremes
- ☐ f) Durch häufigen Hautkontakt mit Wellmitteln und Shampoos
- ☐ g) Durch häufigen Umgang mit Haarkurmitteln

2.7 Mit welchen Mitteln und Maßnahmen kann man einem Fett- und Feuchtigkeitsverlust der Oberhaut vorbeugen? (3)

- ☐ a) Mit Dampfbehandlungen, z. B. Gesichtssauna
- ☐ b) Mit Massagen
- ☐ c) Durch Eincremen mit Hautcremes
- ☐ d) Durch Bestrahlen mit UV-Licht
- ☐ e) Durch Tragen von Schutzhandschuhen
- ☐ f) Durch Erhöhen der Luftfeuchtigkeit
- ☐ g) Durch häufiges Baden und Duschen

2.8 Erklären Sie, wie es zu den feuchten „Friseurhänden" kommt.

____

____

____

M *Der Wasser- und Fettgehalt der Oberhaut ____________ die Haut, macht sie ____________ und ____________ und bestimmt ihr ____________ mit.*

Name ______________ Klasse ______________ Datum ______________

3 Lederhaut (Corium) und Unterhaut (Subcutis)

Ob die Haut jung oder alt aussieht, hängt hauptsächlich vom Zustand der Lederhaut ab.

Junge Haut

Alte Haut

3.1 Benennen Sie die Schichten der Lederhaut.

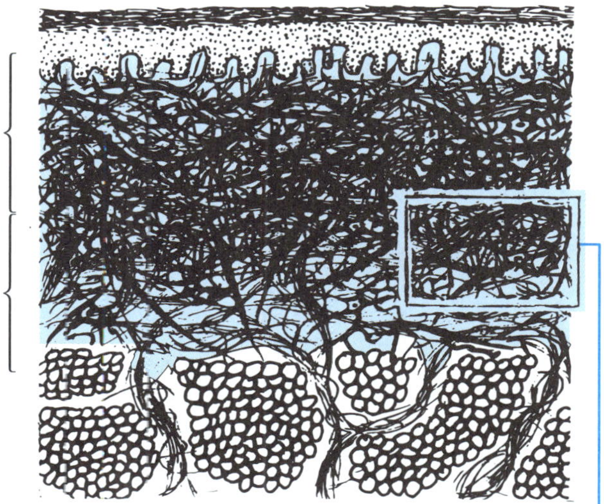

____

____

3.2 Welche beiden Fasertypen enthält das Bindegewebe der Lederhaut?

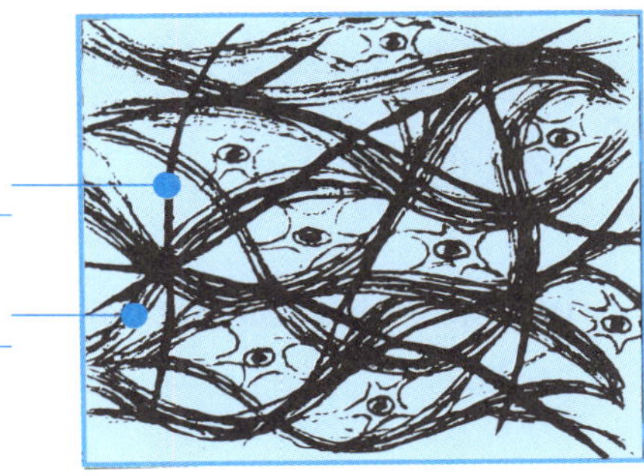

____

____

3.3 Welche Bedeutung hat das Fasergeflecht der Lederhaut?

____

____

____

____

Die Blutgefäße

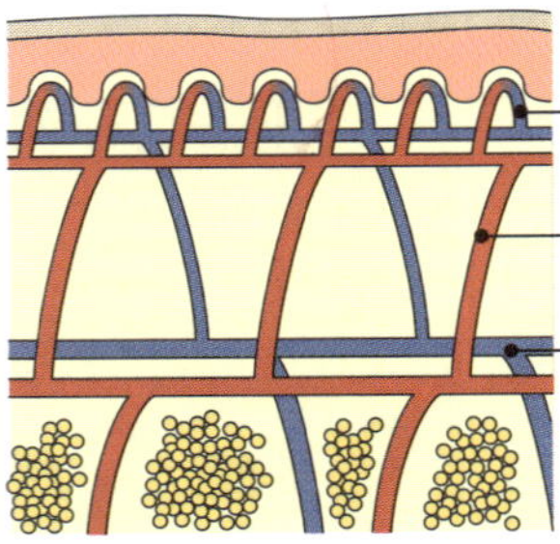

Die Nerven

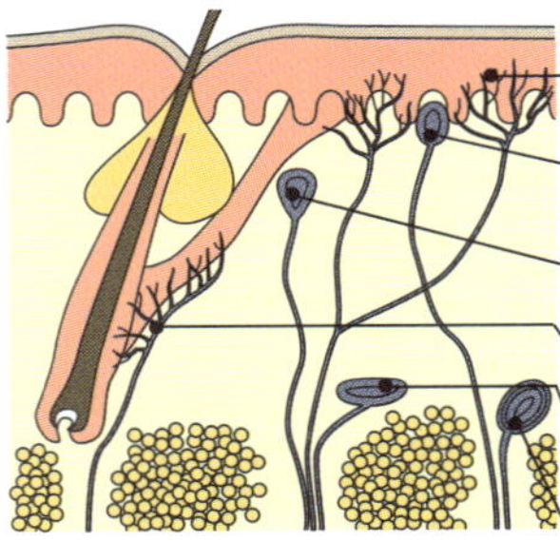

Die Schweißdrüsen

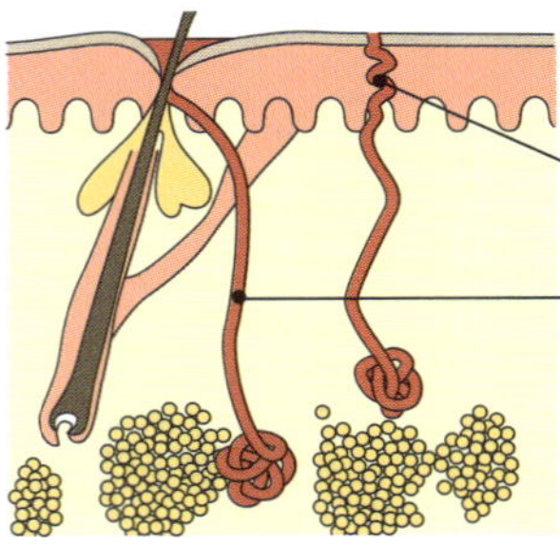

Die Talgdrüsen

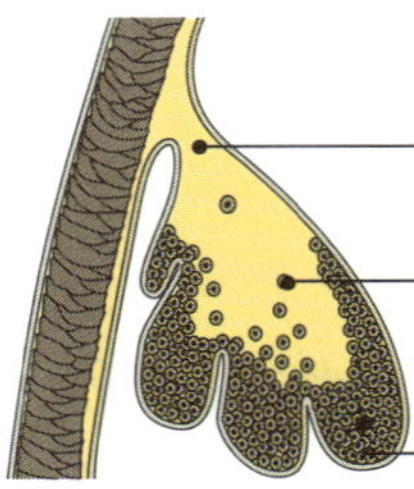

3.4 Wie sind die Blutgefäße in der Haut angeordnet?

3.5 Wie heißen die zapfenartigen Erhebungen der Lederhaut, in die auch die Blutgefäße noch hineinreichen?

3.6 Für welche Reize (Empfindungen) sind diese Nervenendigungen hauptsächlich „zuständig"?

3.7 Worin unterscheiden sich die Duftdrüsen von den eigentlichen Schweißdrüsen?

- mündet in den Haarfolikel
- liegt tiefer
- scheidet Teil ihres Zellen aus

3.8 Wo sind die Talgdrüsen besonders groß und zahlreich?

- Um Nasen- und Mundwinkel
-

3.9 Welche Bedeutung hat der Hauttalg?

Die Lederhaut besteht aus einem ____________________, in das ____________________ eingebettet sind. Die Unterhaut besteht aus einem ____________________, in das ____________________ eingelagert sind.

Name ______________________ Klasse ______________ Datum ______________

4 Schutzfunktionen der Haut

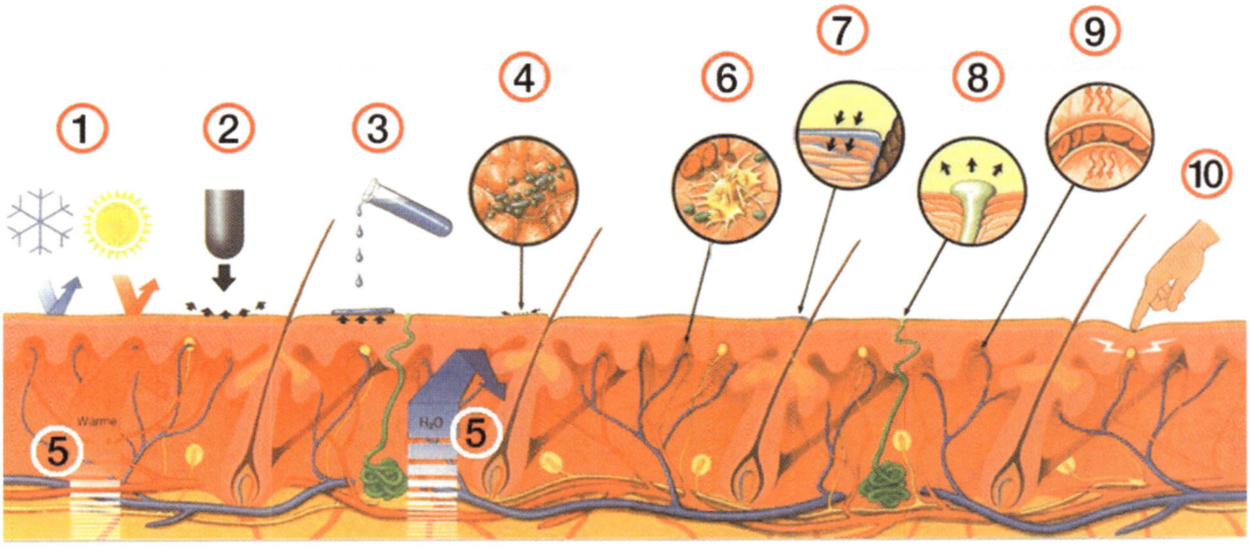

© Eucerin

Schutz vor:

① Kälte + Wärme + Sonne + UV

② Druck, Mechanische Einwirkung -> Kollagene, Schwielen, Hornhaut, Unterhautfettgewebe

③ Flüssigkeit, Alkali -> Säureschutzmantel. neutralisiert Alkali

④ Bakterien + Viren -> Säureschutzmantel

⑤ Flüssigkeitsverlust + Wärmeverlust

⑥ Wunden

⑦ Feuchtigkeit + Wasser

⑧ Hitze, Austrocknung

⑨ Hitze

⑩

Schutz gegen mechanische Einwirkungen

4.1 Welche Schutzfunktionen hat die Haut?

- Hornschicht der Oberhaut: Schwielenbildung
- Fett-Wasser-Film: mildert Reibung
- Verdickung der Hornschicht: Schutz vor „Außen"
- Elastisches Bindegewebe und Fettpolster: Schutz gegen Druck

Schutz gegen Chemikalien

4.2 Wie nennt man den Fett-Wasser-Film, der sich auf der Haut aus Schweiß und Hauttalg bildet?

(Alkalineutralisationsfilm) Hydro Lipid-Film

4.3 Welche Bedeutung hat er als Schutz gegen Chemikalien?

Neutralisiert besonders Basen bis zu einem bestimmten Maß.

4.4 Durch welche Mittel wird dieser Schutzfilm beeinträchtigt?

alkalische, Seifen, neutralisierende

Schutz gegen schädliche Bakterien

4.5 Warum schützt der saure Fett-Wasser-Film vor schädlichen Bakterien?

Klima tötet Bakterien ab

4.6 Welchen weiteren Abwehrmechanismus gegen Bakterien hat die Haut noch?

stetiger Abschilferungsprozess

Schutz gegen ultraviolette Strahlen (UV-Strahlung)

4.7 Nennen Sie nachteilige Wirkungen der UV-Strahlen.

Sonnenbrand, vorzeitige Alterung

4.8 Welche Schutzeinrichtungen gegen diese Strahlen kann die Haut bilden, wenn man ihr genug Zeit zur Anpassung lässt?

Melaninproduktion -> Bräune
Verdickung d. Hornhaut -> Lichtschwiele

M *Die Haut schützt vor* mechanischen Einwirkungen, Chemikalien, Krankheitserregern + Teil der UV-Strahlung*. Diese Schutzaufgaben kann die Haut aber nur erfüllen, wenn sie* intakt ist *und nicht* gestört *wird, z. B. durch* Verletzungen, Versätzungen, Verbrennungen, Quellungen*!*

Name ______________________ Klasse ______________ Datum ______________

5 Stoffwechsel- und Speicherungsfunktionen

5.1 Ergänzen Sie die Beschreibungen dieser Hautfunktionen.

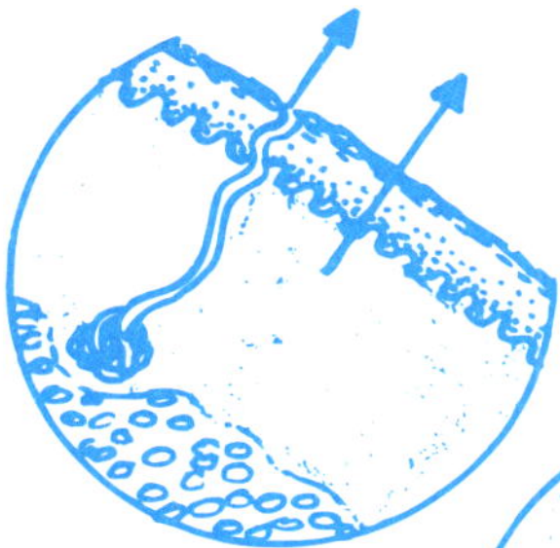

Stoffausscheidung

– Die Wasserausscheidung dient der Kühlung + Erstellung des Hydrolipidfilms und der Ausscheidung von Schlacken. Sie erfolgt durch die Schweißdrüsen und durch die Haut hindurch.

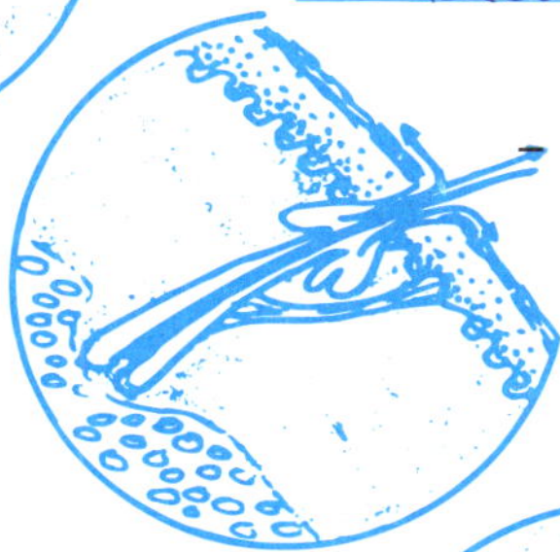

– Die Talgabsonderung durch die Talgdrüsen sorgt für die Fettung der Haut.

Stoffspeicherung

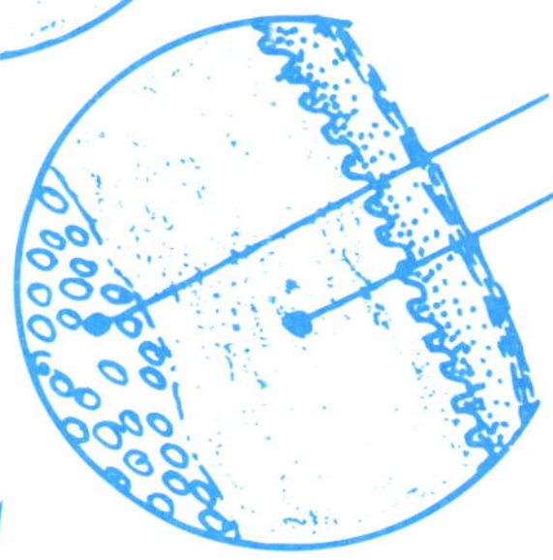

– Die Unterhaut wirkt als Energiereservoir und ist ein Wärmeisolation. Der Wassergehalt ist für das Erscheinungsbild von Bedeutung.

Stoffaufnahme

Sie kann erfolgen z. B.

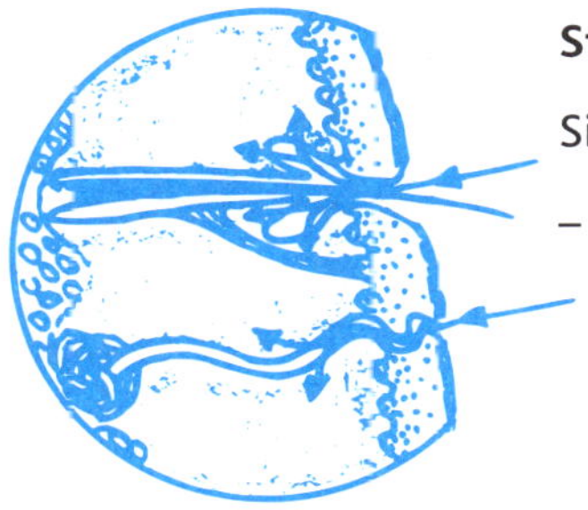

– durch die Wandungen der Schweißdrüsen und der Haarfollikel hindurch;

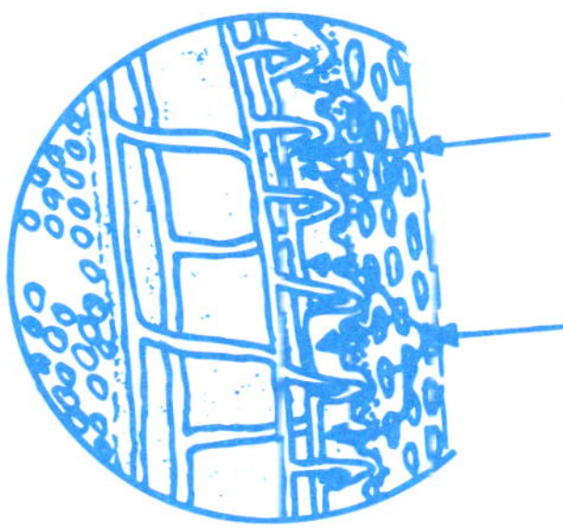

– durch Weitergabe von Zelle zu Zelle und zwischen den Zellen hindurch;

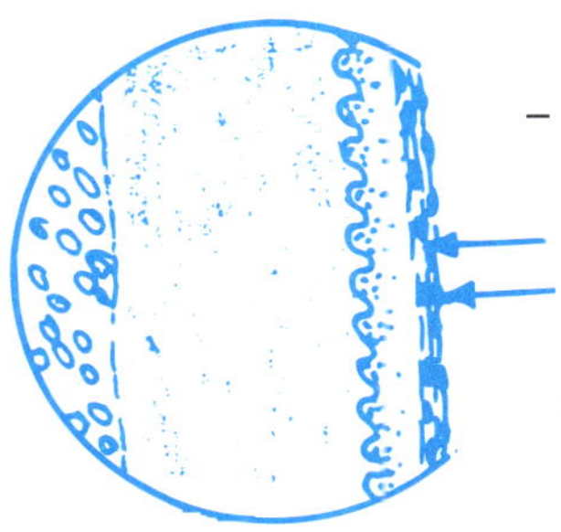

– durch Adsorption Anlagerung an die Oberhaut-Zelllagen und durch Absorption in die Basalzellenschicht.

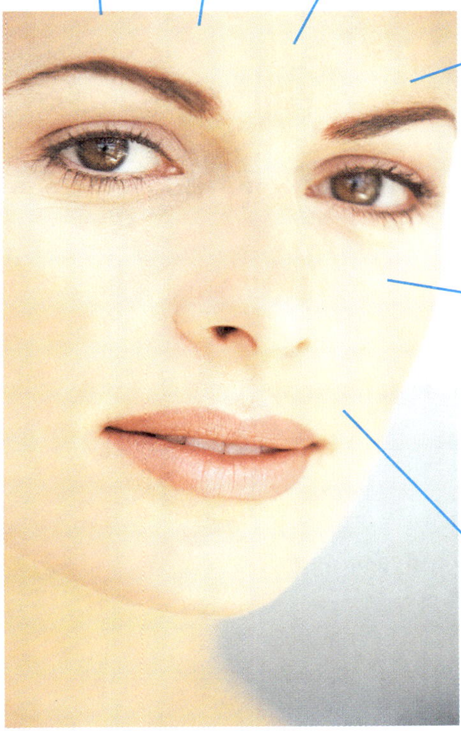

5.2 Warum sollte das häufig zu hörende Verkaufsargument „... zieht schnell in die Haut ein“, nicht allzu wörtlich genommen werden?

Weil die Haut nur in sehr begrenztem Maße Stoffe aufnehmen kann und dazu auch nicht jedes geeignet ist.

5.3 In der Kosmetik wird oft die Hautatmung erwähnt. Warum sollte ihre Bedeutung nicht zu hoch eingeschätzt werden?

Da nur ca 1% des gesamten Atmung über die Haut ablaufen und der Rest über die Lunge.

6 Wärmeregulierung

6.1 Die Haut spielt auch eine wichtige Rolle bei der Regulierung der Körpertemperatur. Wodurch kann die Haut die Wärmeabgabe des Körpers
a) verringern, b) erhöhen?

a) ______

b) ______

6.2 Auf welche Weise wirkt der Schweiß wärmeregulierend?

______

7 Wahrnehmungs- und Ausdrucksfunktionen

7.1 Wo in der Haut sind die sensiblen Nerven sehr zahlreich und daher die Tastempfindungen am stärksten ausgeprägt?

- [ ] An der Nasenspitze
- [ ] An den Fingerspitzen
- [ ] Am Handrücken
- [ ] Am Unterarm

7.2 Die verschiedenen Massagegriffe haben unterschiedliche Wirkungen. Von welchen Faktoren hängt diese Wirkung ab?

______

7.3 Die Haut macht auch seelische Zustände sichtbar. Nennen Sie dafür Beispiele.

______

M *Für die kosmetische Behandlung der Haut sind von besonderer Bedeutung:*

– ______

– ______

Name ______________________ Klasse ____________ Datum ____________

8 Talgdrüsenstörungen

„Hilfe! Ich habe Pickel!“

Mitesser, Pickel und Akne bereiten vielen jungen Menschen Kummer.

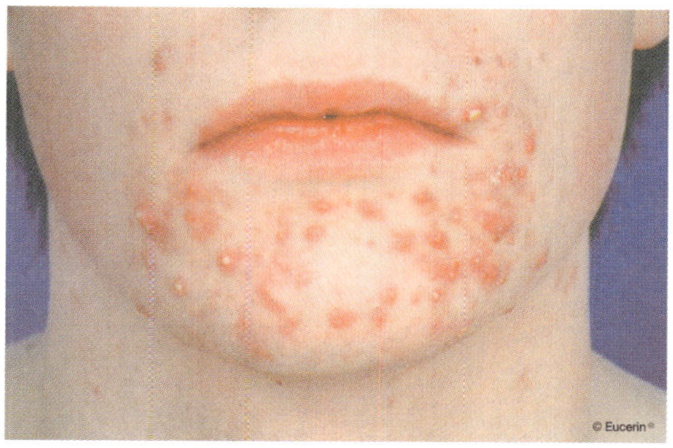

8.1 Zeichnen Sie den typischen seborrhöischen Bezirk in die Skizzen ein.

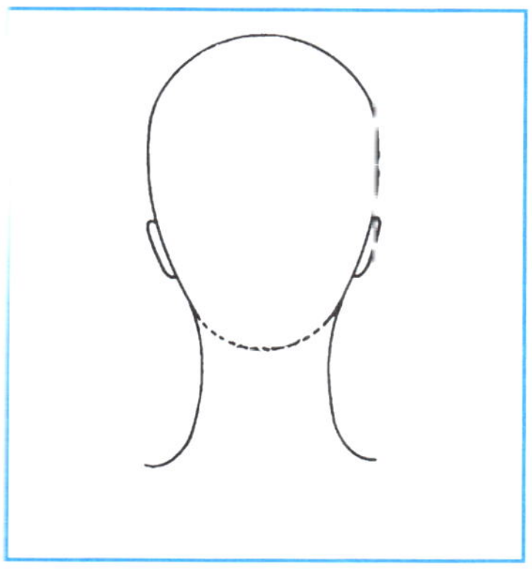

8.2 Wie lautet der Fachausdruck für Pickel und Mitesser?

____

8.3 Wodurch entstehen Komedonen?

____

8.4 Was sind Voraussetzungen für die Entstehung von Komedonen?

______________________ + ______________________

8.5 Benennen Sie die beiden Komedonentypen.

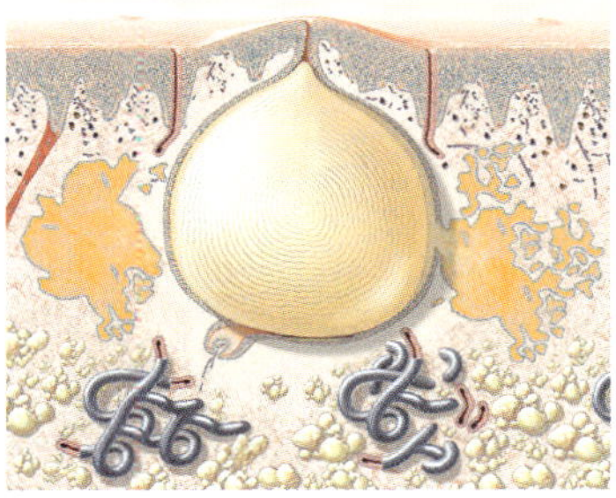

______________________ ______________________

8.6 Was sind charakteristische Merkmale a) der offenen und b) der geschlossenen Komedonen?

a) ______________________

b) ______________________

____

8.7 Wie geht man bei der Entfernung von Komedonen vor?

____

____

____

____

____

____

8.8 Wie entstehen Aknepusteln?

____

8.9 Welche Faktoren spielen für die Entstehung der Akne eine Rolle?

- ____________ – ____________
- ____________ – ____________

8.10 Erklären Sie, warum „unreife" Aknepusteln nicht ausgedrückt werden dürfen.

____

____

8.11 Durch welche Verhaltensweisen können Aknepatienten einer Verschlimmerung der Akne entgegenwirken oder sogar eine Verbesserung erreichen?

- ______________________
- ______________________
- ______________________
- ______________________
- ______________________
- ______________________

  ____
- ______________________

M *Komedonen entstehen durch ____________ oder ____________ der Talgdrüsen. Wenn sich Komedonen in größerer Zahl entzünden, spricht man von ____________.*

Name ______________________ *Klasse* ______________ *Datum* ______________

9 Pigmentstörungen

Ergänzen Sie die folgende Übersicht.

Sommersprossen (Epheliden)

Beschreibung:

Ursache:

Behandlung:

Schwangerschafts-flecken (Chloasma)

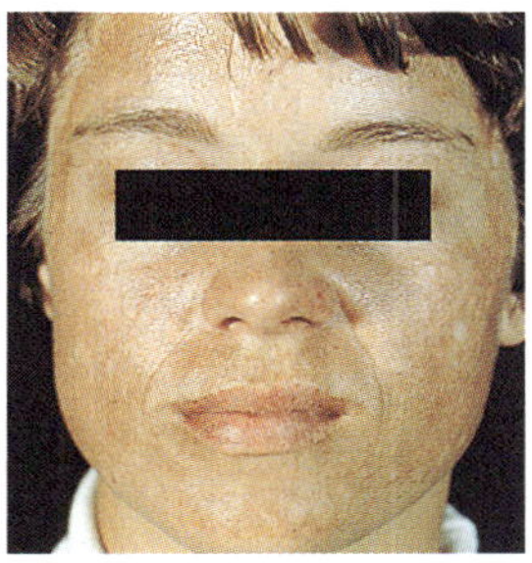

Beschreibung:

Ursache:

Behandlung:

Weißfleckenkrank-heit (Vitiligo)

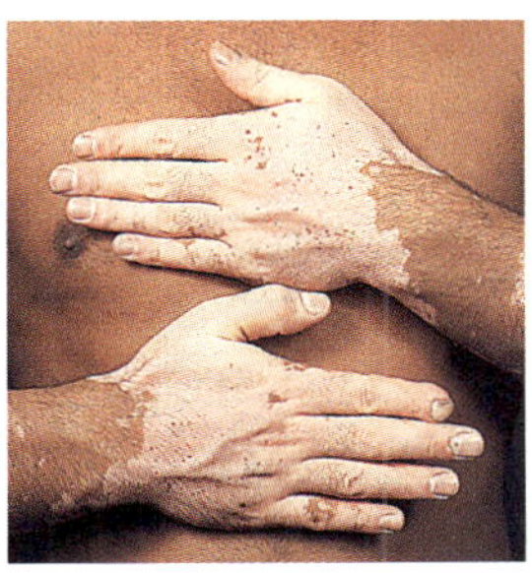

Beschreibung:

Ursache:

Behandlung:

Albinismus

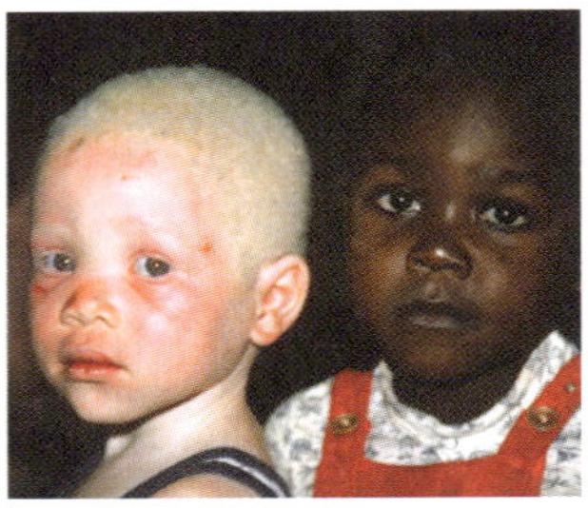

Beschreibung:

Ursache:

Behandlung:

Muttermale, Leberflecken (Naevi)

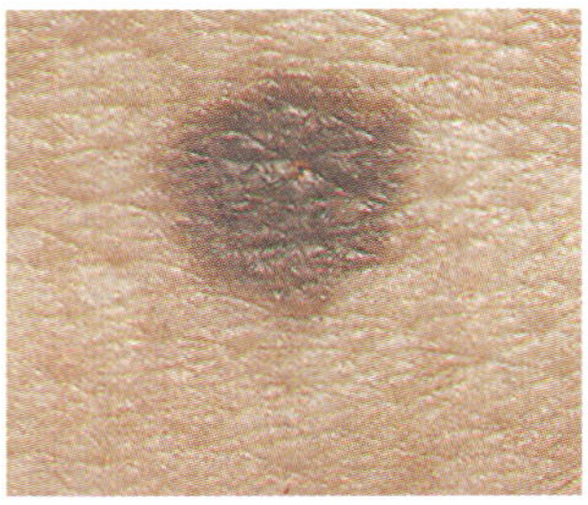

Beschreibung:

Ursache:

Behandlung:

Hautkrebs
(Melanom)

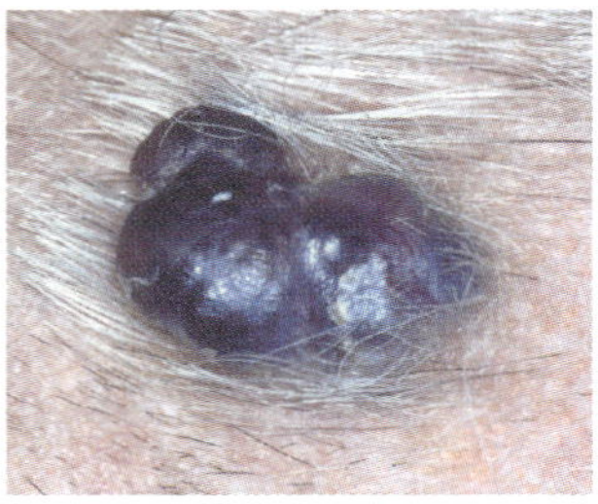

Beschreibung:

Ursache:

Behandlung:

Altersflecken
(Lentigo senilis)

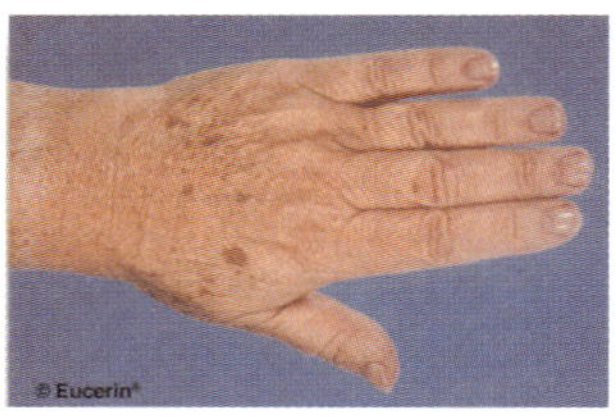

Beschreibung:

Ursache:

Behandlung:

Name ______________________ Klasse ______________ Datum ______________

10 Verhornungsstörungen

Ergänzen Sie die folgende Übersicht.

Hautgrieß (Milien)

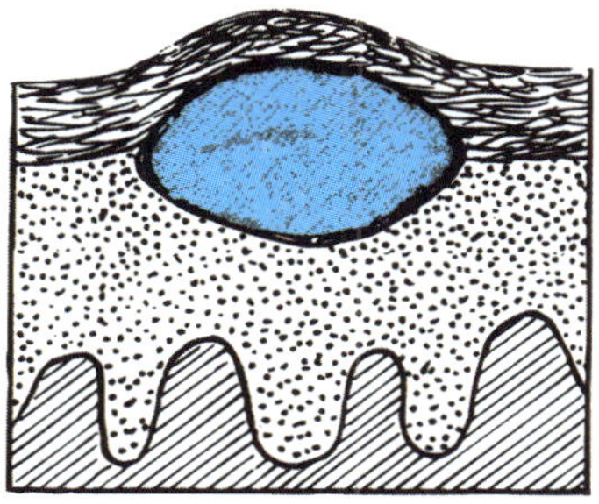

Beschreibung:

Ursache:

Entfernung:

Hühneraugen

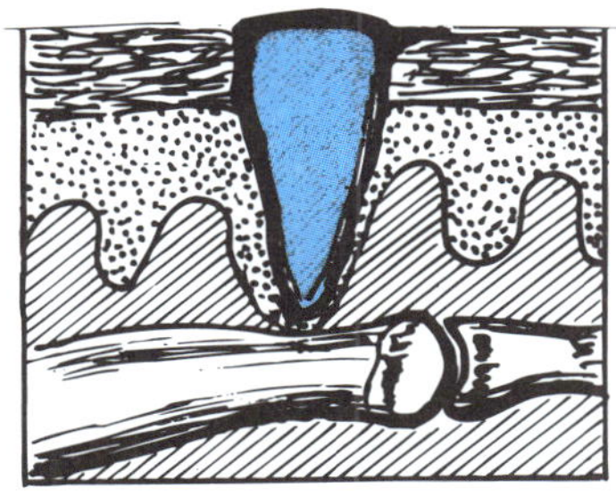

Beschreibung:

Ursache:

Entfernung:

Schwielen

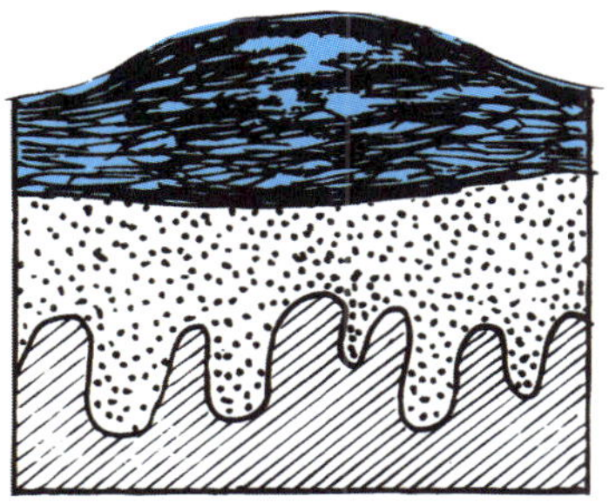

Beschreibung:

Ursache:

Entfernung:

Warzen

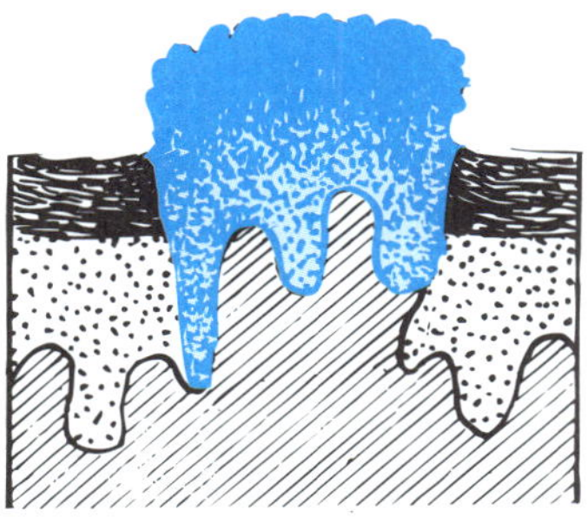

Beschreibung:

Ursache:

Entfernung:

11 Veränderungen der Hautgefäße

11.1 Ergänzen Sie die Übersicht.

Äderchen-zeichnungen (Teleangiektasien)

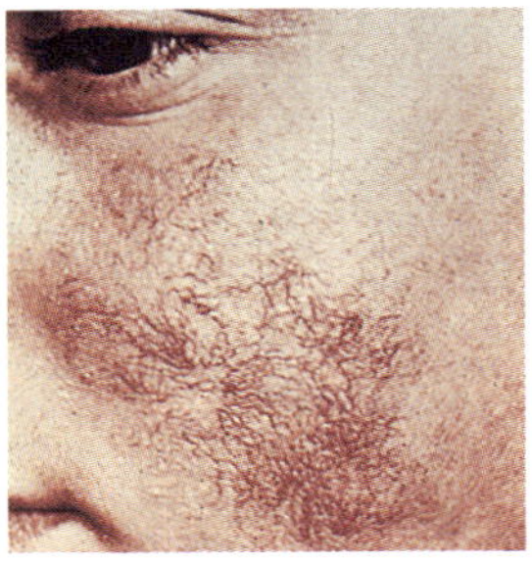

Beschreibung:

Ursache:

Behandlung:

Feuermale, **Blutschwamm**

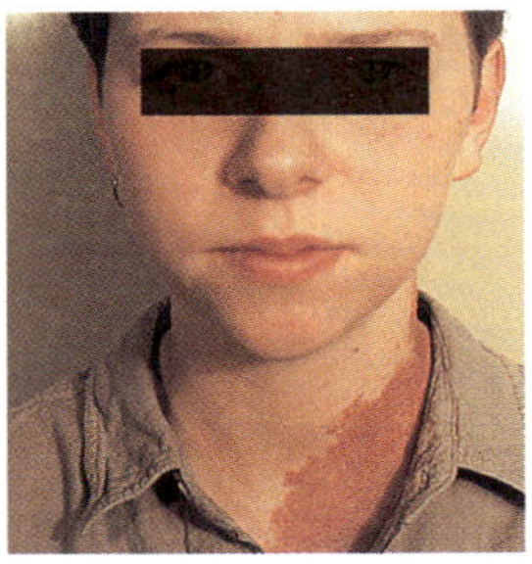

Beschreibung:

Ursache:

Behandlung:

Kupferrose (Rosacea)

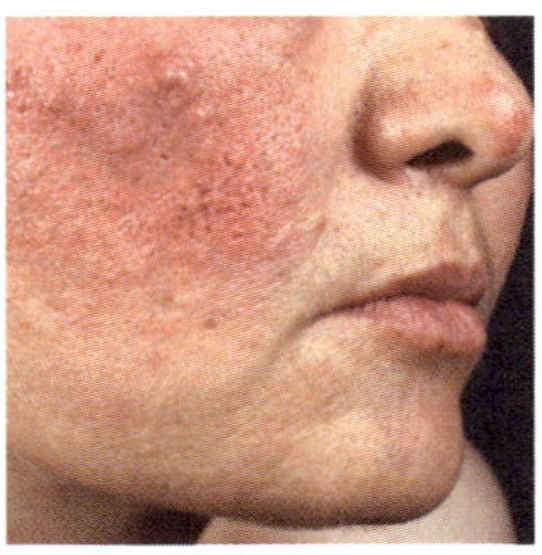

Beschreibung:

Ursache:

Behandlung:

Name ______________________ *Klasse* ______________ *Datum* ______________

11.2 Durch welche Einflüsse kann die Entstehung von Teleangiektasien gefördert werden?

11.3 Wie unterscheiden sich Feuermale und Blutschwamm?

11.4 Welche der hier beschriebenen Gefäßveränderungen können mit Laser behandelt werden?

12 Häufige entzündliche Hautkrankheiten

12.1 Ergänzen Sie die Übersicht.

Ekzem

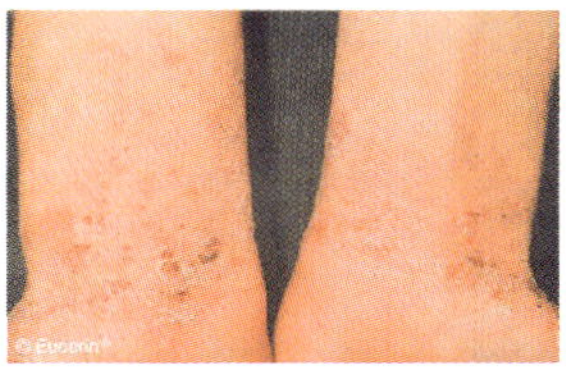

Beschreibung:

Ursache:

Behandlung:

Bartflechte
(Sycosis,
Trichophytie)

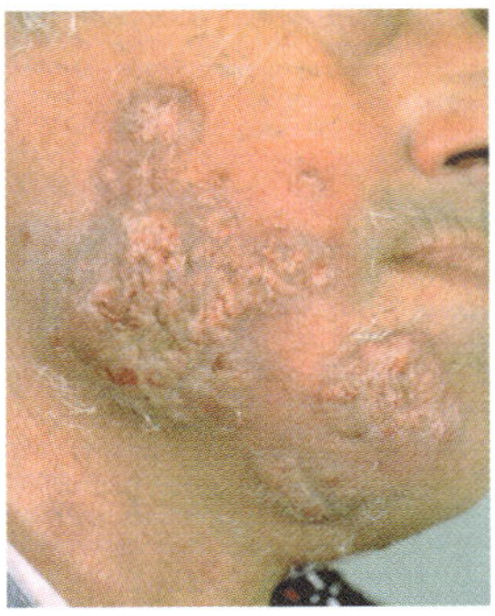

Beschreibung: ______________________

Ursache: ______________________

Behandlung: ______________________

12.2 Auf welche der bei 12.1 aufgeführten entzündlichen Hautkrankheiten treffen auch die folgenden Aussagen zu?

a) Die Symptome treten besonders an den Händen, den Armen und im Gesicht auf. Die Hauptursachen sind hautreizende Stoffe und „Abnutzung" der Haut.

____

b) Es gibt davon zwei Formen. Beide sind ansteckend. Sie treten im Gesicht auf; die durch Pilze hervorgerufene Form auch am behaarten Kopf.

____

12.3 Wie lauten die wissenschaftlichen Namen dieser Hautmängel und -krankheiten?

Hautgrieß: ______________________

Weißfleckenkrankheit: ______________________

Mitesser: ______________________

„Schwarzer Krebs": ______________________

Schuppenflechte: ______________________

Muttermale: ______________________

M *Vorsicht bei ______________________ Hauterkrankungen. Manche sind sehr ______________________!*

Name ____________ Klasse ____________ Datum ____________

1 Bedeutung und Grundbegriffe der Chemie

1.1 Warum sollte der Friseur Grundkenntnisse in der Chemie besitzen?

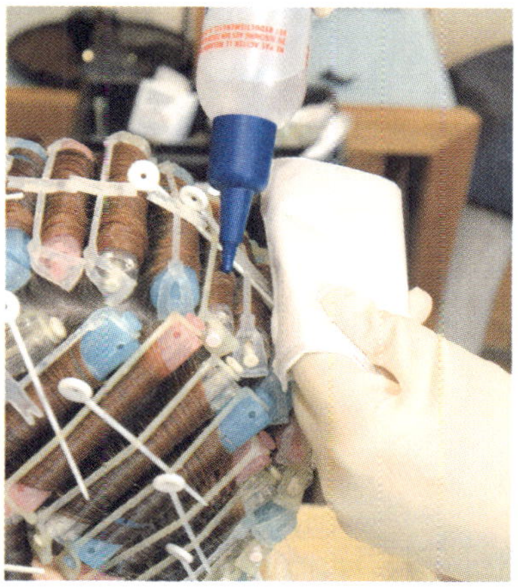
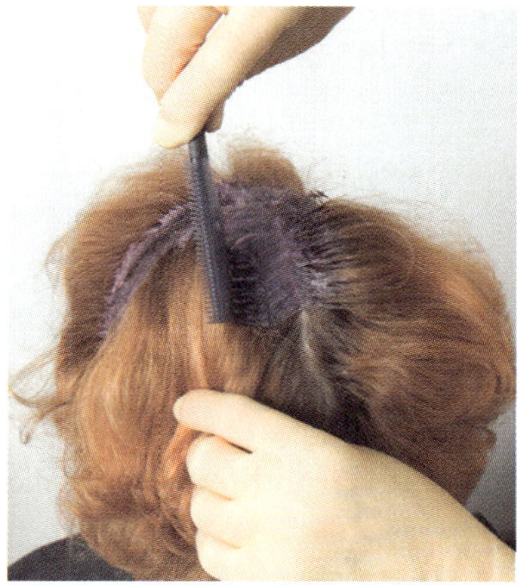

Der Friseur muss …

- ____________
- ____________
- ____________
- ____________
- ____________

1.2 Was sind Elemente?

____

____

1.3 Wir unterscheiden bei den Elementen zwei Hauptgruppen: Metalle und Nichtmetalle. Die Metalle lassen sich weiter in Schwer-, Leicht- und Edelmetalle unterteilen. Nennen Sie je drei Beispiele.

Schwermetalle: ____________

Leichtmetalle: ____________

Edelmetalle: ____________

1.4 Welche gemeinsamen Eigenschaften haben die Metalle?

____

1.5 Welche Nichtmetalle sind am Aufbau des Haares beteiligt?

____________ ____________

____________ ____________

____________ Merkwort: ____________

1.6 Welche Stoffteilchen würde man erhalten, wenn man einen Eisennagel bis auf seine kleinsten „Bausteinchen" zerkleinern könnte?

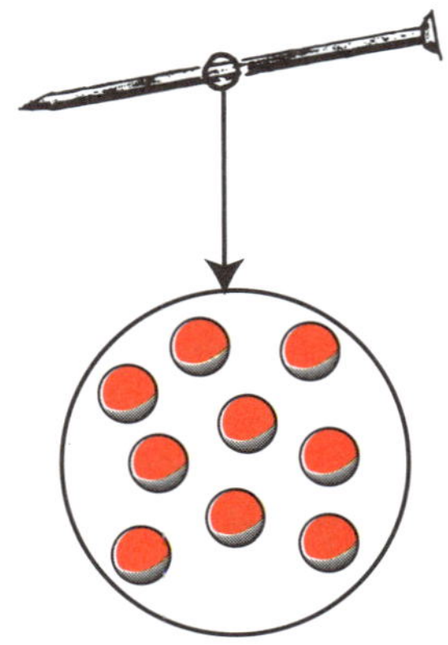

1.7 Wie unvorstellbar klein die Atome sind, soll die folgende Aufgabe verdeutlichen.

In einem 1 mm dicken Eisenblech liegen 10 000 000 Atome übereinander. Rechnen Sie: Wie hoch wäre ein Stapel aus Büchern, die zusammen 10 000 000 Blätter umfassen (Blattdicke 0,1 mm)?
Vergleichen Sie die Höhe dieses Stapels mit der Höhe bekannter Bauwerke, z. B. Eiffelturm in Paris (300 m) oder Funkturm in Berlin (150 m).

1.8 Erklären Sie anhand dieser Zeichnungen die Begriffe Mischung, chemische Verbindung und Moleküle.

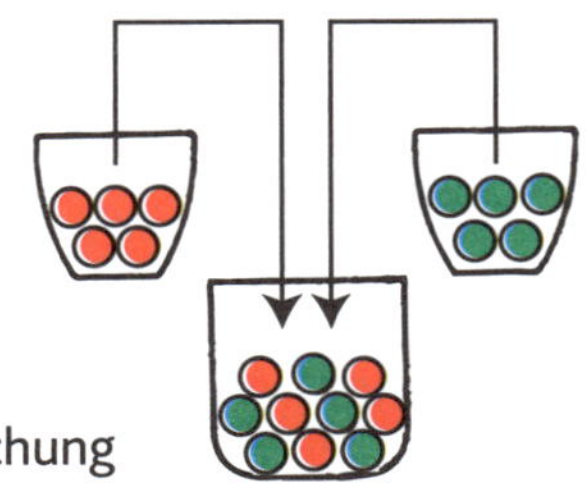

Mischung

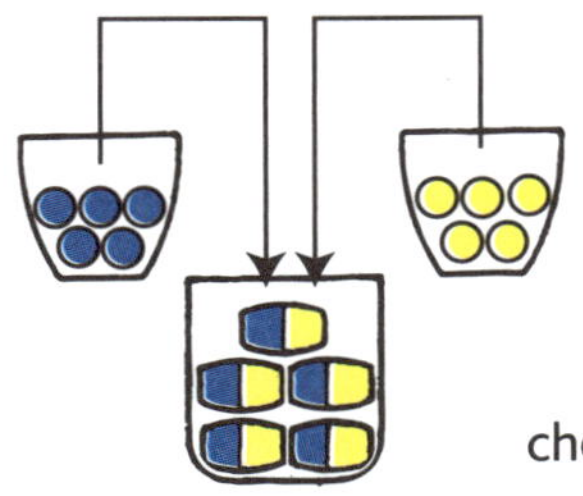

chemische Verbindung

2 Friseurpräparate als Stoffgemische

a) In welche beiden Hauptgruppen lassen sich die Mischungen unterteilen?
b) Wie heißen die unten beschriebenen Stoffgemische?
c) Welches Aussehen ist für jede dieser Gruppen charakteristisch?

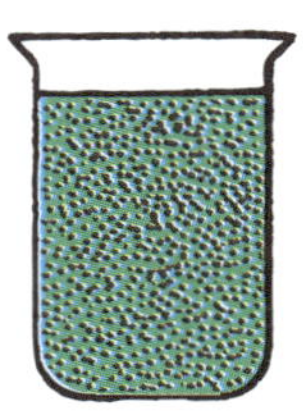

Flüssigkeiten mit ungelösten Feststoffteilchen

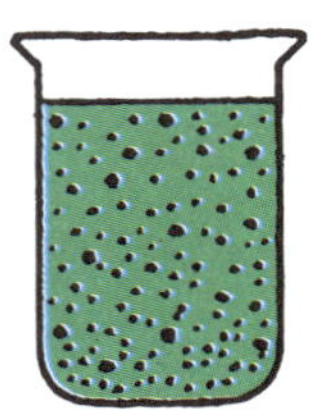

Fein ineinander verteilte Flüssigkeiten, die sich gegenseitig nicht lösen

Aussehen:

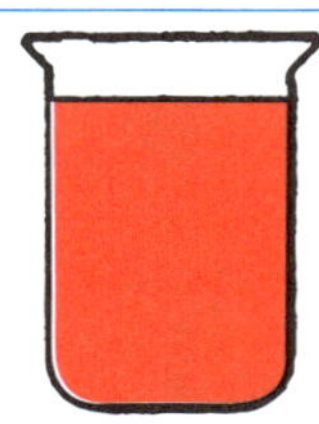

Halbflüssige oder cremige, durchsichtige, gallertartige Substanzen

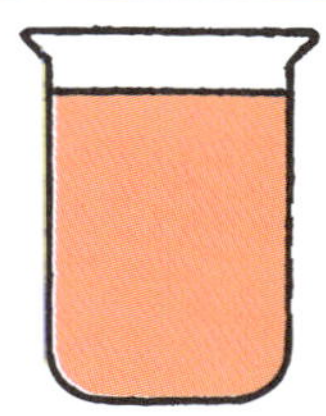

Feinste Verteilung eines Stoffes in einem meist flüssigen Lösungsmittel

Aussehen:

Name ______________________ Klasse ______________ Datum ______________

3 Oxidations- und Reduktionsvorgänge

3.1

Oxidationsmittel	*Oxidant*	*Nachoxidation*	*Oxigenta*
Welloxid	*Oxidationsfarbstoff*	*Wasserstoffperoxid*	

Diese Präparatnamen weisen auf ein bestimmtes Element hin. Um welches Element handelt es sich?

____

3.2 **a) Warum handelt es sich bei dem nebenstehend beschriebenen Versuch um einen Oxidationsvorgang?**

b) Wie heißt die entstehende Verbindung?

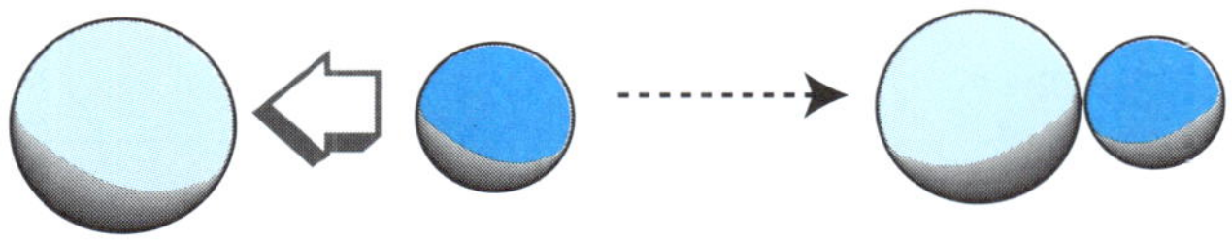

Eisen Sauerstoff

a) ______________________ b) ______________________

______________________.

Versuch

Wiegen Sie ein Büschel Stahlwolle, halten es dann in die Brennerflamme und lassen es durchglühen (oxidieren). Dann wiegen Sie das Büschel wieder.

Durch Anlagerung von Sauerstoff wiegt das Reaktionsprodukt mehr als die Stahlwolle vorher.

3.3 **Mittel, die den zum Oxidieren nötigen Sauerstoff liefern, werden Oxidationsmittel genannt.**

a) Nennen Sie die wichtigsten Oxidationsmittel des Friseurs.

b) In welchen Präparaten sind solche Oxidationsmittel enthalten?

a) ____

b) ____

Versuch

Tauchen Sie einen Streifen Filterpapier in eine Bromatfixierung, hängen ihn nach dem Trocknen an einem Stativ auf und entzünden ihn. Zum Vergleich verbrennen Sie auch einen unbehandelten Filterstreifen. Der präparierte Streifen verbrennt schneller.

3.4 **Was wird bei diesen Facharbeiten durch Oxidation bewirkt?**

Beim Blondieren: ______________________________

____

Beim Färben: ______________________________

____

Beim Fixieren: ______________________________

____

Beim Desinfizieren: ______________________________

____

M

Oxidation =

____

Oxidationsmittel sind Mittel, die

____

Wichtigstes Oxidationsmittel des Friseurs ist ______________________________.

3.5 **Was bedeutet der vom Lateinischen „reducere" abgeleitete Begriff Reduktion?**

____

____

3.6 **In der Chemie versteht man unter Reduktion das Gegenteil von Oxidation.**

a) Erklären Sie den Reduktionsvorgang an diesem Beispiel.

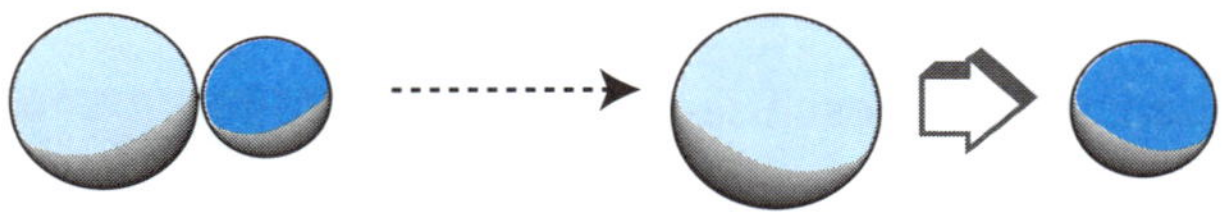

Kupferoxid b) ____________ ____________

a) ______________________________

____

3.7 **Warum kann man auch die Anlagerung von Wasserstoff an einen Stoff als Reduktion betrachten?**

____

____

3.8 **Welche Friseurpräparate enthalten reduzierende Wirkstoffe?**

____

M

Reduktion =

a) ______________________________

b) ______________________________

Reduktionsmittel sind Mittel, die

a) ______________________________

b) ______________________________

Wichtigstes Reduktionsmittel des Friseurs ist ______________________________ .

3.9 **Setzen Sie die Fachausdrücke für die bei diesen Vorgängen auftretenden Reaktionen ein.**

Beispiel: **Blondieren**

Sauerstoffabgabe → **O** → Sauerstoffanlagerung

= ____________ = ____________

Beispiel: **Dauerwellen**

Wasserstoffabgabe → **H** → Wasserstoffanlagerung

= ____________ = ____________

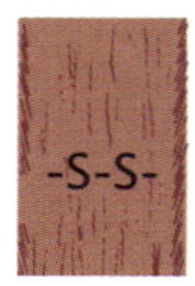

3.10 **Warum bezeichnet man solche Vorgänge auch als Redoxreaktionen?**

____

Name ________________ Klasse ________________ Datum ________________

4 Wasserstoffperoxid

4.1 Wie unterscheidet sich Wasserstoffperoxid in seinem chemischen Bau von Wasser?

Wasserstoffperoxid

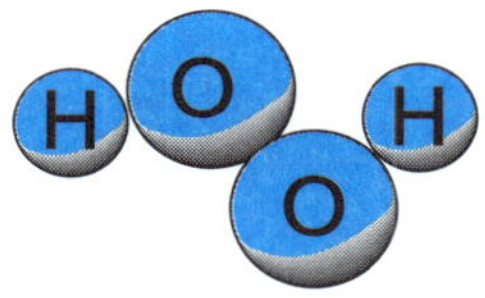

Formel:

4.2 Welche wichtige Eigenschaft hat Wasserstoffperoxid?

Gleichung

4.3 Wozu ist die Stabilisierung von Wasserstoffperoxidpräparaten nötig?

4.4 Womit werden diese Mittel stabilisiert?

4.5 Wann und durch welche Mittel wird die Stabilisierung aufgehoben?

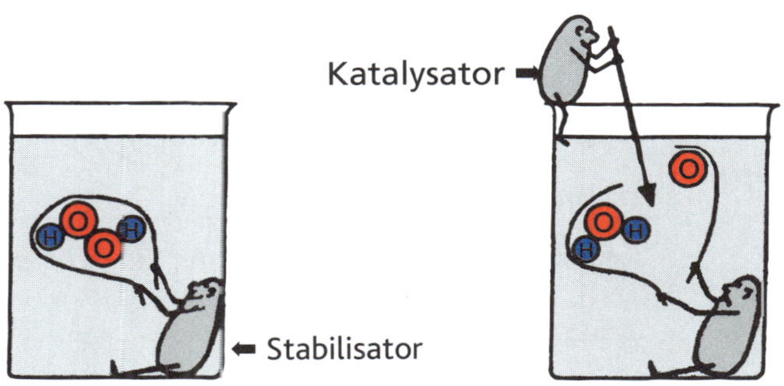

4.6 Welche Vorschriften zum Umgang und zur Aufbewahrung finden sich auf den Flaschen von H_2O_2-Präparaten?

______

______

4.7 Warum sollen Wasserstoffperoxidkonzentrate vor Licht und Wärme geschützt werden und nicht mit Metall in Berührung kommen?

______

______

4.8 Führen Sie Facharbeiten an, bei denen Wasserstoffperoxid verwendet wird und beschreiben Sie seine Wirkung bei diesen Arbeiten.

Facharbeiten	Wirkung des Sauerstoffs
______	– ______
______	– ______
______	– ______
______	– ______

4.9 Es gibt auch noch andere Präparate, die H_2O_2 enthalten. Nennen Sie solche Mittel.

______

4.10 In welchen Formen werden H_2O_2-haltige Mittel angeboten?

______

4.11 Welche Konzentrationen haben die handelsüblichen Konzentrate?

______

4.12 Nennen Sie die H_2O_2-Konzentrate einiger Hersteller.

Marke: ______ Produktnamen: ______

Marke: ______ Produktnamen: ______

4.13 Warum ist es falsch, H_2O_2-Konzentrate als Wasserstoff zu bezeichnen?

______

______

M *Wasserstoffperoxid ist das wichtigste ______ des Friseurs. Es darf nur in den ______ verarbeitet werden, die in den Gebrauchsanweisungen vorgeschrieben werden. Zu hohe Konzentrationen würden zu ______ ______ führen.*

Name ______________________ Klasse ______________ Datum ______________

5 Wirkung von Basen und Säuren auf Haare und Haut

5.1 Beschreiben Sie die Wirkung a) starker und b) schwacher Basen auf Haar und Haut.

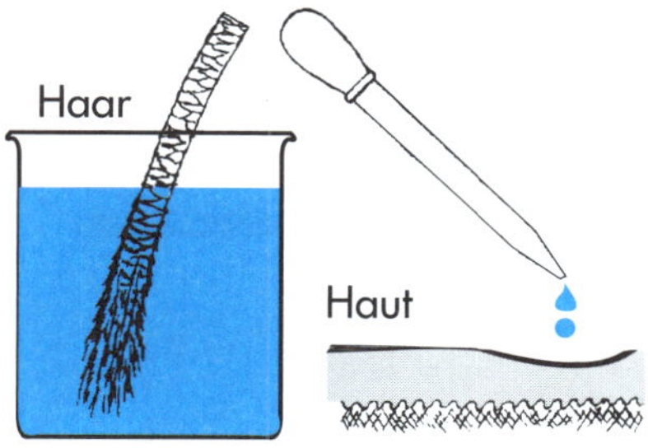

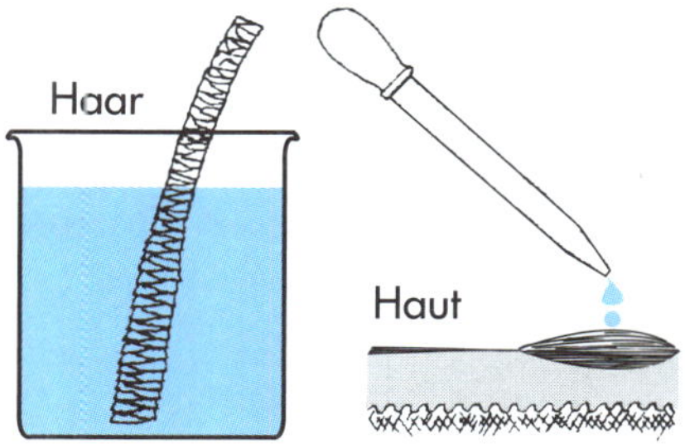

a) **Starke Basen** ______________________

b) **Schwache Basen** ______________________

5.2 Welche Begriffe werden anstatt „Basen" und „basisch" auch verwendet?

Basen: ______________________

Basisch: ______________________

5.3 Auf welchen basischen Bestandteil lässt der Geruch von Farbcremes schließen?

____

5.4 Führen Sie Friseurpräparate auf, die basisch reagieren.

____

5.5 Warum sind einige Haarbehandlungsmittel basisch eingestellt?

____

M *Für die basische Reaktion sind die ______________________ ______________________ verantwortlich.*

5.6 Zur Prüfung, ob es sich bei einer Flüssigkeit um eine Base oder Säure handelt, eignet sich Lackmuspapier. Legen Sie die Lackmuspapierstreifen in den entsprechenden Farben an.

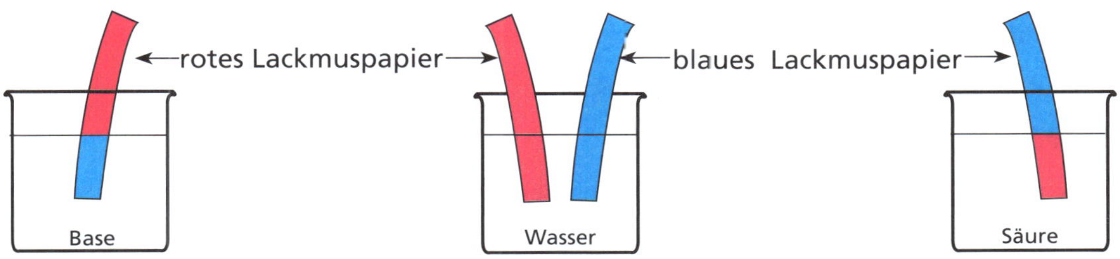

M *Basen färben rotes Lackmuspapier ________.* | *Säuren färben blaues Lackmuspapier ________.*

5.7 Beschreiben Sie die Wirkungen a) starker und b) schwacher Säuren auf Haare und Haut.

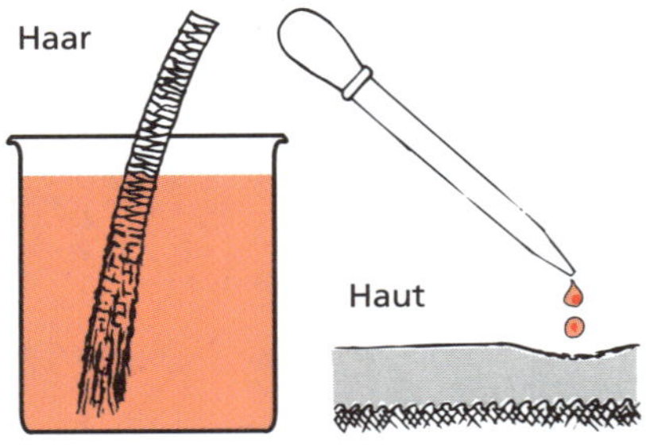

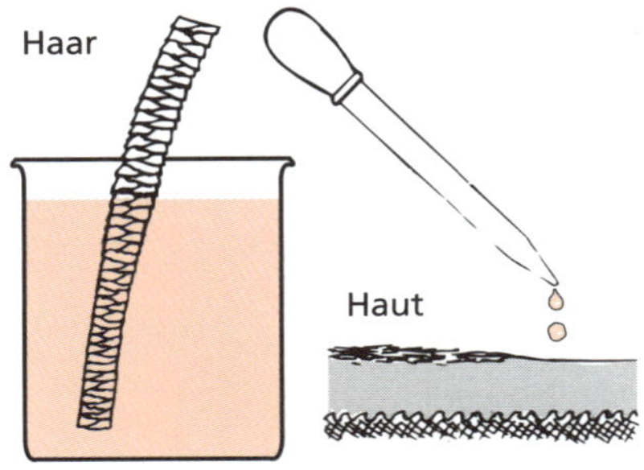

a) **Starke Säuren** ______________________

____

____

b) **Schwache Säuren** ______________________

____

____

5.8 Nennen Sie friseurkosmetische Präparate, die schwach sauer reagieren.

____

____

5.9 Im Zusammenhang mit der Wirkung von Säuren auf Haare und Haut wird oft der Begriff adstringieren gebraucht. Mit welchen Ausdrücken kann man dieses Wort übersetzen? (2)

☐ a) quellen ☐ b) entquellen ☐ c) erweichen

☐ d) zerstören ☐ e) zusammenziehen ☐ f) aufschließen

M *Für die saure Reaktion sind die* ______________________ *verantwortlich.*

5.10 Im Unterschied zu den anorganischen Säuren (z. B. Salzsäure und Schwefelsäure) stammen die organischen Säuren großenteils aus dem Tier- und Pflanzenreich.
Nennen Sie organische Säuren, die …

a) neutralisierend und adstringierend wirken: ______________________

b) wachsartig sind: ______________________

c) gegen trockene Haut und Haarschäden eingesetzt werden: ______________________

M *Organische Säuren sind im Allgemeinen* ______________________ *als die anorganischen Säuren.*

Name ______________________ Klasse ______________ Datum ______________

6 Bedeutung des pH-Wertes

6.1 Bei Haut- und Haarbehandlungsmitteln spielt der pH-Wert eine wesentliche Rolle.

Was sagt er über die Wirkung eines Mittels aus?

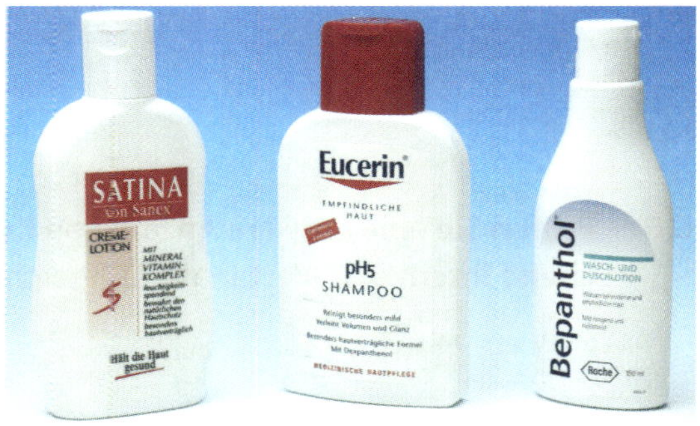

Präparate mit Hinweisen auf ihren pH-Wert

6.2 Tragen Sie bei a) ein, welche Teilchen jeweils überwiegen und bei b), welche Reaktion sich daraus ergibt.

(● = Säureteilchen, ●● = Basenteilchen)

a) Es überwiegen die ______________________ Es überwiegen die ______________________

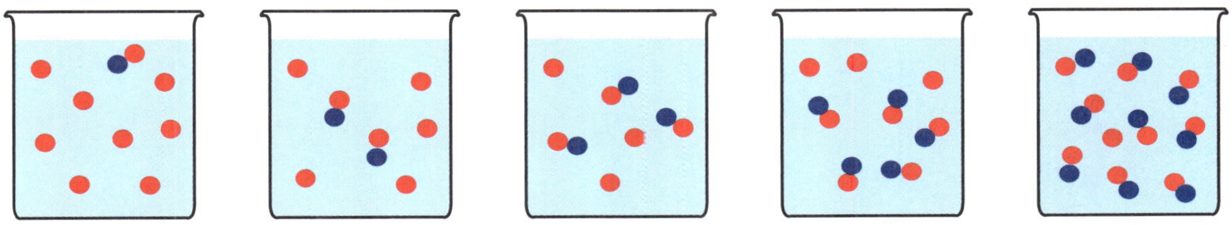

b) ________ ________ ________ ________ ________

6.3 Wovon hängt der pH-Wert einer Lösung ab?

6.4 Zeichnen Sie in das Schema die Verteilung der Säure- und Basenteilchen ein und ergänzen Sie die entsprechenden pH-Werte.

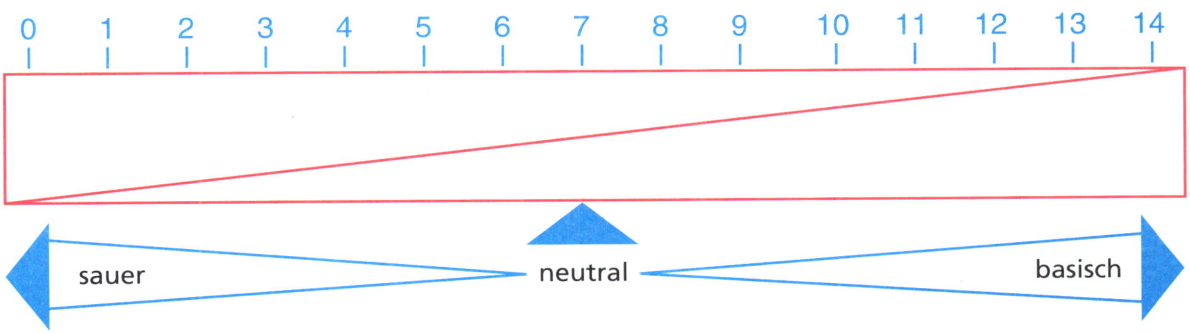

Von pH ______ bis pH ______ nimmt die **Säurestärke** zu.

Eine Lösung mit pH ______ ist **neutral**.

Von pH ______ bis pH ______ nimmt die **Basenstärke** zu.

6.5 Nennen Sie Möglichkeiten zur Prüfung des pH-Werts.

- ______________________________
- ______________________________
- ______________________________

6.6 Prüfen Sie eine größere Anzahl von Kosmetika und Arbeitsmitteln und ordnen Sie diese entsprechend ihrem pH-Wert in die Übersicht ein.

pH-Wert	Mittel
0	
1	
2	
3	
4	
5	
6	
7	
8	
9	
10	
11	
12	
13	
14	

6.7 Begründen Sie, warum Mittel mit einem pH-Wert zwischen 5 und 6 als haar- und hautneutral gelten.

____

____

M *Der pH-Wert ist ein ______________ für die ______________ einer Säure oder Base. Die Arbeitsmittel des Friseurs haben (mit wenigen Ausnahmen) pH-Werte zwischen ________ und ________.*

Name ______________________ Klasse ______________ Datum ______________

7 Neutralisation und Pufferung

7.1 Gleiche Mengen gleichstarker Basen und Säuren heben sich in ihrer Wirkung auf, sie neutralisieren sich. Legen Sie die Lackmusstreifen der Zeichnung in den entsprechenden Farben an.

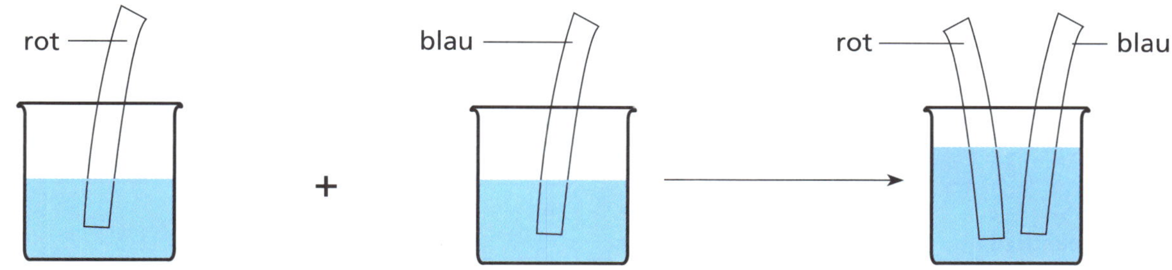

______________ ______________ ______________

____

7.2 Tragen Sie bei a) die Formeln in die Gleichung und bei b) die Ionen ein.

Natronlauge (Na = Natrium) | **Salzsäure** (Cl = Chlor) | **Wasser** | **Kochsalz**

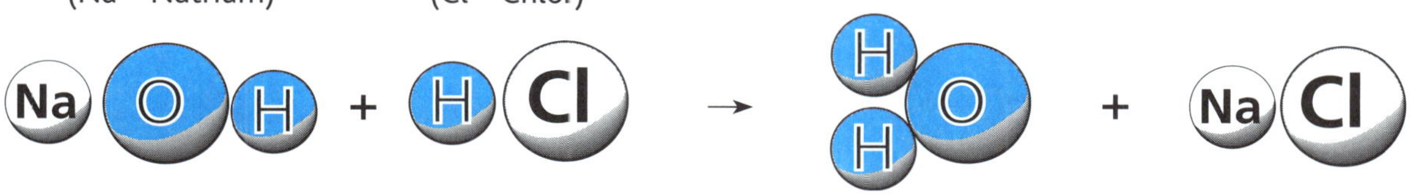

a) ______________ + ______________ → ______________ + ______________

b) ________ - und ________ -Ionen verbinden sich zu neutralem Wasser = ______________.

________ - und ________ -Ionen ergeben (zunächst gelöst) Kochsalz.

M *Bei einer Neutralisation verbinden sich die ______________ mit den ______________ zu ______________ und die ______________ mit den ______________ zu ______________.*

7.3 Welche sauren Mittel werden nach diesen Behandlungen zum Neutralisieren angewendet?

Basisches Wellmittel	▶◀	
Oxidationshaarfarbe	▶◀	
Blondiermittel	▶◀	
Seife	▶◀	
Rasierseife	▶◀	

M *Nach einer alkalischen (basischen) Behandlung sollte immer mit einem ______________ Mittel nachbehandelt werden, um Haut und Haare zu ______________ und Alkalireste zu ______________.*

7.4 **Je nach der Zusammensetzung der Salze reagieren ihre Lösungen neutral, sauer oder basisch. Tragen Sie ein, wie die Lösungen der Salze reagieren. Legen Sie die Lackmusstreifen in den entsprechenden Farben an.**

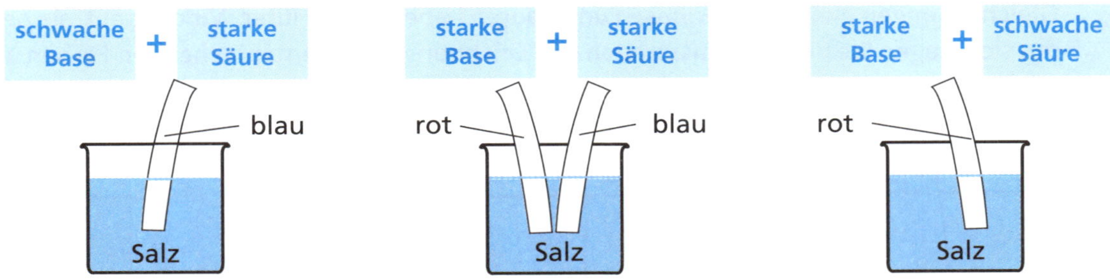

Reaktion: ____________ Reaktion: ____________ Reaktion: ____________

7.5 **Warum werden in Friseurpräparaten oft basisch oder sauer reagierende Salze verwendet?**

____

M

Salze aus gleichstarken Basen und Säuren reagieren ____________.

Salze aus starken Basen und schwachen Säuren reagieren ____________.

Salze aus schwachen Basen und starken Säuren reagieren ____________.

7.6 **Legen Sie das Universalindikatorpapier (farbig) an und beschreiben Sie die Veränderung des pH-Werts bei Wasser sowie bei Well- und Haarkurmittel, z. B. Kräuterazid, nach Zugabe von Base bzw. Säure.**

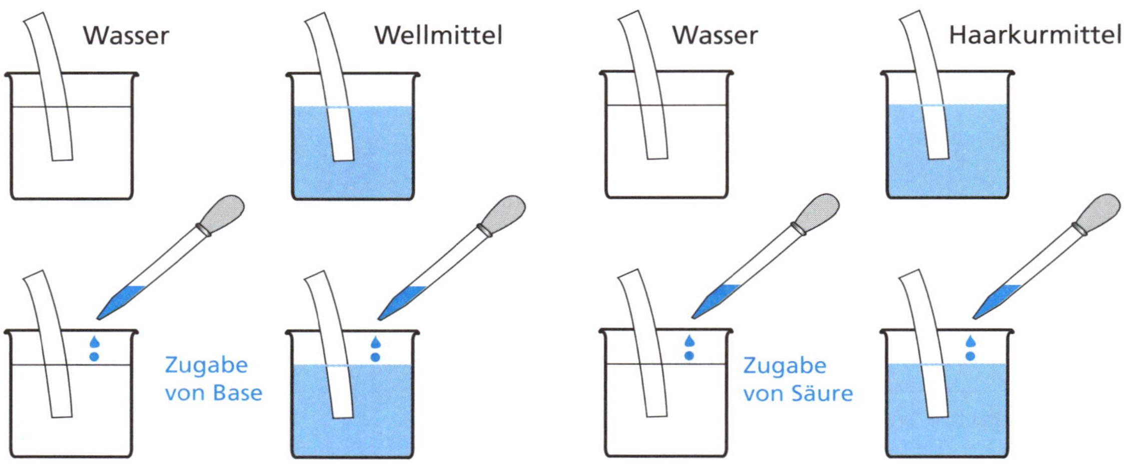

pH-Wert ________ pH-Wert ________ pH-Wert ________ pH-Wert ________

7.7 **Welche Stoffe können z. B. in Friseurpräparaten als Pufferstoffe dienen?**

____

M

Pufferstoffe sorgen in Friseurpräparaten dafür, ____.

Name ______________________ Klasse ______________ Datum ______________

8 Alkohole

Methylalkohol | Cetylalkohol | Isopropylalkohol | Laurylalkohol | Stearylalkohol | Propylalkohol | Ethylalkohol

8.1 **Im Allgemeinen spricht man von „dem" Alkohol. Tatsächlich gibt es aber eine große Zahl von Alkoholen.**
Welcher Alkohol ist in den alkoholischen Getränken enthalten?

☐ a) Methanol ☐ b) Ethanol ☐ c) Propanol ☐ d) Butanol ☐ e) Pentanol

8.2 **Warum ist Methanol (Methylalkohol) für kosmetische Zwecke verboten?**

8.3 **Wie verändern sich die Alkohole mit zunehmender Molekülgröße in ihrer Form?**

8.4 **Ethanol und Isopropanol sind die kosmetisch wichtigsten niederen (kurzkettigen) Alkohole. Geben Sie die weiteren Namen dieser Alkohole an.**

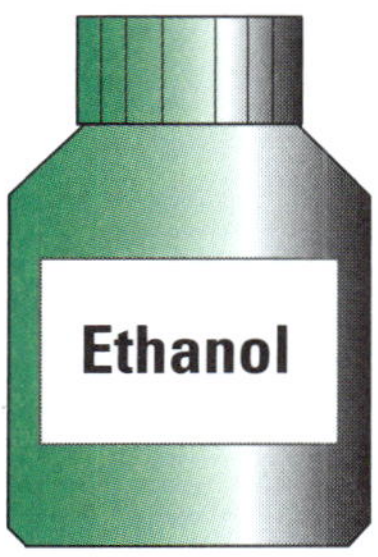

Weitere Namen:

Weiterer Name:

8.5 **Welche kosmetisch wichtigen Eigenschaften haben diese beiden Alkohole gemeinsam?**

8.6 **Führen Sie Präparate an, in denen diese Alkohole enthalten sein können.**

8.7 **Trotz weitgehender Übereinstimmung in den Eigenschaften bestehen Unterschiede zwischen Ethanol und Isopropanol.**
Kreuzen Sie jeweils den Alkohol mit der vorteilhafteren Eigenschaft an.

	Ethanol	Isopropanol
Fettlösevermögen besser bei	☐	☐
Giftigkeit geringer bei	☐	☐
Preis günstiger (weniger Steuer) bei	☐	☐
Geruch angenehmer bei	☐	☐
Desinfektionswirkung größer bei	☐	☐

8.8 Wozu wird Butanol (Butylalkohol) gelegentlich verwendet?

____

8.9 Diese weniger bekannten Substanzen gehören chemisch ebenfalls zu den Alkoholen. Sie haben als Kosmetikbestandteile große Bedeutung.

Geben Sie ihre systematischen Namen an.

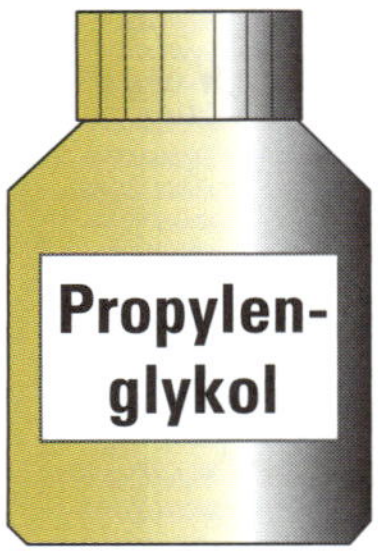

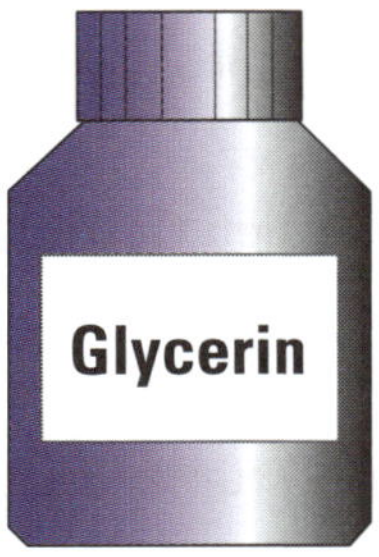

______________ ______________ ______________

8.10 Welche Eigenschaften haben diese Stoffe gemeinsam?

____

8.11 Wozu dienen diese Alkohole in haut- und haarkosmetischen Präparaten? (3)

- ☐ Als Neutralisationsmittel
- ☐ Als Feuchthaltemittel
- ☐ Als Lösungsvermittler
- ☐ Als Alkalisierungsmittel
- ☐ Als Oxidationsmittel
- ☐ Als Weichmacher

8.12 Warum werden die langkettigen Alkohole als Fett- bzw. Wachsalkohole bezeichnet?

____

____

8.13 Für welche Zwecke sind diese beiden Wachsalkohole besonders geeignet?

____

M *Alkohole haben in der Kosmetik Bedeutung als* ______________________________

____

____

____

Name ______________________ Klasse ____________ Datum ____________

9 Fette und Wachse

9.1 Der Griff ins „Fettnäpfchen" war zu allen Zeiten Bestandteil der Haut- und Haarpflege. Fettstoffe gehören auch heute noch zu den Hauptbestandteilen der kosmetischen Präparate.

Welche Bedeutung haben die Fette und Wachse in der Haut- und Haarpflege?

– ______________________________

– ______________________________

– ______________________________

– ______________________________

9.2 Bei den echten Fetten unterscheidet man nach der Herkunft zwei Gruppen. Nennen Sie diese beiden Gruppen und führen Sie zu jeder Gruppe Beispiele an.

a) ______________________ b) ______________________

Beispiele: ______________ Beispiele: ______________

9.3 Warum sind in Präparaten, die echte Fette enthalten, stabilisierende Zusätze notwendig?

____

9.4 Unter welchem Oberbegriff werden die Fettstoffe zusammengefasst?

____

9.5 Welche Gemeinsamkeiten weisen die echten Fette trotz ihrer unterschiedlichen Eigenschaften in ihrem chemischen Bau auf?

____

9.6 Streichen Sie die falschen Aussagen über die fettähnlichen Stoffe durch.

- Sie dienen als Katalysatoren – Emulgatoren – Stabilisatoren.
- Sie regulieren den Wasserhaushalt – die Durchblutung – die Pigmentierung der Haut.
- Sie erleichtern das Umformen der Haarstruktur – das Färben der Haare – das Durchkämmen und Frisieren.
- Sie quellen die Haare auf – adstringieren die Haut – geben dem Haar und der Haut Glanz.

9.7 Führen Sie fettähnliche Stoffe an, die häufig für Friseurpräparate verarbeitet werden.

____

____

M *Fettstoffe dienen in Kosmetika als* ______________________________

______________________________.

10 Eiweißstoffe

10.1 Nennen Sie die häufigsten Bezeichnungen für Eiweißwirkstoffe in Kosmetika.

10.2 Was sollen Proteine in Haarpflegemitteln bewirken?

10.3 Nennen Sie Haarpflegemittel, denen Proteine als Wirkstoffe zugesetzt werden.

10.4 Wie werden die löslichen Faserproteine genannt, die häufig in Hautpflegemitteln enthalten sind? (2)

☐ a) Keratine ☐ b) Dipeptide ☐ c) Collagene ☐ d) Diamine ☐ e) Elastine

10.5 Welche Eigenschaften und Wirkungen werden diesen Eiweißstoffen als Kosmetikwirkstoffe zugeschrieben? (3)

- ☐ a) Adstringieren der Haut nach alkalischer Behandlung
- ☐ b) Erhöhung des Wasserbindevermögens der Haut
- ☐ c) Beseitigung ausgeprägter Altersfalten der Gesichtshaut
- ☐ d) Beseitigung einer Überfunktion der Talgdrüsen (Seborrhö)
- ☐ e) Vorbeugung gegen vorzeitige Hautalterung und Faltenbildung
- ☐ f) Milderung von Hautschäden, die durch UV-Licht verursacht wurden

10.6 Die hautverjüngende Wirkung von Collagen und Elastin ist umstritten. Begründen Sie das.

10.7 Welche Bedeutung haben die Eiweißstoffe in unserem Körper?

10.8 Woraus bauen sich die Eiweißstoffe auf?

10.9 Wie werden Eiweißstoffe genannt, deren Moleküle sich aus vielen Aminosäuren zusammensetzen?

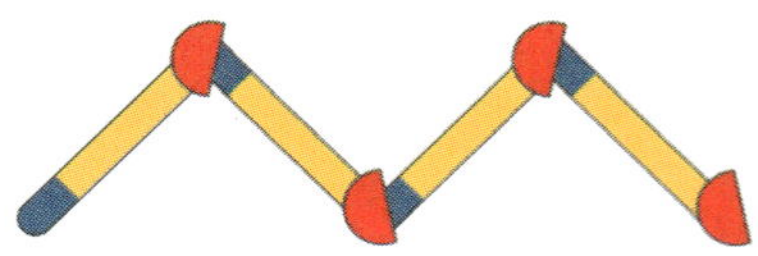

M *Eiweißwirkstoffe werden zur Pflege ____________________ ____________________ eingesetzt.*
Die Wirkung dieser Zusätze sollte jedoch nicht ____________________ werden.

Bildquellenverzeichnis

AKG, Berlin: S. 213.3, 214.3, 5-10
Aveda, München: S. 102.2
Berufsgenossenschaft für Gesundheitsdienst und Wohlfahrtspflege, Hamburg: S. 22
Angelika Brauner, Tutzing: S. 43.4, 51.4, 51.5, 271
Fotostudio Heidi Capl, Bad Neuenahr S. 164.1
Deutsches Krebsforschungszentrum, Heidelberg: S. 238.3
Thomas Deutschmann, Hannover: S. 9, 10, 13 (3x), 25, 30, 31 (6x), 32 (2x), 35 (3x), 47.6, 46.7, 53, 64.3, 65.1, 68.2, 73.2, 80, 81.2-81.5, 83.2-83.3, 84.1, 106.1; 118, 167, 186.2, 187 (3x), 189 (3x), 196, 198, 200.1, 216 (5x), 217.1, 217.4, 218.2, 243.3, 246
Eucerin (Beiersdorf), Hamburg: S. 231, 235.1, 235.4-235.5, 238.4, 241
Elisabeth Galas, Bad Neuenahr: S. 44.1, 52.1, 70.1, 210, 230
Farb-Gefühl, Karin Hunkel, Neu-Isenburg: S. 141, 142
Fotolia: S. 61.1 (Max Tactic), 99.2 (Patrizia Tilly), 100.4; 102.3; 139.2; 143.1 (ISO K – photography), 164.2; 213.1, 217.2 (Daniela Braunschober), 217.3, 218.1 (Domenico Gelermo), 219.1-4,
Great Lengths, Haarverlängerungen, St. Stefan i. R., Austria: S. 184, 222.3-222.5
Goldwell/KPSS Hair, Darmstadt: S. 72.1; 72.4; 73.4; 75; 76, 100.1; 101.1; 101.2; 102.1, 4; 121.2; 139.1
Herkules Sägemann, Hamburg: S. 105
Cornelia Kurtz, Boppard: S. 11.4, 14 (3x), 17 (3x), 19 (4x), 21.4-21.5, 26, 27.2, 28, 67, 117, 119, 129, 147.1, 201, 202 (2x), 203 (6x), 206, 208, 211, 250.3, 258
Michael Lindner, Hamburg: S. 27.1, 34 (3x), 47.1, 51, 55, 57, 59 (2x), 63, 82.1-82.3, 99.4-99.5, 121.1, 128 (2x), 243.1, 243.2, 251
Mauritius Images: S. 71.4, 72.3
MEV Bildarchiv, Augsburg: S. 11.3, 19, 21.1, 37, 47.8, 71.1, 71.2, 72.2, 73, 99.1; 125.1, 125.2, 140 (4x), 151, 157, 173 (4x), 178 (6x), 180, 225, 229.1-229.2, 233
Picture Alliance: S. 71.3, 100.3, 163 (unten), 213 2, 214.1, 214.2, 214.4, 238.1
Wolfgang Schmidt, Hiddenhausen: S. 49.6, 73.2; 110.1
Klaus Seeberger, Neuss: S. 99.4, 186
Style Concept, Beckingen: S. 90.1, 90.2
Gabriele Timm, Kaarst: S. 45 (2x), 49.2-49.5, 68.1, 69 (unten), 70.2, 73.1, 74 (8x), 75 (Zeichnungen), 76 (Zeichnungen), 77 (8x), 78 (8x), 79 (8x), 84.2, 85.3, 86, 87.1, 88.1, 88.2, 89.1-89.3, 91 (4x), 92 (4x), 98 (3x), 107, 108.1-108.6, 127 (3x), 136 (3x), 141 (Zeichnungen), 142 (Zeichnungen), 153, 155, 161, 165, 169, 170, 185 (5x), 190 (8x), 191.1, 191.2, 192.1, 194 (6x), 195 (6x), 197 (12x), 199 (8x),
Wella AG, Darmstadt, 41.1,2; 47.2-3; 64.1,2 ; S. 109 „Gewusst Wie!" (Gerd Henhapl)
Tondeo, Solingen: S. 81.1
Fotostudio Voigt, Fotograf Markus Döhmer, Bad Rothenfelde: S. 110.2, 168

Titelfoto
Goldwell/KPSS Hair